肇庆学院学术著作出版资助金资助

本书系广东省哲学社会科学规划基金项目（GD24CJY40）理论成果

人学审美观下的教育艺术存在论

夏泉源　著

新华出版社

图书在版编目（CIP）数据

人学审美观下的教育艺术存在论 / 夏泉源著.

北京：新华出版社, 2024. 10. -- ISBN 978-7-5166

-7734-6

Ⅰ. G40-02

中国国家版本馆CIP数据核字第2024QY5185号

人学审美观下的教育艺术存在论

著者： 夏泉源

出版发行： 新华出版社有限责任公司

（北京市石景山区京原路8号 邮编：100040）

印刷： 河北万卷印刷有限公司

成品尺寸： 170mm×240mm 1/16 　　**印张：** 15.25 　　**字数：** 206千字

版次： 2024年10月第1版 　　　　　　　**印次：** 2024年10月第1次印刷

书号： ISBN 978-7-5166-7734-6 　　　**定价：** 88.00元

微店　　视频小号店　　抖店　　京东旗舰店　　请加我的企业微信

微信公众号　　喜马拉雅　　小红书　　淘宝旗舰店　　扫码添加专属客服

序言

　　"教育人学研究丛书"是国内首次以丛书形式呈现教育人学研究成果的系列著作，是继"教育人学研究专栏""教育人学论坛"等学术活动之后的又一重要学术展示。

一

　　"教育学是人学"，这一命题已经被越来越多的人所认可。在中国，教育人学的发展与近 40 年来的人学研究、马克思主义人学研究基本同步。中国的人学研究缘起于我国现代社会转型的背景下，对经典马克思主义文本及其思想的回归与再发现，尤其受益于围绕经典马克思思想中的人道主义成分的大讨论。今天的人学研究已越出"哲学人学"范畴，在多学科背景下，更为关注新时代的人、人性、社会、文明和自然等，更具现实意义和实践关怀。

　　教育人学是教育学在人学影响下对教育中人的问题进行探索的产物。一方面，它作为观念形态，在人类教育诞生，甚或人诞生之时便已萌芽，并逐渐发展成为一种世界观、价值观和方法论，以不同取向的教育人学思潮的形式深刻影响和规定教育学的发展；另一方面，它在自身的发展过程中成为一门类似于教育哲学、教育社会学、教育伦理学的独立分支学科。从 20 世纪 80 年代的"人是教育的出发点"到 21 世纪的"以人为本""人民至上"——这些重大的命题和主张，是在理论上对现实教育无视人、蔑视人、摧残人的有力回击。伴随着我国经济社会的飞速发展，人们普遍感受到了人文精神的欠缺。究其原因，乃在于科技主义的文化霸权、工具理性的影响和物质主义的盛行。在这些价值观的影响下，我国教育中出现了"见物不见人"，偏离了"人"这个最为核心的教育对象的异化现象，在很大程度上导致了人的片面、畸形发展。在此背景下，一种面向人本身的系统而深入的"教育人学研究"呼之欲出。

二

在中国教育史上，早已有关于教育人学的论述，但真正以"教育人学"为题发表或出版论著，还是 21 世纪初的事情。早期代表性专著《教育人学：当代教育学的人学路向》关注教育人学的时代意义和理论自觉，探究教育与人的目的、人的生成、人对人的活动的关系等主题。同期的代表性论文扈中平、蔡春的《教育人学论纲》在世界观上界定了教育人学，主要探究教育行动中的人学意蕴。此后，扈中平、蔡春、吴全华、文雪的《教育人学论纲》与冯建军的《教育的人学视野》《当代道德教育的人学论域》等专著以及冯建军的《关于建构教育人学的几点设想》等系列论文，标志着教育人学研究逐渐走向成熟。专著《教育人学论纲》以人学世界观为教育的信念，以人的完善和发展为教育学的学科立场，力图构建一种教育人学的分析框架，拓展教育学的视界。冯建军教授的论著则基于教育学的生命立场与人学研究，探究类主体教育、主体间性和他者在教育交往、公共性方面的重要意义，关注广泛的教育议题，如教育的生命基础、生命教育、道德教育的人学论域、生命型教师等。由此观之，教育人学正成为教育学的学科基础，并通过主体教育、人性化教育、生命教育、对话教育、公民教育等多元的教育人学形态，展现其蓬勃发展的生命力。近年来，国内出现了一些研究教育学家和研究组织的教育人学思想的论文，如冯建军的《让教育绽放人性的光辉——鲁洁先生教育人学思想述略》，章乐、高德胜的《论鲁洁先生教育人学思想的三维构成》，余小茅、毛丹丹的《试论叶澜人学教育学思想》，冯建军的《百廿南师：一本打开的教育人学》等，体现出教育人学正深刻地影响着现代教育学人和教育组织的观念和文化。华南师范大学现代教育研究与开发中心分别于 2017 年 12 月和 2021 年 7 月在广州举办了第一届、第二届"全国教育人学论坛"，以及定期在国内重要学术期刊发表"教育人学研究专栏"系列论文。这些活动彰显教育人学研究的制度化，推动教育人学学科的建设和发展。

在某种意义上，西方教育人学的观念、概念和理论的萌芽，是从前苏格拉底时期的自然哲学转向苏格拉底时期的人的哲学开始。虽然英语中尚无"education hominology"（教育人学）的提法，但是教育人学的观念、思想、理论和流派一直在西方教育学中存续。苏格拉底式对话设定人是知识、真理的源头活水，柏拉图（Plato）提出教育必须实现人的灵魂转向，亚里士多德的伦理学基于人的自然德性，等等。历史的惊人相似之处在于，《中庸》基于孔子、孟子"人性善"提出"天命之谓性，率性之谓道，修道之谓教"，荀子基于"人性恶"强调"以善先人者谓之教"，到了现代社会，我国教育确立了马克思的"人的自由全面发展"理论的主导地位。可以说，在历史上一切有影响力的教育思潮均根植于对人性以及教育与人、教育与社会关系的深刻认识。人的存在与发展、人的自由与幸福是教育的根本主题，人之所以为人的研究内在规定了教育的本质。在某种意义上，一部教育学史就是一部教育人学思想的发展史。教育人学的研究对象既关注一般意义上整体的人，又关注特定历史情境中的人，还关注在技术意识形态、资本逻辑和权力宰制下人的生存境况与命运。因此，教育人学既可以作为教育哲学、教育人类学、教育社会学、教育政治学等教育学分支学科的基础，又可以成为诸分支学科的跨学科的交融点。例如，博尔诺夫（Bollnow）的《教育人类学》既有科学的人类学观察方法，又探究教育人学的基本原理。同样，那些以人为研究对象，关注人的问题的哲学家和教育学家，如卢梭（Rousseau）、康德（Kant）、杜威（Dewey）等，乃至从国内春秋战国时期的"诸子百家"、宋明时期的程朱理学到新文化运动以来的马克思主义哲学家和教育学家，都具有独特的人学思想及教育人学思想。

纵观中西方的教育人学研究，我们可以从中得到诸多有益启示。首先，教育人学以人"是其所是"为基，以人的问题和教育中人的问题为轴，以建构教育人学的基本原理为旨趣，以深入人的本质与人性基础的理论的和实践的探究为方法，探析教育中人的形而上学含义和人性化的实践价值；其次，教育人学的理论范畴超越经验观察，以人的身体和心灵、教育的时间和空间、教育的主体、教育的自由和民主等概念为规定，通过教育与人的观念、幸福、时间、空间等关系确立理论指向；再次，教育人学需要将教育置于"人—教育—社会"的三位一体关系中，探寻人的生存和发展的动力，直面人在社会、政治、经济、文化中的解放与自由等理论问题；最后，当今教育人学研究必须以开阔的视野，充分利用一切可以利用的思想资源，重新思考和建构人学和教育人学理论。例如，国内教育人学的兴起与经典马克思主义对人道主义的再发现有直接关系，随着智能劳动时代的来临，教育人学需要将马克思主义置于更广阔的背景中，探究不同取向的马克思主义流派中的人学和教育人学，批判和反思教育人学的基本观点和问题，形成更具活力的教育人学思想。

三

本丛书是扈中平教授领导的学术团队长期耕耘的结果。一直以来，该团队努力在以下方面进行有益的尝试和探索。

第一，教育人学理论探源。丛书包括专著和译作两大类。其中，专著回归马克思主义人学和现代中西方人学，探究教育人学基本理论。例如，张建国的《教育学的地位：一种马克思主义的解释》回归和深化教育人学的马克思主义知识论和价值论研究，韦永琼的《时间性教育学之思》、肖绍明的《教育人学基本理论》切入教育人学的人性论、主体性、时空论、身心论、艺术论、话语论等。丛书的译作则回归教育人学的经典人物和思想的研究。例如，澳大利亚教育哲学家斯莫尔（Robin small）的《马克思与教育》（即出）、美国批判教育学家吉鲁（Henry Giroux）的《论批判教育学》（即出）、英国教育学家迈克尔·格伦菲尔（Michael Grenfell）等的《布迪厄与教育：行动的实践理论》（即出）等。

第二，教育人学理论梳理。丛书突出教育人学研究的理论性，多部作品将探究教育人学的形而上学、认识论、价值论等，从而在清晰的理论视野下深入探究教育人学。除此之外，本着用马克思主义哲学的批判眼光，鉴别性地汲取并参考了中西方的古典教育哲学、启蒙理性哲学、现代哲学和后现代哲学等方面的成果，探讨教育中的人性、人性化、知识、道德、话语等主题，以知识性、学理性和实践性为旨趣完成丛书的任务。

第三，教育人学理论创新。丛书将教育人学作为教育学的新方向，重点研究教育中人的问题，侧重教育人学的基本理论研究，通过跨学科的视野，大量挖掘和使用新的文献，发展教育人学的新创见。

总之，教育人学是教育学的基础研究领域。在一个迫切呼吁教育人性化的时代，这一领域尤其值得教育学术界的关注。期望这套丛书的问世能给国内外教育人学研究带来一些动力、助力和活力。

扈中平　肖绍明
2023 年 9 月 16 日

　　"教育艺术"是教育学术语言中经常使用但含义有待明确的词语。目前，绝大部分文献仅把教育艺术理解为教师教学经验的诗意表达——教育技艺，并认为这些经验需要经过科学化或哲学化的提升。这些看法只是从认识论层面探讨教育艺术，将教育中的人进行对象化处置，从而遮蔽了教育本应关照的生命存在的价值与意义。本书以审美的态度研究教育艺术，从生命存在的价值立场出发，结合人学的审美视角与现象学美学方法，将教育艺术作为一个重要的教育概念并明确其理论内涵。"思与诗"都能揭示真理，教育科学与教育艺术的差异在于对教育世界的表征方式和思维方式不同，教育艺术更侧重于教育本质的诗意呈现。与教育科学坚持"价值中立"，客观地观察教育现象、解释教育事实、总结教育规律，最终改进教育实践的认识论、实践论立场不同，教育艺术坚持生命存在论的价值立场，以审美的眼光观照教育生活世界中的艺术现象，以"非对象化"的方式追问教育之于生命存在的价值与意义。本书循着教育艺术的意识发生、经验积淀、价值绽出与存在开显的逻辑过程进行推理论证。

　　审美为教育与艺术架起了一座直抵生命存在的桥梁，生命则承载着"教育艺术"这个词的权能和尊严。教育艺术既指向教育生活世界中现实、具体、鲜活的生命个体，又尊重人之为人的生命存在本身所蕴含的教育价值与意义，充分表明了教育艺术的人学立场。从教育的人学审美观来看，教育的人文品性召唤教育艺术，教育的生命特性彰显教育艺术。教育的人学立场饱含教育审美期待，它呼唤富有人性的生命活动、合乎理性的生命表现以及充满情感的生命体验。以人存在的生命活动、生命表现与生命体验作为出发点切入教育艺术的存在之思，就是在捍卫教育的生命立场，守护教育本真的生命性。作为艺术的教育，其本质就在于领悟生命存在这个绝对的教育价值。对教育生活世界始终保持审美敏感，教育艺术与生命存在方能一同开显，教育的生命境界也得以打开。

教育艺术首先以审美意识存在于教育主体的生命意识之中。原初、自主、积极、整体的生命意识是教育艺术得以发生的"事情本身"，构成了教育艺术的审美对象。教育艺术的审美要素包含教育活动中的生命活动、生命表现与生命体验。生命活动的"教育转换"蕴含教育艺术的形式，生命表现的"教育期待"生成教育的艺术表现，生命体验的"教育想象"充实教育的艺术体验。教育审美意识使得教育活动中的生命性元素与教育主体的生命表现与体验成为可观看、欣赏的对象，教育就具备了成为艺术的条件。

教育艺术与教育主体的审美经验密切相关。教育审美经验是生活经验、教育经验的集中与强化，是教育想象力与知性的自由游戏，是教育实践生活中"做"与"受"的统一。教育审美经验在陌生与熟悉感之间不断交替，在对教育情境的理解与解释中"道说"教育艺术经验，在教育主体的交往与对话中建构教育艺术世界。教育模仿、再现与游戏是教育审美经验的外化，形成了教育艺术经验的表现形式，并通过教育隐喻、象征与想象，凝结为教育艺术的语言。教育审美经验使得教育实践活动表现出艺术创造与欣赏的"无目的的合目的性"与"无规律的合规律性"的艺术特性。教育艺术的合目的性与合规律性相统一，教育实践活动得以超越现实生存的功利性目的，克服教育技艺对人的操作与摆置，个体生命的价值与意义才能升华成为人类存在的生命经验。

　　教育审美意识与审美经验在不断生成、流变，教育艺术的审美价值则能克服其偶然性，指向积极、深层、自为的教育价值。教育主体间的审美关系、审美理想澄清并支撑着教育审美价值，最终使得教育价值成为艺术创造与审美欣赏的统一。可以说教育艺术是审美价值所绽出的观念，它通过审美自由实现人的全面发展，通过审美和谐健全人的理想人格，通过审美幸福提升人的生存质量，为人的生命存在提供了诗意栖居之所。教育之所以被称为情感的艺术、教化的艺术、智慧的艺术、自由的艺术等，皆在于教育主体的生命存在审美地存在着。生命存在为教育艺术敞开了时间、空间与价值三个维度，使得生存论的教育技艺与存在论的教育艺术形成了区分，使得教育在审美特性上具有自在性与自为性、有限性与超越性、科学性与人文性有机统一的艺术特征。教育艺术的存在，就是始终把生命作为绝对的教育价值，通过教育审美提升教育境界，通达生命存在。

　　对教育艺术作审美存在维度的揭示，就是对生命存在进行人学诠释。教育艺术是人在教育世界中诗意生活的基本样态。作为艺术的教育就是对生命存在之天命的敬畏、倾听与置送，就是"道说"教育生活世界中的生命应该何去何从。只要对教育持有求真、向善、审美的精神信仰，教育便可以作为智慧艺术、教化艺术与自由艺术重返其生命本源。

【目录】

第一章　绪论

艺术与科学并不是两种决然对立的思维模式。在以具体的存在者为对象的研究层面上，科学思维主要运用理性，但并不排斥直觉与想象，自然科学是运用理性思维的典型；艺术思维主要运用感性，但也会无意识地服从自然、形式与客观的规则，人文科学是运用艺术思维的典型。在思维结果上，艺术与科学所揭示的对象之真理，在存在论层次上往往达成一致，皆指向宇宙万物（包括人类自身）的存在之"道"。尤其是关于人的科学，理性思维与艺术思维的并驾齐驱才能解释人在文化、政治、道德、语言乃至教育领域中的复杂现象，揭示人作为生命存在的价值与尊严。

人类的艺术历史远远早于科学历史。原始社会中的神话既是一种艺术形式，也是重要的教育场景和内容，可以说神话以及后来的史诗开启了人类智慧的教育，正所谓"神话即启蒙""史诗即教育"。这种源于人类早期的天人（神）交感的诗性智慧，是近代以来科学思维的源头。但神话与启蒙的辩证法揭示，科学世界的兴起造成了当今的"科学神话"，造成了艺术与科学的对立，诗性智慧与诗化语言逐步淡出教育的学科视野。研究教育艺术的存在问题，需要重新厘清研究问题的视域与问题域，方能返回作为艺术之教育的本源处。

一、研究视域与问题域的历史回溯

由于人类早期教育与艺术的亲密关系，以及艺术与神话思维的主导地位，教育作为艺术有着漫长的历史。尽管"不知道土壤、空气、湿度与种子的相互作用及其后果，我们也能欣赏花。但是，如果不考虑这种相互作用，我们就不能理解花——而理论恰恰就是理解"[①]。对教育艺术的理解，需要历史地结合教育的"土壤、空气、湿度"这些人性条件一同来理解。教育艺术并不是一开始就有自足、现成、成熟的教育理论作为理解基础。尽管教育艺术研究既需要对教育实践中的经验有足够的了解，又需要对教育的原则、规律以及目的有足够的认识，但它们都不是对教育艺术之本源的认识。现代教育理论在对教育艺术进行理论阐释的历史长河中，是否真正如其所是地反映了其作为艺术的真理性呢？如若不是，不能怪艺术过于神秘，"这不是艺术的过错而是少有人能掌握这艺术"[②]，少有人坚持去"道说"这艺术罢了。

（一）教育艺术的附魅：人类教化视域中的教育艺术

康德把人类社会的统治艺术与教育艺术的发明视作"最困难的"的两种艺术。[③] 人类早期文明肇始，政治、艺术与教育事实上处于"三位一体"未分化的状态。古代教育活动不仅包含艺术内容，其艺术性还集中体现为一种政治—伦理目的实现，可称之为教化的艺术，或通过对公共生活的思考来实现政治—伦理教化，或通过对理想人格的规定来实现道德—伦理教化。此种教育艺术奠基在政治—伦理目的之上，教化目的的实现即教育艺术的实现。

---

① 杜威.艺术即经验[M].高建平，译.北京：商务印书馆，2005：11.

② 锡德尼.为诗辩护[M].钱学熙，译.北京：人民文学出版社，1998：21.

③ 康德.论教育学·系科之争[M].杨飞云，邓晓芒，译.北京：中国轻工业出版社，2019：14.

1. 作为政治—伦理教化的教育艺术

在西方文明的发祥地古希腊，荷马（Homer）的《伊利亚特》《奥德赛》、赫西奥德（Hesiod）的《神谱》《劳作与时日》，以及埃斯库罗斯（Aeschylus）、索福克勒斯（Sophocles）、欧里庇得斯（Euripides）、阿里斯托芬（Aristophanes）等一批悲剧家创造的戏剧，培养了古希腊人的智慧与想象力，滋养着古希腊人的精神与气质，可以说"人"是古希腊文明中伟大的"艺术品"，抑或说是艺术塑造了"希腊人"。按照威廉·博伊德（William Boyd）与埃德蒙·金（Edmund King）的考据，荷马的史诗中几乎没有关于教育及书写之类的教育技巧的描述，暗示了当时几乎没有正规的学校或教育体系。但唯一提到了菲尼克斯（Phoenix）将阿喀琉斯（Achilles）培养成为演说家与军事家的教育，并据此推测在荷马时期就已经开始有演说教育与军事及政治教育结合的可能。① 人们熟悉的"七艺"教育——语言艺术三艺（语法，修辞，辩证法）和数理艺术四艺（数学，天文，几何，音乐），是雅典鼎盛时期的教育内容。这种用于培养心智健全、人性完整的人的教育非常适合于城邦公共生活的需要，它将艺术、身体、智慧、德性的教育融合于城邦政治生活之中。

苏格拉底（Socrates）论辩与反讽的艺术在教育史上具有崇高地位，它引导人发现真理，明辨美善，使人的智慧与德性得到提升。苏格拉底把辩证法的对话实践看作灵魂教育的艺术，是把心灵从意见、假象的泥沼中拉升起来的根本方法，是激发人对真善美的热爱的根本方式。② 苏格拉底十分重视道德教育，他希望通过向雅典人讲清善恶标准以及治国之道，改善雅典城邦的政治，从而使雅典兴盛起来。③ 柏拉图在《理想国》中系统阐述了教化艺术，为了培养人的正义、勇敢与节制，要抵制诗的泛滥，抵制"智术师"的蛊惑，以哲学智慧来完成对真理的洞见。用"洞

① 博伊德，金. 西方教育史[M]. 任宝祥，吴元训，译. 北京：人民教育出版社，1985：6.
② 金生鈜. 作为心灵教育艺术的辩证法[J]. 教育学报，2018（1）：13.
③ 单中惠. 西方教育思想史[M]. 北京：教育科学出版社，2007：12.

穴隐喻"来阐释"灵魂转向",是柏拉图教育艺术深刻、彻底的呈现。伊索克拉底(Isocrates)把雄辩作为德行与智慧的产物,他认为只有单纯技巧的修辞学家只是用华丽的辞藻来烘托个人的美德和国家的正义,而不能把演说与修辞提高到"艺术的水平"。①艺术的水平就是彰显人的美德与国家的正义,因此古希腊崇尚的教育艺术就是政治—伦理目的的延伸。

福柯认为,在"以拯救为取向""以治理为基本问题"的十五六世纪,在"如何治理孩子、如何治理穷人和乞丐……如何治理一个人的身体和灵魂"等具体事务上,发展出"教育的艺术、政治的艺术、经济的艺术"及各种治理机构等。②教育艺术体现出了与现代社会发展相适应的治理内涵。

2.作为道德—伦理教化的教育艺术

古希腊教育家对教育的伦理目的的重视最终指向城邦公共生活,其教育艺术指向普遍的实践目的。与古希腊哲人从公共生活的理想状态中生发出来的教化艺术不同,中国先秦时期的教育思想对人理想的道德人格更为关注,它希望通过人的理想人格形成而塑造人的政治生活空间。

西周时期的采诗官摇着木铎行走于乡野,收集反映民间生活的作品谱曲为诗歌,是民众教化的一种形式。除了反映民间生活的诗歌外,还有反映宴饮、历史功绩等具有重大教化意义的历史记录,这些诗歌和历史记录是形成《诗经》《尚书》等经典教育内容的原始材料。春秋时期孔子编撰六经,继承了西周贵族的"六艺"教育传统。孔子作为伟大的教育家,其教育艺术不仅体现在"有教无类""学思行"结合、启发诱导、因材施教等教育主张和方法上,更重要的是提出了以培养"君子"为道德目的的政治改良路线。君子的道德品格高尚,政治志向远大,集理想

---

① 华东师范大学教育系,杭州大学教育系.西方古代教育论著选[M].北京:人民教育出版社,1985:80.

② 福柯.什么是批判:福柯文选Ⅱ[M].北京:北京大学出版社,2015:173.

人格于一身。君子以"仁"为最高道德准则，在《论语》中，"君子"出现了107次之多，"仁"更是出现了109次。孟子的教育思想推崇培养"大丈夫"的理想道德人格。"大丈夫"有浩然之气，具有高尚的精神气节，主要通过"持志养气、动心忍性、存心养志、反求诸己"等内心修养的形式来实现。冯友兰曾说："懂得了这个词（大丈夫），才可以懂得中华文化和中华民族的精神。"[①]中国当代儒学研究者在对传统儒学进行哲学化改造的过程中，均把儒学六艺中的知识技艺作为"器"，而将德性教化作为"道"，重道而轻器，被视为中国近代以来自然科学知识、技术落后的一个重要原因。

中国儒家传统教育把人的道德人格培养作为教育的优先目的，教育艺术主要围绕如何提升人的道德修养。美国汉学家狄百瑞（William Theodore de Bary）曾评价中国儒家传统教育的道德—伦理教化艺术就是"通过理想化了的种种德行，把这些价值转化为一种个人自律和责任的伦理学[②]。"

（二）教育艺术的祛魅：教育理论视域中的"去艺术化"

近代以来随着学校教育的体系化、制度化，课堂教学活动基本确立了疑问式、说明式、启发式和叙述式等几种形式，教育的身体法则、智力法则和道德法则成为世界各国的教育共识。教育学研究走上了理论化、科学化的道路，但同时也褪去了教育艺术的教化实质。教育目的、教育原则、教育手段、教育语言的不断规范，建构起了庞杂的教育理论系统与流派，这些教育理论偶尔会冠以"艺术"之名，但其实质已经是祛魅了的科学化思维的产物。按照实践教育理论、哲学教育理论与科学教育理论的相对划分，"教育艺术"在不同的教育理论视域下具有不同的"旨趣"。实践教育理论最终指向教育者的教育行动，其艺术性更侧重指导

---

① 冯友兰.中国哲学史新编（第二册）[M].北京：人民教育出版社，1984：94.

② 狄百瑞.东亚文明五个阶段的对话[M].何兆武，何冰，译.南京：江苏人民出版社，2012：2-3.

教育行动的"技艺"，着重于实践规范的建立，最终指向某种伦理目的。哲学教育理论描绘了受教育者的完美形象，其艺术性强调人的自然生长的价值，注重使用隐喻来解释如何培养完美的人。科学教育理注重教育活动的规律性、原理性，遵循客观的教育规律与原则，希望造就教育的艺术效果，但实则把教育艺术等同于教育理论实操化后的客观成就。

1.实践教育理论中的教育艺术：教师的教学技艺

教师这个职业最初就是与辩论艺术、智慧艺术结伴而生的，西方古典的三艺中，语法、修辞、辩证法课程就是关于知识学习的艺术。在古希腊时期，教师并不与艺术家为伍，教师的地位远高于操持技艺的工匠。如今，这种状况完全相反。教师沦为了"教书匠"，而艺术家凭借其高超的技艺与异于常人的"品位"，其社会地位与文化影响力居于教师之上。如今，教师越是想改变"教书匠"的角色定位，成为一种"专业技术"职业，其职业成就就越趋于"技艺"而远离艺术，反而让教师这一职业失去了应有的人文魅力。

布列钦卡（Brezinka）认为教育学最早的学术形式是一种与伦理学联系在一起的艺术学，最初的教育理论是为指导教育者进行教育而提出的，这些理论包括对教育行为的建议、准则、章程或规范，"它们是对教育艺术的指示，是实践理论而不是科学理论。"①教育艺术最开始是被用来培训教育者，为教师（或母亲）给予指导和帮助，提供说明或范式。《爱弥儿》《教育漫话》等教育著作的出发点并不是向公众阐述什么深刻的教育理论，而是为母亲们提供一种育儿指导。教育学作为一门学科在大学兴起，并随着教师教育运动不断专业化后，教育科学化成为主要潮流，教学作为一种实践艺术被降低成各种各样细小行为的图表、表格和公式。②

① 布列钦卡，李其龙.教育学知识的哲学：分析、批判、建议［特约稿］[J].华东师范大学学报（教育科学版），1995（4）：1-14.
② 拉格曼.一门捉摸不定的科学：困扰不断的教育研究的历史[M].花海燕，等译.北京：教育科学出版社，2006：108.

奥康纳（O'Connor）与赫斯特（Hirst）在教育理论之辩中对教育实践的理论性展开了激烈辩论，尽管"操作性教育理论"是否能够得上"理论"的尊称①存在着争议，但教育实践的艺术性却毫无争议。

今天人们对艺术的理解与古人大不相同。在亚里士多德时代，一切带有操作性的工作如建筑、绘画、雕刻、航海等都属于"技艺"，而诗歌、音乐等活动则是艺术。技艺与艺术的区分可以简化为动手多还是动脑多、对象可见还是不可见，按照这个原则，教育实践活动似乎既是艺术，又是技艺，例如，昆体良（Quntinlianus）的《论演说家的培养》就是典型的培养"辩术师"的技艺，因为它既培养智慧，又锻炼技巧。随着学校教育在教学实践环节越来越规范化，各种技术要素涌入课堂，教育技术的层面也越来越重要。"教学是艺术还是技术"的讨论从来都没有停止过，但把教学技术与艺术融合为"教学技艺"，教育实践活动经由技术层面进入技艺层面，再达到艺术境界，已成为教师专业发展的共识。

教学技艺在实践教育理论中主要体现为教育的方法和手段，对教育问题的处理技巧，对教育情境的创设与运用。贾永堂在《教育学的理论及其在近代发展的阶段与特点》一文中将教育学理论分为基本原理、具体原理与操作原理三个方面。操作原理层面包含了教育者与受教育者的具体情境与临场机智，"正是从这个意义上说，教育是一种艺术，教育学理论也可以视作与艺术有关的理论。"②教育技艺具有创造性，它包含教师的教学风格，凸显教师的教学智慧，注重教师的直觉与灵感；它与个性有关，与阅历有关，与天赋有关；它是感性的，更多属于"人文"，不可捉摸；它妙趣横生，不墨守成规，忌讳雷同，推崇"教无定法"；所以，其经验智慧不可复制，具体做法难以推广。总的来说，教育技艺依赖于教师的经验与直觉。而教育技术具有普遍性，常常体现在教育过程

---

① 奥康纳与赫斯特关于教育理论性质的辩论中，前者曾言"'理论'一词在教育方面的使用一般是个尊称"。

② 瞿葆奎.教育学文集·教育与教育学[M].北京：人民教育出版社，1993：361.

规范性、统一性，提倡"课有定则"，其模式步骤均可复制，方法技巧容易普及。苏霍姆林斯基（Sukhomlinskii）的教育艺术案例在我国基础教育界影响深远、广泛，但并没有所谓的"苏霍姆林斯基模式"，反观一些在国内基础教育界流行的"教学（育）模式"或"××经验"，鲜有移植成功的。陶行知"四颗糖"的德育艺术也是广为流传，但如果刻意模仿，忽略儿童的时代差异，不能很好把握情境与时机，也难以成功。可见，教育艺术符合艺术创造的"一次性"特征，它无法复制成功，更不能变成模式。

艺术经验并不具有可迁移性，不能从一个对象直接迁移到另一个对象上，创造的艺术和欣赏的艺术都是如此。教育艺术中的经验同样不可迁移到其他情境之中或被其他个体所借鉴，这充分体现出教育实践活动的独特性，进而与一般的实践技艺区别开来。其原因在于，一般实践技艺的对象是物，而教育实践活动的对象是人，是鲜活的生命，人的独特性决定了教育艺术的独特性。

2.哲学教育理论中的教育艺术：隐喻背后的行动规范

柏拉图把教育视作使人灵魂转向的艺术，孔孟将教育作为德性、政治与教化的艺术，杜威把教育视作引导人经验生长的艺术，雅斯贝尔斯（Jaspers）把教育视作使人顿悟的艺术，罗素（Russell）与怀特海（Whitehead）把教育视作教人们掌握如何运用知识的艺术……尽管哲学家们没有正面说明教育艺术究竟是什么，但这种隐喻的表达足以让人获得对教育更为深刻的见解。哲学教育理论主要阐明教育的价值与意义，为教育实践指明方向，教育艺术在哲学教育理论中发挥了语言的魅力。

不同的教育哲学所展示的教育价值取向不同，对教育艺术的理解也不同。在自由主义那里，教育艺术是人通过教育达到的自由状态，教育艺术就是通过教育而实现自由。康德认为教育是人的作品，而不是自然的作品，只有人的教育才能具备教育艺术的可能；教育艺术是技巧而不是知识，教育艺术是自由的而不是不自由。康德之所以把教育视为艺术，根本在于艺术是人从自然走向自由的桥梁。教育是艺术，体现着康德对科学侵蚀教育领域、危及人的自由的警惕。[①]永恒主义教育哲学信奉人类的永恒价值，教育艺术就是对永恒人性的不懈追求。艾德勒（Adeler）在其《怎样读一本书》中就表达了教育就是通过经典阅读来获得自由的教育艺术。进步主义教育哲学把教育的过程类比为人生长的过程，教育艺术就是对人自然生长的笃信。杜威的《艺术即经验》可以视作对教育艺术的哲学解读，"完整的经验"与艺术之间没有界限，教育艺术就是对人的生活经验的不断改组、改造与生长。这种改造或改组，既能增加经验的意义，又能提高后来经验进程的能力。文化教育哲学的教育目的指向人精神生命的丰盈，教育艺术就是人主体性的觉醒、生活的顿悟与生命的唤醒。

教育哲学为教育艺术提供了丰富的语言，但这些隐喻的使用、意义的揭示并没有使教育艺术的内涵更加清晰，反而陷入了语言的迷雾之中。分析哲学的兴起曾要求对教育概念进行澄清，但成效并不显著。教育艺术的所指与意义究竟是什么，尚待解决。在"先验地"提出一些规范性前提后，教育哲学理论变成了纯技术性的论断，但也不断地更新人们的理解方式，不断地获得对教育意义的新的表达。[②]因此，教育哲学理论视域中的教育艺术并不侧重教育技艺，而在于达成对教育的根本理解，深入探寻教育的价值与意义，重构教育生活并对其做出批判、辩护与规范。

3.科学教育理论中的教育艺术：教育规律与原理

现代意义上的"科学"发端于艺术，在 18 世纪之前，艺术与科学所指的意义几乎没有差别，艺术家们对科学研究事业抱有极大的热情。可以说艺术与科学本是同源，理解教育科学不能离开教育艺术，理解教育艺术也不能脱离教育科学。王长纯等很多教育研究者认为教育首先是科

---

① 李长伟.何谓教育艺术：基于康德的视角[J].现代大学教育，2020（2）：1-8，112.

② 周浩波.教育哲学[M].北京：人民教育出版社，2000：5-9.

学，然后才是艺术，并从教学过程实施的技巧出发去论证教育是艺术的。但是这些论述多数是分散的，缺乏深入系统的阐发。①教育的科学化运动使得大学教育学院内传统的"教学的科学和艺术""教学史与教学艺术"等教授席位的地位发生了变化②，教育研究的"去艺术化"悄然兴起。为了使教学艺术变得更理性化，研究者们纷纷向心理学、测量学、文化学、人类学等学科靠拢，教育科学化不断寻求研究方法、过程与结论的客观性，力图实现像自然科学那样的普遍性。

教育科学试图为教育实践活动找到"实用法则"，研究者们并不满足建立在经验科学基础上的单数的教育科学（educational science）现状，借助自然科学的思维方式与其他社会科学的研究方法，建立起复数的教育科学（educational sciences）。通过对教育事实进行实验验证，对教学艺术的经验进行科学归纳，以期获得具有普遍性的教育学理论和知识，进而指导人们更好地从事教学实践。教育心理学家拉伊（Lay）、桑代克（Thorndike）等人认为教育必须扭转教育学研究的思辨性，使用实验的方法来建立教育研究的科学性——将教育事实还原到心理事实。罗廷光在20世纪30年代出版的《教育科学纲要》里就明确指出，教育学是以教育事实为对象而讲求教育方法和原理的科学。教育实证研究方式的兴起，使得人们以客观主义的方式来看待教育艺术背后的东西，即教育艺术无意识地运用背后所隐藏的教育规律，这等于把教育艺术现象作为教育规律存在的根据。在以心理学、统计学方法为主导的教育科学中，教育艺术只是对教育经验的一种尊称而已，所谓的艺术不过是不自觉地符合了客观的教育规律，并以规律的名义强化了"教育原则"。因此，教育科学无法给真正的教育艺术释放更多空间，教育上的论断仍然是技艺

---

① 王长纯.当代西方教育艺术论初探[J].外国教育研究，1992（4）：1.
② 拉格曼.一门捉摸不定的科学：困扰不断的教育研究的历史[M].花海燕，等译.教育科学出版社，2006：70.

上的推断。① 教育科学研究所使用的归纳方法也不符合教育艺术的逻辑，从教育经验中归纳出教育本质，摆脱丰富的教育情境而获得脱离时空限制的教育真理，只能使得鲜活的教育变成干瘪的李子干。②

教育科学意义上的教育艺术研究并不关心实现何种教育艺术（教育哲学层面），因为它们往往处于观念层面，而寻求在事实层面上已实现的教育艺术，挖掘其背后的原理与特性，从知识生产的逻辑上更具有科学理论的成色。但它把教育艺术作为一种实体存在，仍然执着于把精神当作自然一样看待，它的方法本身不符合教育艺术的人文特性。教育艺术是教育之灯而非镜，是教育之心而非眼，这是一种存在论而非认识论的态度。

实践教育理论与哲学教育理论的教育艺术指向理想状态的教育行动，但教育科学理论的教育艺术却指向已经实际出现的教育行动。科学的教育艺术理论是解释、说明已经存在的教育艺术现象，而不仅仅是为理想的教育活动指定实践准则。这也是说，教育艺术不仅是观念中的对象，也是现实中的对象。教育艺术作为观念中的对象，是描述一个关于教育活动的完美表现，一种对教育人格的期待；教育艺术作为现实存在的对象，是关于教育艺术现象的存在特性、与其他教育诸要素的存在关系的解释和说明。这个区分具有重要意义，如果思想的对象与现实中特定的表象或现象相同，则产生了有关这些表象的概念。③ 因此，教育艺术是教育行动中教育理念的显现。如果教育理念过于完美，在现实中根本无法实现，或者说现实中的教育观念过于平庸，不具备理念上的完善性，则不可能形成教育艺术现象，更不可能"通过概念尽可能地对现象进行准

---

① 周浩波.教育哲学[M].北京：人民教育出版社，2000：76.

② 巴里特，比克曼，布利克，等.教育的现象学研究手册[M].刘洁，译.北京：教育科学出版社，2010：37.

③ 布列钦卡.教育科学的基本概念：分析、批判和建议[M].胡劲松，译.上海：华东师范大学出版社，2001：15.

确而全面的描述，通过概念的应用尽可能地提出具有普遍意义的法则性假设"①。

（三）教育艺术的返魅：教育审美视域中的教育艺术

生活世界、教育体验、教学机智、教育智慧、教育学的想象力、教育时间与空间等是当今教育基本理论研究的热点词，它们无不闪烁着教育艺术的光芒，体现着教育艺术研究的语言魅力，同时也反映出教育理论研究解释框架的变换。分析教育哲学对教育概念的"零敲碎打"是为了与传统思辨教育哲学的"宏大体系"划清界限，但自从以人工语言来建构教育理论世界的努力并没有明显成效之后，对教育的语言分析不得不回到"生活与常识"的、特定教育情境的、与教育主体相关的教育场域中来。这种状况正反映了艺术现象学、生活美学等理论对教育学理论建构的影响。

1. 从方法论层面看，现象学美学的理念与方法丰富了教育艺术的想象力

现象学注重对意识过程的分析，教育艺术的理论研究任务是要去理解人们是如何构造起对教育观念、活动、效果的意识形成过程和思维发展过程，以及该过程中主体的感受，而不是一开始就分析概念、建立体系、构建原则、指导实践。在现象学运动"面向事实本身"的口号感召下，教育理论不断挖掘现象学中的"生活世界""认识发生""交互主体性""教育时间""教育空间"等概念，运用现象学中的"本质直观""悬搁""还原"等方法，研究教育中的体验与情境，研究教育的发生、意义与存在，对教育本质有了更深入的认识。

现象学与教育学的契合形成了教育现象学，一批研究成果在世界范围内造成了深刻影响。荷兰乌特勒支学派领军人物兰格维尔德（Langeveld）注重儿童养育现象与教育经验问题，在 20 世纪 50 年代著有《学习的现象学》《儿童生活的隐秘世界》《儿童世界中的事物》等著

---

① 布列钦卡.教育科学的基本概念：分析、批判和建议[M].胡劲松，译.上海：华东师范大学出版社，2001：15.

作。加拿大教育现象学家马克斯·范梅南（Maxvan Manen）在 1983 年创办了《现象学＋教育学》期刊，其著作《生活体验研究——人文科学视野中的教育学》《教育的情调》《教学机智——教育智慧的意蕴》等对中国的课程理论与教师教育产生了重要影响。教育人类学家博尔诺夫的《教育氛围》也是一部研究教育情境的重要著作。首都师范大学在 2015 年召开了主旨为"现象学与专业实践"的第三届教育现象学国际会议，这是中国教育学界首次开展教育现象学国际会议，2018 年、2020 年针对学生的失败恐惧现象、精英主义的基础教育、教育与生活世界的分离等问题展开了反思。

在广泛的现象学意义上，教育现象学致力于新的教育理解方式，释放教育学的想象力成为一种呼声。美国学者玛克辛·格林（Maxine Green）在《释放想象：教育、艺术与社会变革》一书中提出通过教育与艺术、社会的互动来释放想象，"只有激发想象，我们所有人才能超越日常琐碎与嘈杂，超越意义纷争，从而进入一个我们可以彼此沟通、拥有某种共同意义建构的社会。"中国教育学界也非常重视超越科学话语体系的教育学研究。王建华提出教育学是人类理解教育的一种方式，教育学的想象力则是超越教育科学的话语体系来理解教育的另一种方式，而教育艺术则是教育学的想象力的必然结果。[①]追求教育学的智慧与想象力，探寻教育艺术的秘密，就是"探寻一种纯粹意义上的教育学"[②]。

然而，直观无概念则盲，对教育现象的直观表达必须经由语言通达教育之存在。教育学遇到现象学后，研究者们用各种概念来界定他们直观看到的意识过程与思维过程，这是教育学研究中新概念、新表达层出不穷的原因。如"情调""意蕴""氛围""想象力"等充满感性色彩和诗性智慧的词汇无不流露出教育理论研究的艺术与审美取向，辩证地看，这未尝不是教育艺术理论化过程中的一种状态。

---

① 王建华.教育的意蕴与教育学的想象 [M].福州：福建教育出版社，2015：198.
② 王有升.教育学的想象力：教育学的基本原理引论 [M].北京：人民出版社，2018：1.

2. 从教育理念层面看，教育生活审美化构筑了教育艺术的视界

不论是教师的教学活动还是学生的学习活动，都需要投入时间、精力，克服教学活动中的紧张、枯燥与艰辛。随着"教育生活世界"概念的兴起，教育与生活、教育与生命的亲密关系越来越受到重视。教育生活世界是由教育主体（教师与学生）各种各样的生存样式所组成的历史、时空、价值的境域，它改变了传统模式化、常规化的自在的日常生活世界观，把教育主体的教学生活视作流动、自为的生命活动。同时，生活世界的审美化或者说审美世界的生活化相互浸润，使得人们不再只是筹划行动，而更多地反思生活本身。①审美的力量对教育生活世界的重新认识极富魅力，它在某种程度上赋予教育生活以超越性精神。

我国近年来涌现出一批关于教育生活审美化的研究。王枬提出了"教师审美论"②，为人们重新理解教师角色提出了新的视角；张永提出从生活美学的角度构建"生命·实践"教育学的审美维度③；周芳以思想政治教育作为研究领域进行审美探究④；金生鈜对"作为心灵教育艺术的辩证法"进行了教育理论上的探讨⑤；郑富兴在公民教育领域开辟了"公民教育的审美之维"⑥。张永指出，虽然作为艺术的教育并不是一个新的观念，但作为审美对象的教育则是一个新近的观念。⑦这个观念上的转换，使得作为艺术的教育不再停留在隐喻的层面，艺术哲学（美学）的理论

① 尹树广，黄惠珍.生活世界理论：现象学、日常生活批判、实践哲学[M].哈尔滨：黑龙江人民出版社，2004：1.

② 王枬.教师审美论[M]//叶澜，白益民，王玥，等.教师角色与教师发展新探.北京：教育科学出版社，2001：77.

③ 张永.生活美学："生命·实践"教育学审美之维[M].上海：华东师范大学出版社，2014：1.

④ 周芳.思想政治教育审美研究[M].北京：人民出版社，2012：1.

⑤ 金生鈜.作为心灵教育艺术的辩证法[J].教育学报，2018，14（1）：13-20.

⑥ 郑富兴.公民教育的审美之维[J].教育学报，2019，15（1）：32-38.

⑦ 张永.生活美学："生命·实践"教育学的审美之维[M].上海：华东师范大学出版社，2015：10.

为教育艺术研究拓展了新视界。

二、问题域的推进：已有研究视域及问题存疑

现代以来的教育学研究者们，力图通过教师教育提升教师的专业化程度以及社会地位，通过学科的科学化建设提升教育学的学科地位，一定程度上反映了研究者们对"教育艺术"这个概念并不自信。不论是教育科学、教育哲学还是教育艺术，都有把教师职业从"教书匠"的较低地位提升到较高的地位的想法，就如同西方中世纪末期向文艺复兴时期的过渡那样，"艺术家们努力使他们与手艺匠人区分开来，使绘画艺术从手艺的地位上升到时代思想的守护者和代表者的地位"①。匠人不仅需要精湛的技艺，更需要独运之匠心，只有匠人之"心"才能做到"时代思想的守护者和代表者"。这预示着教育艺术研究必须追溯到教育主体的存在维度，教育只有作为存在的看护者，才能摘掉教书匠"教书之技"的帽子，从而达到"成人之道"。

（一）教育科学视阈下的教育艺术

教育科学与教育艺术之辩曾是教育学史上的一个重要理论问题②，它涉及教育学的学科性质。教育作为一种社会活动和社会现象，它的实践性本身具有艺术性，这一点并无太大争议，教育活动的科学性与艺术性可以并存，好的教育实践活动本身兼具科学性与艺术性。问题在于，教育艺术是否能作为一个教育学研究的独立领域？夸美纽斯（Comenius）、乌申斯基（Ushinski）等教育学家都赞同教育是艺术而非科学，德国文化教育学派也力图从教育科学所不能及的人的精神与意义的理解方面来构建教育艺术。如邹进曾指出："时下教育理论界关于'教育是一种科学还是一种艺术'的争论是多么幼稚，从表层看（即单从主体对客体的线性因果关系看），教育可能是科学（如分类、比较、测量智商）；如果从

---

① 戴吾三，刘兵.艺术与科学读本 [M].上海：上海交通大学出版社，2008：38.
② 程亮.教育学：科学抑或艺术 [J].教育研究，2005，26（7）：12-19.

主体对客体的双向交流来看，从'主体间性'看，从'教育体验说'看，教育无疑是一种创造新人的艺术（陶冶、爱的教育、总体生成、全面发展）。"①国内学者涂艳国指出教育艺术并不是一个精确的科学命题，它无非是要强调教育活动的艺术性或某种具体的教育实践艺术，提醒人们注意教育活动与艺术活动的相似性，从而重视教育的艺术性以使教育更有成效。它简明扼要、生动形象的表达形式本身就具有一定的艺术性。②

　　也有学者从教育学的学科性质考察出发，如程亮认为教育科学有广义与狭义之分，在广义的科学概念下，教育的"艺术取向"从属于教育科学；而在狭义科学概念下，艺术取向的教育只是教育实践活动的行动准则的抽象，属于实践教育学的范畴。③邹进认为，教育是一种"艺术"的观点，其有一个自身无法逾越的障碍，因为教师不能像艺术家对待"材料"那样对待学生。④这种观点把艺术创造简单理解为对材料的艺术处理。毫无疑问，材料是构成艺术的物质形式，但艺术并不依赖于物质本身，艺术正是褪去材料的自然本性而向人呈现。艺术是人的作品，而非自然的作品。同理，教育艺术并不是把学生作为材料来"塑造"，而是充分挖掘蕴藏在学生自身中的潜能。教育就如同创造艺术作品那样，褪去束缚人发展的自然本性。而王世荣认为，教育艺术是教育科学的基础，"作为艺术的教育高于作为科学的教育"⑤。教育科学的内在需要教育艺术，没有教育艺术，教育科学的结论与成果无法正确地得到运用。尽管教育科学借助于心理学、统计学等理论取得了一定的成就，但在具体教育问题的解决上仍"心有余而力不足"，这从反面提示人们要重视教

---

①　邹进.现代德国文化教育学 [M].太原：山西教育出版社，1992：31.

②　涂艳国.教育艺术及其创造 [J].上海教育科研，1996（9）：17.

③　程亮.教育学：科学抑或艺术 [J].教育研究，2005（7）：12-19.

④　邹进.现代德国文化教育学 [M].太原：山西教育出版社，1992：88.

⑤　王世荣.现代性困境与教育艺术 [J].高校教育管理，2009（1）：35.

育艺术的研究。[1]因此，教育艺术是检验教育科学真理性的最终根据，抛开教育艺术，教育科学无法自足。教育艺术不是教育科学的预备阶段，不是一个指向更高目的的次要而从属的手段，它本身就是教育最高目的的一种表达方式。教育艺术有其存在的坚实基础，就应该具备独立性。

（二）效率取向的教育技艺

"教学有法，但无定法"是教学艺术的最好诠释，也是教师专业发展与成熟的体现。在夸美纽斯那里，教育艺术是使老师教得轻松、学生学得轻松的技艺。当前教学改革中，改善教学效果、提高教学效率的教学技艺十分常见。这背后是效率取向的教育技艺观。

教学艺术重视的是教师如何形成、掌握与运用教育的"艺术"，如何通过系统的学习和反思获得"掌控"教育教学的艺术能力，塑造与改变学生的艺术技巧，是教学艺术、教学智慧、教学能力的关键问题。然而，这种艺术观将教学艺术视作教师的能力和"技艺"，难免窄化了教育艺术的存在内涵，将教育艺术的理论研究囿于教育实践理论的范畴。这种根深蒂固、远离教育根本的教学技艺观崇尚教师的教学经验研究，过分强调教育艺术之"用"，强化了教师的教育主体地位，忽视学生在教学中的自主性与能动性，使得教师失去了从学生的教育审美反应中得到反思和改进的机会。教学艺术研究应当解释艺术是什么，从何而来，为何能在课堂教学中产生等更为根本的问题。总体而言，实践层面的教学艺术强调的是"做"的艺术，而非"受"的艺术，尤其是其功用目的、技艺取向违背了艺术的初衷。

教育艺术研究并不单独强化教师的教育艺术创造行为，始终把教师与学生作为一对不断交互、对话的主体，强调师生的沟通与合作，凸显主体间的共同创造与欣赏。艺术的本性是需要得到承认和欣赏，教育艺术的引申意义具有教育评价的意涵。在课堂教学的微观场域，学生是人

---

[1] 涂艳国.教育艺术及其创造[J].上海教育科研，1996（9）：16.

数众多、影响面广、因而十分重要的评价主体，教学艺术并不是为了彰显教师的教学"技艺"，而是为了最大限度地促进学生全面发展，因此学生这一审美主体必须成为教学艺术的关键。教育艺术研究不能忽视学生已有的审美能力、审美期待与审美反应，这是教学技艺之为艺术的根本所在，也是教学艺术作为教育艺术的根本所在。认识到这一点，教育艺术研究才可能抛开实践技艺的困扰，进而能不断窥探教育主体的生命活动、生命体验、生命表现中的存在价值与意义，揭示教育之为艺术的奥义。

（三）教育艺术研究应从美学认识论转向审美存在论

教育艺术理论要促进对教育价值与意义的深入追问，既不能在教学经验层面将教育艺术技艺化，又要避免把教育艺术塑造成某种规律探寻、原则树立的"原理"研究，这才符合艺术的真谛。教育艺术不是认识对象，而是审美对象，审美存在更能揭示教育与人的本质。在其他学科不断入侵教育学研究领地的今天，探讨教育艺术作为审美存在的价值与意义非常必要，对教育艺术的理论探寻就是为了回归教育的本真。

当前关于教育艺术的研究大多停留在实践—技艺、经验—心理、先验—规范、事实—规律层面，不自觉地将教育艺术作为认识对象。教育艺术不仅没有作为一个重要的理论问题被严肃对待，更是在技艺化、心理化、规范化与科学化的过程中消解了教育艺术的自主性，总是被作为依附于某种特定目的、价值与意义的存在者，不是追寻教育之整体作为艺术的存在根据。以科学求真、道德求善或日常实用的态度对待教育艺术，它们的对象虽然是指向"某种教育的艺术"，但并不是指向教育艺术存在本身。尽管教育生活的审美化研究为教育艺术理论开拓了新视界，教育学的人文属性在审美体验上得到辩护，但教育生活世界的审美泛化可能为教育价值带来虚无主义的危险。因此，必须从教育主体生命存在的审美维度揭示上研究教育艺术，把生命存在的可能价值与丰富意义作为教育艺术的根据，从而扭转教育艺术研究的技艺取向、认识取向，使得现实的教育能自觉守护生命尊严，提升生命境界。

总之，传统经验取向的教育艺术无法逃脱技艺的藩篱；先进的道德与情感规则、知识与理性取向、人性的完善与崇高等目的论取向，无法解释教育艺术的意识过程；科学实证主义的教育研究总是把教育艺术限定到规律和原理的范畴，终不得自由。其根底在于以往的教育艺术研究一开始就采取了一种认识论意义上的反思态度，没有挖掘教育艺术的前反思的意识结构。"科学的概念、逻辑必须回到前科学、前逻辑的根，反之，非理性则要意识到克服自己的瘫痪状态的合理前景。"① 按照现象学美学的思路，教育艺术研究需要放弃教育科学的自然主义态度和经验—实证主义方法，反思诗意教育学的理想主义情怀和情感—心理主义道路。教育艺术并不是作为客观存在的研究对象先验地存在，也非心理经验的累积而突然出现在人们的观念中，而是由于其自身的被给予性而呈现给人们。

教育作为一种古老的人类活动，它的起源、内容、形式与艺术密不可分。教育艺术最终体现了无目的的合目的性、无规律的合规律性，它看似神秘但有迹可循。只有重返教育的艺术之根，探寻教育艺术的意识过程与思维过程，以审美的态度与现象学美学的方式来考察教育艺术，教育艺术的自主性、自律性、独立性才能向人们呈现，教育艺术才能作为存在而非存在者被人们揭露出来。

三、教育艺术审美研究综述

国内外专门关于教育艺术审美研究的文献并不多见。对教育进行美学探讨或审美化研究的，其理论成果不一定关涉教育艺术这个主题；对教育艺术或教学艺术做专门研究的，其理论视角又缺乏艺术哲学或美学的理论基础，这种状况造成了教育艺术审美研究文献匮乏。

---

① 邓晓芒.胡塞尔现象学导引 [J].中州学刊，1996（6）：66.

（一）国内相关研究文献述评

尽管如此，"教育艺术"在国内教育学术研究中仍然被大量使用。有关教育家的教育思想，如"孔子的教育艺术""论怀特海的教育艺术思想""苏霍姆林斯基的思想教育艺术"等；有关教育实践的艺术，如"表扬或批评的教育艺术""班级管理艺术"等；有关教学机智、教育智慧的艺术，如"留白的艺术""等待的艺术"等。这些文献在很大程度上把教育艺术作为一个不言自明的概念来使用，并未就教育作为艺术的根据展开讨论。根据本研究需要，主要从教育学的学科视野和理论维度来梳理文献中与教育艺术有关的审美要素。

1.教育美学中的教育艺术理论

教育美学与教育艺术具有理论上的亲缘性，其实践旨趣也在于增加教育活动中的艺术要素。随着20世纪80年代中国美学热潮兴起，在深入研究国内外审美教育的基础上，教育美学从审美教育中独立出来。人们不断发现艺术与美学能使人获得审美自由，这与教育的宗旨是一致的，教育需要"按照美的规律进行构造"，教育需要使人心灵自由，教育的艺术性是人的审美需要给出的。何齐宗的《教育美学》，郑钢、杨新援的《教育美学论稿》和袁鼎生的《教育审美学》等一批教育美学著作诞生，为教育艺术的理论研究提供了认识基础和任务，如"教育美是人类本质力量在教育过程中的感性显现"[1]，提出"如何使教育按照美的规律来进行，使之达到审美化的境界"[2]的任务。郑钢等在研讨教育美的形态时系统地阐述了教育艺术的内涵、教育艺术产生的条件、教育的言语艺术、教育中的体姿动作艺术和教育活动的组织艺术。何齐宗除在阐述教育活动美时论及教育气氛美、教育节奏美、教育机制美和教育合作美外，还进一步对教育艺术的创造进行了全面的探讨，系统阐述了教育艺术创造

---

① 郑钢，杨新援.教育美学论稿 [M].长沙：湖南教育出版社，1996：12.
② 何齐宗.教育美学新论 [M].北京：人民教育出版社，2017：9.

的条件、过程与原则。①教育美学的发展，不能拘泥于某种具体的教育艺术形式来谈论教育艺术，教育艺术要成为一般意义上的艺术，而不仅仅是教育语言的艺术、教学管理的艺术、教育表演的艺术等，因为在此种意义上，教育艺术仍然只是手段。为了保证教育艺术的教育性，刘庆昌指出："对核心教学操作行为的思考，不能只接受技术理性的支配，还要接受教育精神的引领，只有这样，才能保证教学艺术的教育性质"②。

2.哲学美学中的艺术原理

把视野放到更为宽阔的哲学美学、教育哲学领域，教育艺术的审美意味更为丰富。邓晓芒在《教育的艺术原理》中提出教育与艺术对自由的追求是一致的，并尝试依照艺术原理建构教育的艺术原理。教育的"艺术原理"与教育艺术的原理的理论出发点不同，前者是站在艺术的角度来看教育，后者是站在教育的角度来阐释其艺术魅力。所谓艺术的魅力，也就是人及其存在的魅力③，人性的教育获得了一种生命的形式、艺术化的方式、美的形态存在，使人们通过活生生的教育艺术创造和体验发现和体认自己，实现自己的人生理想。教育原理如何借鉴艺术原理独特的理论品性来阐释、理解教育艺术，避免教育艺术的技艺化、规律化、原则化，具有重要意义。彭文晓提出，教育艺术既是一种教育存在，也是一种教育方法，更是一种教育境界。教育艺术的实现，就是"让课堂充盈'有意味的形式'，让'技艺论''情感论'的艺术方法成为教育策略，让艺术的自由精神理念成为教育的价值尺度"，教育才能真正成为一门艺术。④

---

① 何齐宗.中国教育美学研究三十年：回顾与反思[J].教育研究，2014（9）：35.

② 刘庆昌.关于教学艺术的基本理论判断[J].四川师范大学学报（社会科学版），2020，47（4）：85-93.

③ 殷国明.人学与美学的结缘[N].社会科学报，2013-12-05（5）.

④ 彭文晓.教育艺术论[J].湖北大学学报（哲学社会科学版），2011（4）：120-124.

金生鈜认为，辩证法的技艺是一切教育艺术的必要基础。"辩证对话的技艺，就是拽住灵魂的理性来耕耘，用有见识的言辞把真、善、美的理念像种子播撒在灵魂里面，让人受到真实、美好的教化，让人具有灵魂上的最高收获。"①把辩证对话技艺作为一切教育艺术的必要基础，说明教育艺术离不开对话、启发等教学技艺，但把"灵魂转向"的作用归功于教师的对话与引导技艺，实则无法将对话技艺与智术师的诡辩技巧进行区分。当然，教育技艺除了辩证对话之外，还有其他诸如管理、奖惩、批评之类的策略性"技艺"，以及关爱、友谊、期待等情感性"技艺"，不论何种技艺，本质上都是在诱导、唤醒受教育者的理性智慧，技艺中"艺"的因素成为教育的手段，还不足以达到教育艺术非功利的境界。

在有关教育价值、目的的隐喻式表达中，诸如"作为顿悟艺术的教育"②"教育即灵魂转向的艺术"③"论成就学生幸福的教育艺术"④等，它们已经涉及教育作为艺术的审美要素、审美特性或审美价值，但并未就教育之为艺术的根据做出专门探讨。

3. 教学、德育中的审美艺术

施良方认为，"教学是科学还是艺术的争论的出现，从某种意义上标志着教学'自我意识'的加强"⑤。教学艺术只是理解教学、改进教学的一种方式，要持续深入地研究"科学与艺术辩证统一"所包含的具体问题，以减少对科学的迷信，祛除艺术的神秘。李如密的《教学艺术论》可以视为将教育艺术理论深入教育实践一线的代表，寻求在教学整体过程中

---

① 金生鈜. 作为心灵教育艺术的辩证法 [J]. 教育学报，2018，14（1）：13-20.
② 王齐家，金丹. 作为顿悟艺术的教育 [J]. 科教文汇（上旬刊），2017（6）：18-19.
③ 郑宝锦，赵强. 教育：灵魂转向的艺术：柏拉图的《理想国》解读 [J]. 当代教育科学，2010（21）：9-11.
④ 龙宝新. 论成就学生幸福的教育艺术 [J]. 中国德育，2008（1）：30-35.
⑤ 施良方，王建军. 论教学的科学与艺术之争 [J]. 课程·教材·教法，1996（9）：56-59.

如何最大限度地充满艺术魅力，教师劳动的创造性、教学过程的生成性、教育情境的创设性、教育体验的丰富性等问题。刘庆昌、杨宗礼的《教学艺术纲要》中强调"教学艺术是教师为达到理想的教学效果，按照教学、学习和教学美的规律进行的创造性的、个性化的教育行为"，"教学艺术是一种教育行为艺术，就是指教学过程中以教师为主体的核心教学操作行为"①，更是将其作为达到"教学效果"的一种"教学操作行为"。从教学层面来看，关于"教学艺术"的探讨仍限于教学实践领域的"技艺"问题，并且有与"教学经验""教学模式"等进行审美化融合的趋势，引得一线教师们在教学实践中争相"模仿"。

檀传宝在学校德育领域引入了审美概念，倡导欣赏型德育模式建构，呼吁中国当代学校德育要建构"德育美学观"。李如密在教学艺术领域也进行大量研究，并把教学艺术界定为"教师娴熟地运用综合的教学技能技巧，按照教学规律和美的规律而进行的独创性教学实践活动"②。无论是檀传宝"欣赏型德育"的德育艺术，还是"熟练利用综合的教学技能技巧"的教学艺术，教育艺术都是以"技艺"的姿态出现的，教育的艺术性（美）是为教育的目的性（善）服务的，没有彰显教育艺术的独立性。在美育方面，教育艺术侧重于"通过艺术的教育"，强调艺术之美往往忽视教育之善，也没有体现教育艺术的独立性。

4. 一般教育学理论中的教育艺术

在当代系统阐述教育学或教育理论的著作中，教育艺术是一个非常重要但又未见深入阐述的概念。王道俊、王汉澜主编的《教育学》中提出，"教育学是揭示教育规律、探讨教育价值观念和教育艺术的学科"，并把教育价值观念和教育艺术视为教育经验的"精神实质"③。这个认识将

---

① 刘庆昌.关于教学艺术的基本理论判断 [J].四川师范大学学报（社会科学版），2020, 47（4）：85-93.

② 李如密.教学艺术的内涵及四个"一点"追求 [J].上海教育科研，2011（7）：1.

③ 王道俊.王汉澜.教育学 [M].北京：人民教育出版社，2009：3.

教育艺术与教育规律、教育价值并列，内在地要求教育在技艺层面与精神层面、实践性与教育性上做出区分，对教育艺术研究的理论化、系统化具有很好的启示作用，但全书并未就教育艺术进行详细论述。扈中平主编的《现代教育理论》中，第三章"教育的规律、原则与艺术"部分专门论述了教育艺术，他认为"所谓教育艺术，是指教育者在长期卓有成效的教育实践中和对教育经验的反思与总结中，在遵循教育普遍规律的基础上，综合、灵活地运用教育原则，并通过比较完美的教育双边活动，在教育观念、教育方式方法等方面稳定、综合地表现出来的富有创造性和感染力的教育个性特点和美感"。"教育除了规律性和原则性外，还具有很强的艺术性，而教育的这一重要特性长期以来被教育研究所忽视"①。在该书 2020 年的新修订版《现代教育学》中，教育艺术一节已被替换成"教育智慧"。

虽然国内学者普遍认为教育的艺术性是个"重要问题"，但其还没有真正成为教育学知识体系中的核心问题或重要概念，并未与教育实践技艺严格区分，教育艺术没有像教育规律、教育原则、教育价值、教育目的那样作为一个严肃的理论问题来对待。究其原因，主要在于现有的教育艺术研究缺乏审美维度，未能系统地研究教育艺术的审美要素、审美特征、审美价值等重要理论问题。

（二）国外相关文献研究综述

一般认为，夸美纽斯的《大教学论》是最早明确提出教学艺术的文献。② 夸氏所理解的教学艺术与康德一样，希望教育或教学从艺术经验进阶为一种"准有把握""准有结果"的科学方法，与人们今天所理解的包含了想象、直觉、情感、表现与形式的艺术完全不同。但教学艺术和教育艺术的概念被延续下来，在教育学术概念中被大量使用。国外教育艺

---

① 扈中平.现代教育理论 [M].北京：高等教育出版社，2000：103-104.
② 施良方，王建军.论教学的科学与艺术之争 [J].课程·教材·教法，1996（9）：56-59.

术审美研究，主要活跃在教育艺术与科学之辩、教师教育中的教学艺术两个方面。

1.教育科学化中的教育艺术省思

20世纪初，教育科学化运动已成为西方教育研究的主要趋势。科学化时代的教育学，试图用学习的科学理论构建起教育的科学理论，催生了与资本主义生产方式相适应的"教育工艺学"①。而教育的本义中促进学生人格完整、精神丰富的教育艺术则被教育科学世界所遗忘。施泰纳（Steiner）、杜威、艾斯纳（Eisner）等一批教育家开始反思教育艺术被遗忘之弊端。

施泰纳坚信艺术能开启儿童的内在本质，倡导以艺术及艺术方法来激发儿童的善良天性，开创了具有宗教性质的华德福学校（Waldorf School）。华德福教育注重人的身心协调、精神和谐、整体发展、主张以全人教育为本。施泰纳认为学校教育不能只在乎智识性的教法，而是需要脑、心、手全方位的教育，要用由想象而生的一种图像的、艺术化教法，将"生命活力"传送到儿童的内心，教师一定要用鲜活的方式，依照真实的生命来教。华德福的教师们渴望在每个孩子身上创造一种真正热爱学习的感觉，通过自由运用工艺美术活动服务于学科教学，培养学生的内在学习动力。施泰纳将华福德学校的教育方法描述为"education as an art"（教育是一门艺术），就是指在所有课程中运用生动的画图教学模式，以及在学生进步的每个阶段重视将语言、绘画、戏剧、合唱和工艺作为课程的内在部分。这也与施泰纳将教师视作"艺术家"有关，他非常强调教师通过艺术因素来激发学生的想象与创造，禁止儿童在达到适当的发展水平之前过早地进行智力教育。施泰纳敏锐地发现，教育科学化运动难以真正关照儿童的精神生命，因而最终将教育艺术作为开

① 按照刘庆昌在《教育哲学新论》中的教育学划分，教育工学、教育技艺学可统称为"教育工艺学"，即通过科学化的手段来保证班级授课制的知识传播效率，使得受教育者能迅速掌握适应资本主义生产方式的知识与技能。

启儿童生命本质的一种方式。

杜威在《教育科学的资源》中，专门有一节论述 "education as an art"。杜威谈到 "就操作而言，教育是一门技艺（mechanical art），一门艺术（fine art）"，当心理学家或任何领域的观察者和实验者，将自己的研究结果归结为一条要求所有人必须遵守的规则时，就破坏了教育艺术的自由发展。之所以会出现这种状况，不是因为运用了科学方法，而是违背了科学方法。"教育科学的最终实现……在教育者的头脑里"，科学方法只有经过教育者的手、脑、心才能成为教育科学的资源。而教育者的直觉、想象、情感等审美要素，都可以作为科学资源。在此意义上，教育科学与教育艺术能相互成其资源，互为补充。杜威强调对教师教学直觉的观察，并结合科学方法开展教育实验。杜威非常重视教育中的"平衡与节奏"这两大"特别适合提供恰当训练"的审美经验要素，节奏包含一连串行为中的规律性与经济性，平衡暗示着不以牺牲经验的丰富性与自由为代价，因此教育艺术能把个体的欣赏与表达自由与被表达内容中的原理与规则结合在一起。这样的话，节奏与平衡在教育时间、空间中展现为符合科学原则的教育艺术，教育科学内在地具有了审美向度。在杜威晚期的美学著作《艺术即经验》中，虽然他没有直接谈论教育，但其美学思想中对人"完整经验"（an experience）的重视，可以视为其"教育即生活""教育即经验""经验的改组与改造"等教育思想的美学基础。

艾斯纳作为儿童艺术教育家、课程论专家，他的贡献在于开拓更广阔、更人性化的教育图景。在其《教育的艺术视野》《教育想象》等著作中，无不体现其把教育作为艺术进行课程与教学改进的努力。他指出，"教学中的艺术性总是很少见，但当教师在一个如此关注学术成就的教育环境中工作时，这种情况就更少见了，因为这种环境往往会扼杀学生和教师在智力上的冒险"。因此，艾斯纳倡导教师注重教育过程而非结果，教育的艺术性寓于教育过程之中，并不能以教育业绩显现出来。作为一个坚定的教育艺术论者，艾斯纳始终思考教育、教学与审美的关系，他暗示"教育中审美绝不是糖霜之于蛋糕的关系""教学中的审美时刻是教育生活中最深刻、最令人满意的方面之一"。从教育主体的审美经验来说，教育的本质以艺术的方式呈现。2002 年，艾斯纳提出了教育艺术研究从认识论转向实践论，再转向艺术论的观念转向[①]，并认为教育的艺术性是保障教育实践有效、教育理论为真的基础和条件，教学中的激情、想象、敏感等，是超越各种教育原则、个人教学经验制约的重要审美因素。

以上教育家的教育思想均对教育科学化倾向保持警惕，始终寻求改进传统教育生活方式，专注教育提升生命、整合经验、丰富心灵的内在作用，这正是教育的本义。教育作为一门艺术，一定要有艺术和审美的因素介入，现实的学校教育才能超越日常教学生活中的刻板、枯燥、乏味，使得教育真正成为滋养人精神生命的文化活动。

2.教师教育中的教学艺术

在当代西方教师教育中，"教学是教师的生活艺术"的说法逐渐兴起，许多研究者希望借助艺术精神的超越性，克服教学生活中的庸常、重复与麻木，重新唤醒教育者的教育理想与热情。斯蒂尔斯（Stiles）指出，教师教育更像是艺术而非科学，更像是政治而非专业，更像是与社会相关而非纯粹学术的学科[②]，这种对科学化、专业化教师教育的逆反，实际上是呼吁让教师的教学生活回归到日常生活，主张教师发展实践智慧而非仅专注专业技巧。教师越来越被鼓励像艺术家那样从事创作与生活，实现教学实践的艺术自由。贾勒特（Jarrett）认为，未来的教师，虽

① EISNER E W. From episteme to phronesis to artistry in the study and improvement of teaching[J].Teaching and Teacher Education, 2002, 18（4）：375-385 .

② STILES L J. State of the art of teacher education[J].The journal of educational Research, 2015, 64（9）：388-393.

然常常像自由主义艺术家一样看不上教育学家，但他们迫切需要对学校非常熟悉，对现成的教学技巧非常熟悉①，这样他们才会真正在教育生活中感到自在，乃至体验自由与幸福。在学校教学环境的营造中，需要建构自由的人文环境，"要揭示教育作为一门人文艺术（liberal art），教师就应该准备在课堂建构亲密的人文关系"②。

以上这些认识是从对教学艺术实践取向的反思中发展起来的，传统的教学艺术重视的是教育之"术"，而非作为人文之学的教育之"艺"。威廉·哈罗德·佩恩（William Harold Payne）从"pedagogy"在德语、法语、意大利语中的传统应用出发，认为这个词应该被限定为"教育的艺术和实践"，而"pedagogics"则与"education sciences"的内涵一致，是表示与教育相关的理论科学。佩恩在孔佩雷的《教育学史》的译者序中强调"教育学论文需要我们从中汲取的不是普遍真理，因为普遍真理往往难以付诸实践或难以应用，而是实践方法和生活方法，这些快乐而有效的方法应当在实践中被切实运用。"可见从教育学作为一门学科以来，教育史学家们就难以割舍教育作为实践艺术或教学技艺的传统。

吉尔伯特·海特（Gilbert Highet）的《教学艺术》中把教学艺术作为一个相对独立研究领域的代表作，其在开篇反复强调"这是一本关于教学方法的书……这并非一本教育理论的书，而是一本源于教学实践的建议"，可见他并没有打算在教育理论层面上为教育艺术谋求一席之地。李如密评价说，海特看到了实践性作为教学艺术的应有之义，但不能因此也忽视了教学艺术的理论层面，毕竟没有什么活动是完全不依赖理论理性，即便是艺术创作也需要最低限度的理论指导，"画中之竹"无法脱

---

① JARRETT J L. Teacher education as a liberal art[J]. Journal of teacher education, 1979, 30（6）: 25-28.

② BRAILSFORD I. Constructing the field of education as a liberal art and as teacher preparation at five Western Australian universities: an historical analysis[J]. History of Education, 2013, 42（1）: 143-145.

离"胸中之竹"。

　　一批研究者极力反对教学艺术的实践技艺取向，认为教学艺术有超越教学技艺的本质。萨福德·雷特曼（Sanford W. Reitman）在 1986 年提出了 Daring to Make Teaching an Art 之问，指出教育科学化并不能对美国文化变迁做出及时反映，教学成了一种机械、僵化的工作、技术和职业。为了认清教学的艺术本质，教学就应当激发教师和学生的艺术潜能，打破学校教育中的文化霸权，让学校成为文化不断进步更新的主阵地。[①] 希尔（Hill）曾指出，教学是人类行动的一种方式，运用这种方式，许多行动成果取得是自然而然产生的，也就是说，教学行为的许多成果都是在与学生交互作用的进程中产生的，而不是事先构成的某种东西，更不是高效率所达到的。[②] 因此，教学艺术不是预成的，它是教师教学素养的一部分。巴里·巴雷尔（Barrie Barrell）认为，教学艺术本质上就是教师头脑中的思想，与教师思维的内容密不可分，比如，富有创造精神的教师在教学过程中会提醒学生注意一个方程式的和谐美或一个建筑线条的简洁的美。[③] 曼迪·拉普顿（Mandy Lupton）批评当代学校教学趋向于标准化和流程化，教学作为艺术是整体的、变化的、不断令人满意的，而不仅仅是遵循一套工艺（craft）流程。[④]

　　当代西方教育艺术论并没有把视野主要放在美的鉴赏上，它主要试图揭示作为艺术的教育的内在特点，如它的复杂性、创造性和成果形成的特殊性等。关于教育和教学的艺术性的各种判断主要是从认识论、实

---

① REITMAN S W. Daring to make teaching an art [J].The educational forum, 2008, 50（2）: 137-148.

② HILL J C. The teacher as artist: a case for peripheral supervision[J]. The educational forum, 2008, 57（2）: 183-187.

③ BARRELL B. Classroom Artistry[J]. The Educational forum, 2008, 55（4）: 333-342.

④ LUPTON M. Reclaiming the art of teaching[J]. Teaching in higher Education, 2013, 18（2）: 156-166.

践论的角度来把握教育活动的艺术性质、艺术作用，只能说明教育艺术与教育实践的关系，即说明教育艺术是教育实践活动"创造"出来的，进而片面重视教育艺术的工具价值，而忽视了教育艺术被"欣赏"的可能。仅把教育艺术理解为教育科学实现的方法、手段和效果的体现，仅把教育艺术看作孤立的某个存在者，就忽略了教育艺术的审美存在价值。

四、问题的提出：以审美的态度追问教育艺术的生命存在之根

站在教育科学的立场，教育学研究必须坚持"价值中立"，客观地观察、描述教育现象，解释教育事实，总结教育规律。但"不是只有非价值的教育现象才能作为科学的对象，而是某种现象是否可被作为既定的、客观存在的事物来看待"[①]。任何可被观察的对象都可以作为科学研究的对象，教育艺术现象也不例外，但教育艺术不能直接作为认识对象，而应该首先作为审美对象。

审美是人在世上存在的一种重要方式，渗透在人类社会的物质生产、精神生活之中，人总是审美的人。艺术远非边缘的、官能紊乱的、琐屑的或空想的，而是人类最重要和最严肃的事情的组成部分。[②]审美是人常用但不自知的一种心灵能力，它影响着人的信念、习惯与行为。人现实存在的世界是审美的世界，不论人是否承认这一点，人的审美意识与审美能力总是在发挥作用，尽管更多时候是不自觉的。审美主体在进入审美活动之前所具有的一种特殊的心理定式或心理状态，审美心理学将其称之为审美态度，这种审美态度是在审美主体的审美需求基础上确立起来的，因而它既不同于日常生活中的实用态度，也不同于科学研究中的科学态度。[③]

---

① 唐莹.元教育学 [M].北京：人民教育出版社，2002：210.

② 迪萨纳亚克.审美的人 [M].户晓辉，译.北京：商务印书馆，2004：13.

③ 王汶成.论"艺术审美经验"的涵义 [J].烟台大学学报（哲学社会科学版），2006（3）：295.

对教育艺术持审美的态度，要求人们把教育艺术现象作为审美对象而不是认识对象，让教育艺术的真理性如其所是地呈现出来，而不是按照人们已有的观念或固有的观念建构出来。这是教育艺术审美存在的基本信念。审美的态度使得教育既不脱离经验（审美经验），又不深陷惯常经验的泥潭而无法自拔。审美态度让教育活动摆脱了经验主义、功利主义的束缚，也使人们对教育的意识（而非认识）能持有艺术上的纯粹性。艺术家"为艺术而艺术"的态度是对艺术自身存在的信念和艺术自主性的坚守，同样也可以被教育所借鉴。"为教育而教育"[①]，就是为了人们观念中的美好教育而付诸行动，但如果没有一种相信美好教育存在的信念，没有对美好教育的本质的探寻精神，人们的行动也将偏离方向。

审美的态度是生命的态度。教育是指向人精神存在的生命活动，教育艺术能避免教育实践活动中的价值虚无，陷入科学主义带来的无限的"技术困境"之中。叶澜先生倡导的新基础教育"把课堂还给学生，让课堂焕发生命活力；把班级还给学生，让班级充满成长气息；把创造还给教师，让教育充满智慧挑战；把精神发展主动权还给师生，让学校充满勃勃生机"[②]，这就是一种审美的态度。"美使科学的普遍性变得具有生命力"[③]，审美也使得教育科学的规律、原则等普遍要求以具体的方式呈现出来，这个具体的方式使得教育充满灵性、活力，使整个教育活动充满培养人的艺术而非塑造物的技艺。审美的态度是生命自由自觉的态度。审美为教育与艺术架起了一座直抵生命存在的桥梁，不仅是因为教育与艺术具有相似性，更在于艺术的本质与教育的本质都指向生命存在的自由

---

① 这个表达借鉴了"为艺术而艺术"的形式，意为寻求一种更为纯粹、远离功利与实用的教育。"为艺术而艺术"彻底表达了艺术自主性的理想，同样"为教育而教育"就是要表明教育自身的独特性、自主性。

② 舒扬.走进"新基础教育"：叶澜教授访谈录[J].新华文摘，2004（15）：107-108.

③ 张世英.境界与文化：成人之道[M].北京：北京大学出版社，2016：121.

与超越，艺术活动与教育活动都是人自由自觉的精神与文化活动。教育的审美因素与特性集中反映了人自由自觉的精神气质，确证了生命存在的价值与意义，这正是教育艺术审美存在的根据。

没有审美的态度，人们言说教育艺术的语言是苍白的，更无法"道说"教育艺术的审美存在状态与特性。在教育研究的"思与诗"中，诗的方式能帮助人们道出教育艺术的丰富性，能避免思的语言把教育艺术对象化、抽象化后的空洞性。①但人们对诗意教育的言说仍然要借助于"思"，借助于语言和形式来把教育的意境表达出来，使得教育艺术能形成清晰而完整的概念。这并不是说教育艺术之根在于语言和形式，而是因为"存在作为思的天命而存在"②。通过教育艺术的审美经验现象学研究，分析教育艺术在生活世界中的前语言（前谓词经验）结构和意向性结构，人们不得不借助语言和形式。诗的语言注重通过在场的事物来表达不在场事物，追求意境和畅想，是在场之物与非在场之物的统一。教育的艺术语言就是要超越生活世界中的在场之物，去"道说"教育实践背后的东西。

五、研究对象与思路

（一）研究对象：关照生命存在之价值与意义的教育艺术

本书所研究的教育艺术不同于一般的教育技术或教学技艺，而是从存在论的高度来探寻教育之为艺术的根据或本质。由于教育技术、教学技艺主要是从认识论、实践论的层面来探讨教育活动所必需的技能、技巧性因素，过于注重其外在效用而未能凸显对生命存在之价值与意义的守护。从存在论层面探讨教育艺术更能使人理解教育的本真面目，使教

① 卡西尔的《人论》中指出："科学意味着抽象，而抽象总是使实在变得贫乏。事物的各种形式在用科学概念来表述时趋向于越来越成为若干简单的公式。"

② 海德格尔.演讲与论文集[M].孙周兴，译.北京：生活·读书·新知三联书店，2005：404-405.

育主体从形形色色的教育目的、原则、模式、方法等非本真因素的影响中脱离出来，得以领悟本真教育与生命、生活乃至人生的相互守望关系的艺术真谛。

教育作为艺术，无非是说此种本真性的教育切近了生命存在之本质。教育主体在教育生活世界中的生命活动、生命表现、生命体验，是生命存在在教育时空中的体现，是生命价值与意义在教育生活世界中的绽出。因此，在存在论的层面上，教育与生命能相互守护，教育艺术与生命存在互成本质。

对教育艺术存在的追问，就是对生命存在的追问。而经由对教育艺术存在的追问而达乎生命存在的精神性与价值性，就是在自觉遵循教育的人学立场，这也构成了本研究的论域。追问教育艺术存在的根据，就是在追问教育缘何被领悟为艺术，这一发问与应答只能在人学视域之内进行。生命自身的意识、表现、经验与价值不仅给出了"人"这一独特的存在者的根据，更给出了教育之为教育这一特定的人类实践活动的根据。教育之所以能被教育主体领悟为艺术，在于生命存在本身是自行遮蔽而又有所明敞的，对生命存在价值与意义的揭示，需要通过本真性的教育才能实现。生命存在的自行遮蔽与明敞，使得生命个体在世生存充满了艺术张力，也使得人的教育生活必须艺术地展开。

如此一来，教育的本质现身、生命存在的敞露与对教育艺术的领悟，只是存在之天命在教育场域中的不同显现形态而已。将研究对象聚焦在"关照生命存在之价值与意义的教育艺术"上，就是为了开启一条异于教育技术、教育技艺的切近教育之本质的道路。教育的对象是人，人的存在本质既隐匿又明敞在教育生活世界中的生命活动、表现与体验之中，这一道路注定是人学之路，人的存在本质之路，以及教育的艺术存在之路。

（二）研究思路：教育艺术作为审美对象

不论何种艺术，它之所以存在，离不开人的创造与欣赏。教育艺术的发生、表现与存在在一定的教育时空中以不同的形态呈现出来，让处在教育情境之中的教育主体得以观看、体验与反思自身的艺术创造。本研究主要侧重于教育艺术的审美层面，通过教育艺术在人的审美意识、审美经验、审美价值与审美存在中的种种表现、特性探讨来切入教育艺术之存在。教育艺术寓于教育过程之中，而教育过程同时也是教育主体的审美过程，从审美意识、审美经验、审美价值到审美存在，既是教育作为艺术的发生过程，又是教育实现其本质的过程。本研究循着教育艺术的意识发生、经验积淀、价值绽出与存在开显的逻辑过程，进行递进推理论证。

1.教育艺术的意识构造：教育审美意识

教育艺术如何被给予人们？该问题关涉教育艺术是何以可能作为审美对象、何以被人们观看、体验和知觉的，即探讨教育艺术的意识发生过程。现象学意义上的审美意识是通过不带有任何概念的审美直观或审美知觉，在感受教育艺术的一刹那未经思维推理的顿悟、释然或觉醒。教育艺术被给予人们的方式是对教育艺术经验作现象学反思的关键一步，现象学反思使得教育艺术作为审美对象具有同一性（在存在者中把握存在），其反思结果揭示了教育艺术存在的形式、结构与意义。

只有具有审美意识的人才可能自觉地体验并创造教育艺术。审美意识具有直觉性、创造性、愉悦性，以及不计较利害的特性，因此审美意识超越了主客二分的关系和认识，使得教育目的不再具有功利性，教育主体真正成为游戏主体，教育活动真正成为自由游戏。以先验的方式来规定教育艺术，以实证的方式来验证教育艺术，而不是首先感受、体验教育艺术的意识发生过程，怎能保证教育艺术理论的真理性？教育艺术并不是要去反映（符合）某种先验的哲学假设或心理学、社会学、政治学的客观规律，而是用艺术的心灵感官去"观看"诸多教育现象、事实，这个心灵感官的明证性是教育艺术研究的前提——审美的人①。

每个人都可以是艺术的创造者，也可以是艺术的欣赏者。人总是审美的人，这是人自然的艺术本性与文化本能。②这种艺术本性在社会中也存在，人总是"希望认识什么"，期待着社会生活中的艺术体验，同样也期待着教育生活中的艺术体验。只有以创造者的姿态从事教育，才可能体验教育艺术，只有具有一定的教育审美经验的人，才可能创造艺术的教育，体验到教育艺术的魅力所在。

2.教育艺术的生活本源：教育审美经验

教育艺术缘何存在，通过什么是其所是并如其所是？从存在论来说，教育艺术的敞开域是人处于其中的教育生活世界。探寻教育艺术的生活本源，必须"回到教育实事本身"：回到教育艺术现象作为审美对象向人们呈现、被给予人们的场域——教育生活世界本身，回到触发人们审美经验（美感）的教育艺术的原初结构本身，即教育艺术作为审美对象直接呈现在人们的意识活动中，唤起主体的审美经验、激发主体的审美意象，才能得以理解和解释。

经验一词本身具有含混性，不同的教育理论对教育经验的理解并不相同。教育经验在不同的研究范式下有不同的意义。在传统的以概括教育经验为教育理论的思辨教育学中，经验往往是常识性甚至误导性的，不能正确反映教育存在本身。从教育科学的研究范式来看，教育经验是事实性的，可以被量化为数据，数据之间的关系、结构，以及背后的普遍规律。从诠释学教育学角度来说，教育经验是理解性的。"一方面，教

---

① 埃伦·迪萨纳亚克在其《审美的人》中提出"艺术是人性中的生物学进化因素，它是正常的、自然的和必需的"。与马克思提出的"人也按美的规律来构造"不同，她把人的艺术生物学化，而不仅仅是意识化，审美的人则意味着人生而需要保持良好的感觉，而艺术则是使人变得特殊。

② 劳承万.审美的文化选择[M].上海：上海文艺出版社，1991：52.

育经验是一种解释；另一方面，理解又是一种教育经验。"①从现象学的研究范式来看，教育经验是生成性、情境性与体验性的，这些特性使得教育经验向审美经验的转化成为可能，也使得教育艺术在意识中审美呈现成为可能。

本书所使用的经验概念主要指审美经验，而非实践意义上的反思经验。教育审美经验仍然是教育经验的一部分，它是人没有充分意识到地对教育的前有、前见与前理解。一旦对教育经验采取理性反思的态度，教育技艺、原则与规律就期待能在教育实践中复制成功，"复制成功导致选择趋于稳定，这就造就新规则、新程序、新形式和新想法不受环境待见"②，因此教育经验的熟悉性在一定程度上限制了教育的创造与想象，教育艺术无法呈现。但教育作为实践活动，必然与经验相关，教育艺术也与教育经验相关，但它主要与人的教育（受教育）经历在意识中的积淀有关。尽管人们在体验教育艺术时并没有在头脑中使用诸如教育目标明确、教学方法适切、教学语言优美、教学环境和谐等概念（这些都是体验后的反思）但仍能知觉到、经验到教育艺术，这就是教育审美经验在不自觉地发挥作用。

3.教育艺术的存在意味：教育审美价值

教育艺术意味着什么？为何人们能意识到有的教育是具有艺术性的，能产生美感经验，有的教育是非艺术的（单调、乏味），甚至是招致厌恶和反感的？一定是由于教育艺术暗含或契合某种价值，能激发人愉悦的审美经验，一旦与此种价值取向背离，就是非艺术甚至反艺术的。由于人们对教育艺术的认识处于抽象、原始的阶段，对教育艺术的意识发生、过程与结构没有全面、深入、系统地研究，虽然能真切感受某种价值之"有"，却难以言明。黑格尔逻辑学之所以从"有"这一概念开始，这是因为人们在开始时对具体事物的认识是最贫乏、最抽象的缘故；例

① 程亮.教育即解释[J].基础教育，2009，6（12）：3-9.
② 马奇.经验的疆界[M].丁丹，译.北京：东方出版社，2011：58-59.

如当人们感觉到"有"一个什么东西，但对它又说不出任何一句话来，这时，人们的认识内容就是最贫乏、最抽象的。人们能意识到某种教育活动呈现出艺术感或美感，但又无法把它完全表现出来，这说明人们审美意识的意向性背后有某些教育经验、教育价值作为支撑。教育艺术作为教育现象既不是客观实在，也不是被建构的现实，它是被创造的现实与知觉现实的复合，并且与人们的教育传统、价值以及观念紧密联系在一起。

研究审美价值的切入点是客观的价值关系，这个现象对于主体而言才成为现象，主体参与了现象世界的构造。审美经验中包含着人的价值判断，这种价值判断在艺术领域内，也称为审美价值判断。莫里茨·盖格尔在（Moritz Geiger）《艺术的意味》中，明确主张把"审美"价值毫无保留地理解为"艺术"价值，审美经验、审美价值（判断）与艺术价值就有可能成为人感受、判断与评价艺术的条件。但审美价值或艺术价值并不是真实的客体，而是作为现象给出的范围。所以并不能把预设的"教育价值"作为教育艺术的最终依据，真正的教育价值是在教育审美经验的基础上，在教育审美意识的发生过程中呈现出来的，而不是被先行给出的。教育艺术的审美价值，除了某种表现出来的"完美特性"外，还必须具有深度价值，必须有溢出当前教育情境的更深层次的意味，即体现出教育之于生命存在的价值与意义。

六、研究目的与意义

本研究试图恢复教育艺术作为一个教育学概念在教育基本理论中的应有地位。通过对教育艺术进行审美意识、审美经验、审美价值与审美存在四个层面的分析，在存在论意义上揭示教育艺术之于教育主体的关系与意义，阐明教育艺术与生命存在互为本质。

首先，教育艺术审美存在论研究具有突破认识论、技艺论的理论勇气。尽管"教育是艺术还是科学"曾是教育基本理论研究的经典问题，但教育艺术始终都没能具有与教育科学并驾齐驱的地位。目前的教师教育把教育艺术当作可以拆解的要素进行分析，比如优秀教师的特质、教学技巧等，实际上是以经验—实证的科学教育学的方式研究教育艺术。从方法论上讲，这只能触及教育艺术的形式层面，无法深入对教育艺术实质的认识。教育艺术虽然以"技艺"的形式表现出来，但它的本质不是"技艺"；教育艺术虽然反映了某种特殊的教育目的或价值，但它本身不是预先存在的；教育艺术虽然体现了合规律性，但它并不是遵从教育规律或原则之后的产物。

其次，教育艺术存在论将教育艺术创造与欣赏结合起来，强调教师与学生的交互主体性。教育的创造艺术，在教育实践中往往理解为追求"操作上完美"的技艺，使得教育实践活动被教师的经验所固化。杜威曾说："仅仅是操作上的完美，根据自己所定的条件独自判断，于此，一部机器可能比人的艺术做得要好……"① 因此，艺术本身就包含着对美的欣赏，包含着人的审美经验，教育艺术并不仅仅是操作、创造和表现的艺术，它在本源上是审美的艺术。艺术创造与艺术享受的分离是自柏拉图以来的古典美学强调的劳心者与劳力者两个阶层的对立。美的和谐与享受，是有闲阶级从某个永恒的实体那里拿来的，艺术家与工匠不过是照思想者提供的模式复制加工出来而已，作为劳力者的艺术家们不配享受美的荣耀与幸福。② 杜威的实用主义美学观认为，对艺术的审美欣赏不是单纯的接受，不再是单纯对美的收获，其间也必然经历欣赏主体的艺术创造，是一种"完全可以与创造者相媲美的活动"。③ 因此不论是教师还是学生，都可以通过欣赏教育艺术来获得反思经验。通过感受教育艺术、积累审美经验，对师生双方加强教育过程中的相互理解与期待，提高对教育过程中的智力与情感投入等，都起到良好的作用。

---

① 杜威.艺术即经验[M].高建平，译.北京：商务印书馆，2005：47.
② 张宝贵.西方审美经验观念史[M].上海：上海交通大学出版社，2011：240.
③ 杜威.艺术即经验[M].高建平，译.北京：商务印书馆，2005：52.

再次，教育艺术审美存在论研究对当下教育现实具有一定的批判性与超越性。卢梭在《爱弥儿》的开篇就说道："一旦把教育看成一种艺术，则它差不多就不能取得什么成就……"这与他在《论科学与艺术》征文里的观点是一致的，即反对把艺术作为"花冠点缀在缚着人们的枷锁之上"。按照卢梭的理解，教育艺术只是一种人为教育的语言装饰，一种社会文化精心包装的精致而美妙的趣味，只会妨碍人的天性发展和自然力量生长。但卢梭反对的是违反教育之自然，人为地把教育"包装"成艺术，即反对把教育作为塑造公民的"艺术"而非培养人的艺术。受卢梭的启发，康德认为艺术要创造属于人的"第二自然"，即艺术要显得不像人为，其目的不是直接表露出来，而是好像自然那样，以无目的的合目的形式来引起人的审美感受，引发出对自由、灵魂等超经验的理性理念（道德）的感受。①这对教育艺术有重要启示，它不能过分流露人为的痕迹，它要顺应自然，尤其是智育与德育，要反对知识与道德灌输，这也正是卢梭对其所处时代教育弊病的批判。

最后，教育艺术审美存在论研究始终突出教育主体的生命存在价值与意义。艺术最大的敌人是重复、单调、机械，教育艺术亦是如此。教育艺术研究能抵制教育异化以及人的异化，提高教师对教育工作的敏感性。对教育的敏感性决定了教育艺术是否向教育者敞开，只有具有高度的教育敏感性，才能体悟教育艺术，反思教育经验，从而改进教师的教育教学工作。艺术与人性的关系是个永恒话题，教育艺术的阐明可以为人性教化提供严肃的理论支持。席勒说"美必须作为人性的一个必要条件表现出来"②，教育艺术的审美经验、审美意识与审美价值的分析对人性教化具有重要教育意义。"人在审美时才游戏"，教育艺术的审美体验超越了教育活动中的严肃、艰辛和无趣，使得教育活动成为人性解放和个

---

① 李泽厚.批判哲学的批判：康德述评[M].北京：生活·读书·新知三联书店，2007：389.

② 席勒.审美教育书简[M].张玉能，译.南京：译林出版社，2012：31.

性自由的游戏，因为教育者与受教育者在教育活动中所体验到的艺术成就是真正属于他们自己的。

七、研究方法论与方法

本研究立足生命存在的价值立场来研究教育艺术，以当代人学审美观来全面审视教育艺术。当代艺术理论热点"现象学美学"可以为教育艺术的审美存在探讨提供科学的思维工具。现象学本身就是对意识结构、知觉现象进行科学的描述和解释，进而揭示在现象之中的真理问题。把教育艺术作为审美现象而不是认识对象，采用描述而非归纳或演绎的方法，可以直观教育艺术之真理。对教育艺术的追问必须坚持"存在作为真理的天命"，这是思的第一规律，这虽与逻辑规律的规则不同，但它是存在之思，而非关于存在者之思。

"存在论只有作为现象学才是可能的。"① 本书旨在通过现象学方法来描述教育艺术现象、分析教育艺术的意识过程来建构教育艺术的理论体系，在研究方向上属于理论研究。教育所具有的"精神性""价值性""审美性""伦理性"和"艺术性"等特质可以通过现象学研究范式来得到彰显。② 研究旨在挖掘教育艺术这个概念的所指，即教育艺术究竟意味着什么，教育艺术体验的意识内容经过反思能得到什么，最终指向揭示教育艺术的存在本质。

历史与逻辑相统一是人文学科理论研究的信条，也是马克思主义的历史唯物主义态度。基于教育艺术观念变迁的教育史，在具体分析教育审美现象、审美意识、审美经验与审美价值的基础上，把握教育艺术的意识发生、表现与体验在共时性维度上的关联，找到教育审美现象、审

---

① 海德格尔.存在与时间：修订译本 [M].陈嘉映，王庆节，译.3版.北京：生活·读书·新知三联书店，2006：24.

② 姜勇，柳佳炜，戴乃恩.论教育研究的现象学范式与实证主义范式的差异 [J].华东师范大学学报（教育科学版），2018，36（6）：61-68，156.

美意识、审美经验与审美价值中深层次统一的内容。

从具体的方法来讲，本研究主要使用文献研究法来梳理教育艺术的历时态的逻辑脉络，使用现象学美学的方法分析教育艺术共时态的逻辑结构、存在特性与本质。本研究主要参阅了胡塞尔（Husserl）的意识现象学、杜夫海纳（Dufrenne）的审美经验现象学、盖格尔（Geiger）审美价值现象学、海德格尔（Heidegger）的存在论现象学中的美学思想及其方法。中国传统美学思想与现象学美学思想具有高度的一致性，中国传统美学强调审美意象中的情景交融、物我两忘、天人合一等，与现象学美学中主张回到原初的审美意识、体验，恢复与原初生活世界的联系，能够对应起来。张世英中西融贯的美学思想、李泽厚的马克思主义实践美学思想也构成了本研究的重要理论依据。重要的不在于现象学美学家的具体观点，而在于将现象学美学在文学艺术作品的审美分析中汲取分析教育艺术现象的合理成分。

在具体研究推进中，本研究还尝试采用了语言学、解释学等人文学科研究的重要方法论思想，对系统思考教育艺术的审美存在根据亦有所助益。

八、概念界定

（一）教育艺术与教育技艺

教育艺术不是理论理性的价值预设，也非实践理性的价值反思，它的存在只向处在具体教育情境的主体敞开、呈现，并以主体间的交互体验来表达一种求真、向善的教育意向。教育艺术的审美对象是各种现实存在的教育艺术现象。教育艺术作为审美对象在审美意识中构成，对象总是意向性的存在。这种求真向善的意向不是实践反思后获得的。原初的教育艺术是人在教育活动中体验到的教育的完满、生命的充实、精神的丰盈。从审美感性之中将教育艺术还原到人与世界的亲密关系，还原到生命灵动所依存的意义与价值，就是在探寻教育的艺术本质。

　　教育技艺与教育艺术既有联系，又有区别。按照海德格尔的理解，技艺的本质是"知"，是在知中对自由计划、布置的妥切安排和对组织机制的掌控，是在知中"产—出"①。一般而言，把技艺视作技能、技巧超乎常人地表现，如"卖油翁"的熟巧、"口技"的传神，使得专业实践活动极具艺术表现力。教育技艺也是如此，它往往利用直观或幽默的语言加深学生的理解，或是利用奖励或批评的技巧促进学生有更好的表现，让教育活动充满生机与活力。教育技艺与教育实践活动密不可分，其存在的价值主要在于教育实践活动的效果，具有较强的目的性甚至功利性。教育技艺只有增强了教育实践活动的教育性、生命性、精神性时，它才能成为教育艺术，否则它空有教育艺术的形式，而不具有艺术的深度价值。

　　教育艺术并不排斥教育技艺，而是期待在教育实践中更加关注技艺本身与人的生命性、精神性的教育关联。教育技艺只有作为生命存在的守护者才能升华为教育艺术，正所谓"技近乎道"，而教育艺术正是教育技艺之"道"。需要特别指出的是，本研究中的"道"不是指自然规律，而是指"存在"，指那些有限的存在者可以无限存在的源头和根据。"道"包含了自然规律，但又高于只适用于具体存在者的诸规律，而给出诸规律的正是"道"或存在，人之所以能把握这些规律，是人的心灵、智慧、精神等"心识"对"道"或存在的领会，正所谓"道不远人""修道之谓教"。

（二）生命存在与审美存在

　　尼采（Nietzsche）说："心灵、气息和此在被设定为相同的存在。生命就是存在：此外没有什么存在。"②本书所指的生命存在，与尼采、海德格尔等"诗人哲学家"一样将其作为一个价值性而非事实性的概念。此

---

① 海德格尔.形而上学导论[M].熊伟，王庆节，译.北京：商务印书馆，2017：20.
② 尼采.尼采著作全集：第十二卷 1885—1887 年遗稿[M].孙周兴，译.北京：商务印书馆，2014：11.

在的生命具有有限性，而外在于人们的知识以及生命个体的生存意愿是无限的，人类存在的历史也是向未来无限延伸的，突出生命存在的价值性，就是突出作为有限的生命个体的在世生存具有无限的可能性。如果说生命活动、生命表现、生命体验等是艺术研究的逻辑起点，那么生命存在则是艺术研究的最终旨向，任何艺术最终要回到对人的生命活力、智慧、情感、意志等诸多人性主题的想象与体验之中。生命的价值性、精神性存在必将突出生命的可能性与超越性，这点与生存论意义上注重当下的生存际遇、自由选择、自我中心不同，生命存在论旨在超越个体生存的自然境界、功利境界与道德境界。

生命和世界本需要艺术地理解。审美存在即为生命个体诗意生存所领悟的人生真谛，它是生命存在的最高境界——审美境界。张世英曾将冯友兰的"天地境界"改造为"审美境界"，道出了生命个体只有诗意生存才可能超越欲求、功利、道德的束缚。张世英认为，海德格尔将人此在之生存的现实世界理解为"天地神人"的四合一体，"天、地、神"代表着"存在"之神圣意义，而人是神圣意义的开启者。人如何开启存在之神性？"神性就是诗意，人有了诗意就是见到了神性。"[1]因此，本研究把审美存在理解为个体生命的诗意生存，向存在之天命的虚怀敞开，对命运之洪流的泰然任之，以及生命在世的诗意栖居。

教育作为培养人的活动，作为一个不可避免地伴随着痛苦、挫折的过程，更是需要艺术地审视教育生活的现象世界。审美的眼光更能体验教育中的智慧、成功与喜悦，诚如尼采所说"只有作为一种审美现象，存在和世界才是永远有充分理由的"[2]，艺术感受是生命存在的表现，是高质量生命活动的需要。审美地看待现实的教育生活世界，教育活动的情

---

[1]　张世英.天人之际：中西哲学的困惑与选择[M].北京：人民出版社，2007：227-228.

[2]　尼采.悲剧的诞生[M].周国平，译.北京：生活·读书·新知三联书店，1982：21.

境、方式以及教育活动中人的状态、体验等，都可能呈现出一定的美感，比如和谐、幽默、机智、秩序、节奏等，这些现象本身就包含着教育艺术。雅斯贝尔斯曾将教育的最高境界界定为有一种"无法说出来，但在内心却始终感受到的、引导个人精神前行的东西"①，这就是教育的艺术境界，也是教育的审美存在境界。

儒家经典《中庸》中性、命、道、教的逻辑演绎，最终需要人参悟天地境界、审美境界才能得以领悟。生命个体对性、命、道、教的领悟，就是对生命自身作为宇宙中有灵有根的生命存在的领会，对诗意栖居于教育生活世界的领悟，教育艺术恰恰在生命的最高维度——生命存在向人开显。

（三）人学与人学审美观

人学，作为一种特定的哲学形态，并非关于人的知识，而是对人的理念的自我追问。②人的理念的自我追问，必然在哲学追问"人之存在何以可能"，在教育学上追问"成为'人'何以可能"。从哲学层面揭示人之存在的尊严、价值与意义，教育才能更好地使人成其为"人"。因此，教育天然地需要人学基础，因为教育活动的出发点与归宿是人，是自然性与精神性相统一的人。当然，好的教育不能仅停留在关注人现实生存需要的满足，它必须引导人不断自我认识，自我丰富与自我超越，因此教育人学具有引导人内在生命不断丰盈的精神超越性。教育人学为什么能为教育艺术起到奠基作用？答案就在于教育人学的人文品性与生命特性，它对教育艺术饱含审美期待，不断召唤教育本质的诗意呈现。脱离了人学立场，则无法洞察教育的审美价值，教育艺术便无从谈起。

审美是人诗意生存的基本方式，是人自然性与精神性内在统一的存

---

① 雅斯贝尔斯.什么是教育 [M].邹进，译.北京：生活·读书·新知三联书店，1991：159.
② 王国有.生存论及其审美观照：21世纪人学理论方向所在 [J].社会科学战线，2003（3）：23-26.

在在感性方面的直接显现，它使人的肉体生命、日常生活、精神信仰得以进入生命存在的澄明之境。人学审美观的提出，主要是为了突出人学的审美维度，即把人的生命存在问题美学化，使得生命存在的意义、价值与尊严具有审美深度，以凸显教育艺术的精神超越性。人学审美观即对人学的审美观照，它并没有现成的、教条式的审美原则可资利用，但每个人对"人"这种具有绝对价值的生命，对自己及他人的生命活动、生命表现、生命价值表现出不同的审美意识、审美经验与审美价值。

人学审美观是人学世界观①在审美维度上的延续。人的世界观必然包含人的审美经验、审美价值等要素，并以各种生命活动反映人现实的审美观。人学审美观为研究教育艺术提供了双重视角：一是生命存在的视角，它关乎教育艺术如何切中教育主体生命存在的价值与意义；二是教育的审美视角，它关乎教育生活世界中教育主体的审美意识、经验与价值问题。前者突出教育价值，后者关注教育活动本身。在对教育活动本身采取审美视角时，教育主体的生命存在价值与意义自然得到彰显；在关注教育主体的审美意识、经验与价值时，就是在关注教育活动所呈现出的生命意识、体验、表现与价值。但归根结底，教育艺术研究是为了揭示教育活动何以引导人领悟生命存在的问题，突出教育人学的审美维度，最终还是要回到教育主体本身，回到教育之于人的价值与尊严——生命存在本身。

---

① 扈中平、蔡春认为，"人学不应被理解为哲学的一种形态或一个分支，而应被理解为以一种自觉的方式表达人文世界观的方法论和信念"，并以此为基础展开了"人的存在与教育""教育与人的生成"两个方面的教育人学研究。

第二章　教育艺术研究的理论基础：人学审美观

　　本书所要谈论的教育艺术并不是指那些自命"高贵的"或"高雅的"艺术，也不是要指出教育有所谓"崇高"与"平凡"之分。教育艺术这个话题或概念，无非是把生命成长的表现与体验过程，与艺术的创造与欣赏过程进行类比，把生命存在的价值与意义，与艺术的自由自觉精神类比。如果说教育有"通过生命、为了生命"的本真性与"抑制生命、消耗生命"甚至"残害生命"的非本真性之分，那么能配享"教育艺术"荣耀①的，当然属于有人的、有人性的教育。

　　教育艺术作为有待澄清的教育概念，就是要把尚未被言明的东西带向语言，使得教育艺术可被言说。可被言说，正说明人们对教育艺术具有尚未言明的先行理解，不然人们不会频繁使用这个概念。先行理解乃是出于先于人们存在的历史文化情境，以及人们在日常生活实践中不断积累、不断流变、杂多的教育经验。人们仅凭对教育艺术的先行理解还无法完全洞见教育艺术的本质。既然知道如何得体地适用"教育艺术"这个词，那么人们必须对教育艺术之存在持有信念，对存在之思持有信念，"存在在思想中达乎语言"。但海德格尔同时也指出，"思想（不能）作为技艺、作为教育工具并且因而作为教育活动、后来又作为文化活动

---

① 海德格尔的《路标》中指出，荣耀标志着"人的存在的最高可能性……通过荣耀我显现自己，步入光明"，教育艺术之荣耀，即教育立于其本质之中，向生命发出召唤。

来使自己产生效用"①。这提醒人们不能把运思当作"哲学工具"，教育艺术的本质只能随着思的过程而展开，它不是教育生存论意义上的"效用"，而是教育存在论意义上的"存在"——作为有价值和意义的生命存在。人们在使用"教育艺术"这个词时，意味着已经对教育以及教育中的人的本质有所领悟，这个词把从事着教育实践和教育理解的人与教育之真理联系起来，而存在本身以及人们对存在的信念，为人们能"发现"教育之真理，领悟本真性的生命存在，提供了守护。因此必须追问，人们在使用和理解"教育艺术"这个概念时所指的是什么，意味着什么？这个追问必然将人们带入对教育艺术的存在之思。

　　教育是属人的活动，教育艺术必然是属人性的。社会实践的各门学科在不断的追问中，往往会"后退"到"人"身上，关于人的学问贯穿于人类社会各学科中，教育学尤为如此。对教育艺术之存在的追问，必须将人的生命活动、生命表现、生命体验等现象作为切入点，这不仅是教育活动所重点关切的内容，还是人生命存在的敞开之域。生命活动为教育活动提供了教育内容与组织形式，生命表现与生命体验则可以直接作为生命意向的意识内容。于是，对教育艺术存在的追问，便与教育生活世界中人的生命意识的分析、生命表现的描述、生命体验的反思以及生命存在的追问结合起来。

　　追问是研究存在问题的运思方式，它本身并不解决问题，只能帮助人们返回被日常经验以及对象性的反思所遮蔽的存在之本源处，这种运思方式一开始就与科学的逻辑实证主义划清了界限。教育艺术之存在源于人本真性的生命存在，表现为此在的生命在场，内在地具有时间、空间与价值维度。追问教育艺术之存在，就是在找寻生命的意义，捍卫生命的价值，同时也是在维护教育的尊严，使现代人从"一无所有或无所不有"（nothing or everything）的生存困境中解脱出来，使现代教育从摇

---

① 海德格尔.路标[M].孙周兴，译.北京：商务印书馆，2017：374.

摆于人的发展与社会发展的"钟摆现象"中解放出来。这一切只有把人作为教育的出发点才可能实现。然而人的现实处境可能是"内卷"的、异化的,以人非本真性的生命作为教育的出发点,现实的教育就不可能是本真性的教育。只有把人本真性的生命存在作为教育的出发点,把研究的目光聚焦到人的生命活动、生命表现与生命体验上来,教育艺术才可能褪去语言的神秘面纱向人们如其所是地呈现出来。也只有在教育艺术的审美眼光之下,整体、大写的"人"才能站立于价值多元、复杂多变的社会生活之中,作为健全、本真的教育才能穿透科学与理性主义制造的现实壁垒,真正滋养人的精神生命,守护人的精神家园。教育的人文品性和生命特性是教育"属人性"的应有之义,是教育作为人文学科的理论生长点,教育实践的人性化、教育理论的人学化是人学世界观在教育领域开出的"地球上最美的花朵"。毫无疑问,教育理论的人学化将会继续回应教育哲学思考的古老话题:什么是人,什么是受过教育的人;什么是教育,什么是好的教育。只要人们对实现"好教育"与培养"好人"饱含期待,教育的人学化过程就会不断持续,并不断诉诸教育实践以艺术理想,使得教育艺术这个概念逐渐明敞。

从人学审美观来看,教育是一门出于人、为了人、通过人的艺术。只有在人学的立场上,教育才能称作艺术。[①]"出于人、为了人、通过人",高度概括了实现教育艺术的基点、目的与手段。毫无疑问,不论何种教育形态、教育性质,不论是出于何种目的、使用何种手段,教育活动都需要人的参与。但何种教育才能达到"艺术的"境界?这种教育被称为"艺术"的根据是什么?回答这些问题,还是要返回对人本身的考察上,因为不仅教育是属人的,艺术也是属人的。黑格尔(Hegel)的《美学》在一开始就把自然美排除在艺术的范畴之外,认为艺术正是因为"有人",才具有美学上的讨论价值。"艺术美高于自然美。因为艺术

---

① 肖绍明.教育艺术的人学构境[J].教育研究与实验,2018(5):1-6.

是由心灵产生与再生的美，心灵和它的产品比自然和它的现象高多少，艺术美就比自然美高多少。"[1]教育的艺术之美同样也是人的精神的产物，它既表现了教育活动中现实生命的参与，也反映了教育活动对人精神生命的提升。现实生命的参与即人此在的生命在场，精神生命的提升最终指向人超越性的生命存在。因此，教育艺术的属人性在于教育本真的生命性。

这种致思方式表明了教育艺术研究的人学立场。教育艺术既指向教育生活世界中现实、具体、鲜活的生命个体，又充分尊重人之为人的生命存在本身的终极价值对教育的意义，这与教育的人学立场高度一致。教育的人文品性召唤教育艺术，教育的生命特性彰显教育艺术。教育的人学立场饱含教育审美期待，它呼唤富有人性的生命活动、合乎理性的生命表现以及充满情感的生命体验。以人此在的生命活动、生命表现与生命体验作为出发点切入教育艺术的存在之思，就是在捍卫教育的生命立场，守护教育本真的生命性。

第一节　人学立场的教育审美发现

教育艺术之思必须站在一个坚实稳固的教育立场。教育立场代表着研究者的教育本质认识和教育价值取向，尽管这个认识和取向并不一定深刻，但对它们的信念一定先行存在。教育立场和教育信念的先行存在正说明人们坚信教育"存有"本质，能坚守某种教育价值取向。在贴近教育本质的方式中，教育的审美视角被长期忽视，教育艺术也无法发挥其应有的审美力量。所谓审美力量是指源自人感性的审美判断本能和审美文化本能。康德指出，审美是人的自然本性本有的判断力，它通过结

---

[1]　黑格尔.美学：第1卷[M].朱光潜，译.北京：商务印书馆，1982：2.

合着知性的想象力、主体愉快或不愉快的情感反映为鉴赏判断。①康德把审美判断力视作人的先验能力，人总是观审着周遭世界以及人们自身。当人们进入教育场域时，并非一开始就运用理性能力逻辑地思考着周遭世界或反思自身，而是感性地"打量"着教育活动的整个过程。正是从人先验的审美判断能力、每时每刻形成着的审美判断出发，教育艺术才能独立呈现并表现出教育意义。

从人学立场来观审教育活动，教育艺术的教育性与生命性自不待言，它是本真性教育的应有之义，在人们的审美判断中不自觉地发挥着"价值准绳"的作用。教育艺术之为"艺术"的一面，需要人们以审美的眼光来审视教育活动的教育性与生命性，看看究竟是什么召唤着教育艺术的出场，或者是什么向教育"呈献"着艺术。

一、教育的科学思维遮蔽了教育艺术

科学世界的兴起对人文学科造成了影响深远的"生存危机"，教育学也被卷入科学化运动的浪潮中来。20世纪以来，心理学、社会学等强调量化、实证的学科在教育学学科内大量运用，消解了教育事实上存在的"历史、社会与政治渊源"②，使得"教育科学"成为一门研究教育情境与方法、教育事实以及教育规律的科学。教育科学竭力运用一些精密科学的方法。过去，教育理论或是来自形而上学的假说和文艺小说，或是来自政治计划。今天，它们已经是心理学和社会学规律的产物了。③科学力量的觉醒本来是源自人文主义对理性精神的信仰，但理性自身回过头来主宰了世界，通过工具理性钳制了理性本该具有的反思和批判精神。

教育艺术的确是一种理想的、浪漫的教育追求。教育科学的实质就是要摒弃教育研究中的浪漫主义，使得"教育艺术"研究符号化、技艺

---

① 康德.判断力批判[M].邓晓芒.译.北京：人民出版社，2002：37-38.
② 米亚拉雷，等.教育科学导论[M].思穗，马兰，译.北京：教育科学出版社，1991：1.
③ 米亚拉雷，等.教育科学导论[M].思穗，马兰，译.北京：教育科学出版社，1991：6.

化，成为精确、可操作的实践技艺。在科学主义范式下，教育研究不断科学化，教育实践也不断专业化、规范化。教育艺术的理想和浪漫特质被现实地揭露出来，"祛魅"成一种可被论证、可以操作、可以训练的实用技能，成为操作主义、心理主义处理的对象。从操作层面看，教育艺术被解释为班级管理、教学组织、教学语言、教学方法、对学生的奖惩、作业布置与批改等细枝末节的专业化"技艺"。从心理层面看，研究者们试图从教育交往中的对话、暗示、期待，以及教师的人格、态度和情感等方面去研究教育艺术的特质或要素。诚然，这些都是教育艺术的出场所显露出来的东西，但只是作为存在者的教育艺术。人的精神生命与生命存在才是教育作为艺术存在而非存在者的最终根据。

教育艺术是不是教育评价的诗意表达？逻辑实证主义立场的教育研究者认为，教育艺术可以使冰冷的教育评价变得有温度。这种把教育艺术的价值当作教育科学的评价对象，始终无法触及教育的人性基础，忽视了人的生命存在的价值与意义。如果认为"没有温度和根基的研究思考，其影响力或许会受到限制，但其真理性并不因此而有所减损"[①]，这无疑是认为教育艺术的真理可以脱离人的情感、体验、想象而独立存在。教育艺术的真理恰恰不属于科学逻辑真理的范畴，由于它与人的生命活动、表现与体验融为一体，而生命本身并不是科学逻辑可以规定的，因为人不是动物，更不是机器，是有血有肉有灵魂的。因此，可以说教育艺术体现了教育学的温度，这种温度来自美善人性内在的精神气质。如果教育者在其教育活动中始终以"效率""排名"等量化的评价指标来指导其教育工作，如果学生在其学习活动中始终以"成绩""分数"来评价自身的学习效果以及教师的教学效果，这种功利化的教育肯定是没有温度的，人的生命存在被竞争性、生产性的教育隐匿了踪迹，人本真的生命存在也被异化了。

---

① 刘庆昌.教育哲学新论[M].北京：科学出版社，2018：5.

教育科学的实践思维（强调效用）助长了教育技术，一切教育行动成为有专业技术指引、专业行为规范的目的性活动，而本真性教育所具有的艺术本性则被遮蔽了。现代教育亟需向教育艺术回归，突出教育的生命立场，彰显教育的人文品性，以教育艺术来治疗教育异化与人的异化问题。

二、教育的人文品性召唤教育艺术

教育、文化与艺术具有亲缘性，它们同属于人文学科的范畴。休谟（Hume）曾把人性视作"一切科学的心脏或首都"，这个判断深刻反映了人文学科是关于人和人的特殊性的学科群，而教育学正是人文学科群的一个分支学科，教育的人学化充分表达教育学的人文立场。教育人学提出把"教育与人性的关系问题"作为教育研究的理论基础问题，而人性问题本身就包含了生命意义生成、生命价值实现、生命尊严捍卫等重要人文关怀议题。可以说生命主题是教育人学必须面对的现实问题，它必须思考教育如何帮助人实现生命的价值与意义，在教育过程中唤醒生命（自我），激扬生命（个性），去彰显与众不同的生命历程。[①] 在生命的维度上，教育的人学体现了教育学作为人文学科的人文关怀，释放出浓郁的人文品性。

人文主义思想与教育理论的发展密不可分，当代教育理论有深厚的人文主义传统，与哲学、文学、政治学等传统人文学科有千丝万缕的联系。从教育理论的发展历史看，有影响力的教育思想都与著名的哲学家、文学家、政治家的思想及其作品相关，这些伟大人物本身就践行着高超的教育艺术。教育艺术与哲学思想高度契合，与文学理想融为一体，并通过政治实践得以实行。人文主义思想与教育理论融合，促进了"对人的价值的珍视态度，对人类经验与理性的信任"[②]，可以说教育活动在人类

---

① 扈中平，蔡春，吴全华，等.教育人学论纲 [M].北京：高等教育出版社，2015：9.
② 布洛克.西方人文主义传统 [M].董乐山，译.北京：群言出版社，2012：1.

发展史上的客观意义就是推动"世界的发现与人的发现"，因此以人为出发点，"使人得以成为人，而不是成为人某种特殊的人"①，就是教育人学的本义。

从哲学与教育理论的发展历史看，教育理论的丰富与哲学家们对人本性的深刻认识、对理想人性的全面预设高度相关。哲学家们似乎天生就有"启蒙倾向"，他们不仅善于洞察人性，还乐于将这种人性观念施以教化。以古希腊哲人苏格拉底为例，他通过对话引导小奴隶（在参与者缺乏理性和社会地位事实上不平等的情况下）解决高于他现实能力的数学问题，其教育艺术以"引导人灵魂转向的对话教育"而著称。教育史学家加布里埃尔·孔佩雷（Gabriel Compayré）称赞苏格拉底的教育艺术是"完美的分析艺术，极致微妙的推理过程，简单的语言以及日常生活中的事例"的综合——"激发灵感的艺术"②。苏格拉底发现，对自由和理性讨论来说，情境往往过于含糊。而对话形式和修辞方法可以建立共同的参照系，参与者最终能形成自由、辩证的思想过程。这个认识包含了教育情境创设、自由对话形式、教育修辞运用和理性发展目的，奠定了西方教育历史上的"辩论+演说"传统——理性的辩论和艺术的演说相结合的"教育章法"③。哲学家对人的启蒙不仅仅满足于通过教育活动的形式来传播知识、启迪智慧，更重要的是它能使受教育者发现自我、完善人格、解放精神。启蒙与解放从来都是"双重变奏"，哲学家便以人文主义教育的形式来关照人的生存境况。当然，哲学家的理性思想转化为教育思想，需要教育"增添理性的艺术"，"用理性的方法去启迪灵魂"④，教育艺术从实践形态来看便是理性艺术的教育实践，教育作为理性

① 冯友兰.中国哲学简史 [M].赵复三，译.北京：商务印书馆，2015：24.

② 孔佩雷.教育学史 [M].张瑜，等译.济南：山东教育出版社，2013：16-17.

③ 刘庆昌.爱智统一："好教育"的精神法则 [M].北京：中国社会科学出版社，2021：15.

④ 孔佩雷.教育学史 [M].张瑜，等译.济南：山东教育出版社，2013：2.

教化的实践技艺由此被固定下来。

与哲学的路线相反，文学的教育价值在于通过人的审美感性施以教化。20 世纪 50 年代，我国的文艺理论家钱谷融先生就提出了"文学是人学"的命题。文学家与其文艺作品对人性的刻画与命运的揭示，蕴含着一条经由人的审美感性打开人精神生命的审美教化路线。人们经常把黑格尔的《精神现象学》与所谓教化小说（Bildungsroman）（比如歌德（J.W.V. Goethe）的《威廉·斯迈特的学习时代》、易卜生（Henrik Johan Ibsen）的《皮尔·金特》相比较，表现一个人走向他真实自我的旅程，一个人自我发现的努力。① 狄更斯（Dickens）的《大卫·科波菲尔》则展示了人与命运抗争最终获得幸福的自我教化艺术。从文学经典的教育价值来说，文学家亦是教育家，在其文学作品中不自觉地投射出其人性理想和教育情怀。作为文学家的教育家们对教育渴求于艺术想象对文化意识形态的塑造，他们在作品中悄然展现了十分高明、隐蔽的教育思想、策略与方法。卢梭在《爱弥儿》中展现了其高超的教育设计艺术，裴斯泰洛齐（Pestalozzi）在《林哈德与葛笃德》中塑造了贤惠开明的农村妇女葛笃德，她如何教育自己以及邻里子女展现了裴式的教育关爱艺术。亚米契斯（Edmondo De Amicis）的《爱的教育》更是公开的教育情感艺术的宣言。

文学作为人学，其教育价值归根到底在于通过审美感性促进人的精神生命的生长。那些猎奇、奇闻怪谈、谈情说爱的小说作品，也许它们具有很高的艺术价值，但未必具有教育价值，甚至会毒害缺乏辨别能力的中小学生的心灵。康德曾说："长篇小说、哭哭啼啼的戏剧，干瘪的伦理规范，都在卖弄着所谓的（尽管是虚假的）高贵意向，实际上却在使人心灵变得干枯。"② 此处的"心灵"正是指在人的主体精神意义和社会道

---

① 希尔贝克，伊耶.西方哲学史：从古希腊到二十世纪：下[M].童世骏，郁振华，刘进，译.上海：上海译文出版社，2012：491.
② 康德.判断力批判[M].邓晓茫，译.北京：人民出版社，2022：113.

德意义上崇高的东西，绝非孤立的个人情感或是抽象社会伦理规范。放任自由的审美快感和直接的道德说教都是对心灵的侵蚀。因此，从人学的角度来说，感性的教化要比理性的教化更需要教育艺术，也可以说情感、道德以及价值观念的教育，要比理智的教育更需要教育艺术。

教育人性化是反思教育实践的价值尺度，其核心是把人当作鲜活、具体、有着各种现实需要的生命体。教育人学致力于批判教育实践中的反人性、非人性的教育问题，思考教育实践如何复归人性本真，引导人如何在现实中追求美好生活，如何完善自身人格，彰显教育主体独立自主的自由精神。教育人学高度重视发扬教育的人本主义精神，为现代教育发展铸就人文品性。从"人的发展与社会发展"的内在矛盾上看，社会普遍要求人的理智与道德必须经由个体生存所必需的德性与智慧进行积淀和转化。从教育目的来看，要以人为本，把人视为目的而非社会发展的手段，"就是要把学生当作个体生命来看，把学生当作有价值、尊严、兴趣、个性和自主性的个体看，充分尊重个人的自由和人权"[①]。从学习的价值来看，学习并不仅仅是为了外在的作用，它必须凸显丰富人精神生活的内在价值，并把丰富人的内心世界作为人全面发展的重要标志。[②]

尤瓦尔·赫拉利（Yuval Noah Harari）在《未来简史：从智人到智神》中提出，正是人文主义，让人类摆脱人生无意义，存在没依据的困境。教育理所当然包含优秀的人类文化知识、科学技术知识等内容，但人文主义始终是帮助人摆脱人生困苦、人类困境的精神内核，缺乏人文光彩的教育就是失去人生意义的教育，丧失了生命本真性存在的教育是谈不上艺术不艺术的。"人类必须从自己的内在体验中找出意义，而且不仅是自己的意义，更是整个宇宙的意义。这是人文主义的主要训诫：为

---

① 扈中平.教育人性化四讲 [M].上海：华东师范大学出版社，2020：5.

② 扈中平.教育人性化四讲 [M].上海：华东师范大学出版社，2020：12-13.

无意义的世界创造意义。"①为生命赋予意义，为教育创造意义，就是追寻教育艺术存在的人文价值所在。

三、教育的生命特性彰显教育艺术

教育人性化或人学化并不是抽象地讲人道主义，它具有现实、具体、鲜明的生命特性和情怀，它直面人的现实需要与个性伸张。生命性与教育性统一是教育人学的内在追求，最终指向人生命意识的觉醒、生存能力的提升与生活质量的提高，但这一定是以人生命意识的觉醒为前提。教育人学认为"生命必定具有某种内在价值"②，教育必须使人的生命得到精神上的充盈，而不是一开始就让学生的头脑装满可以直接应用的知识以提高生存能力，更不是许诺学生只要积极从事"学习"就能获得未来生活的幸福。

人的精神生命培育本身就需要复杂、高超的教育艺术。从德育层面来说，人通达生命存在需要培育内在的德性而非仅知道客观化的道德原则；从智育层面来说，需要的是智慧而不仅仅是知识；从体育层面来说，需要的是强健的体魄和良好的运动习惯而非运动技能；从美育层面来说，需要的是良好的鉴赏能力、审美兴趣而非美学知识；从劳动教育层面来说，需要的是劳动意识、素养、习惯而非特定的劳动知识和技能。可以说学校教育的所有内容都对人的精神生命有特殊的要求。

教育人学针对现代教育"人的空场"现象，着力于解决提升人的精神生命。在德育上，教育人学立于人之"美善属性"的价值立场，反对"虚假德育"的道德灌输，强调道德教育要立足学生个人利益，尊重学生

---

① 赫拉利.未来简史：从智人到智神[M].林俊宏，译.北京：中信出版集团，2017：203.

② 罗素.教育与美好生活[M].张鑫毅，译.上海：上海人民出版社，2017：7.

合情合理的个人需要。①在智育上，教育人学指向人的智慧生成的教育艺术。教育人学反对追求没有生气的知识，鼓励智育要"合人性"，让知识转化为能支撑人的幸福生活并具有价值正当性的人生智慧。智慧是一个积极概念，是高水平认知和价值正当性的完美结合。没有价值正当性的高水平认知是通向狡黠；没有认知高水平的价值正当性是通向乌托邦的。②在美育上，教育人学认为除了重视音乐、美术等专门的美育课程以外，还要重视学校环境美化和美育在其他学科教育活动中的渗透，使其富有美感、审美价值和美育意义。③

教育人学并不满足只在教学层面上实现教师的教学艺术，而是执着于教育主体的精神生命，利用整个教育活动中的内容、环节去实现教育艺术。不仅重视教师在教学创造中发挥的个性特点、人格魅力、人生智慧、生活体验，诸如交往、语言、批评或表扬的教学技艺，还重视学生作为现实、能动的生命个体的教育体验、审美体验。审美是人现实的生存本性，人天生就具有内在的审美眼光。在教育场域内，教育审美体验正是教育主体生命自主、能动的体现。可以说教育人学的提出本身就是出于对生命存在的敬畏，它内在地要求教育要符合人的审美天性。"从本质上说，审美就是一种教育，教育就应当具有审美的特征（教育是寓教于乐的一门艺术）。"④在这个意义上，教育人学以人的精神生命、人的生命存在作为最高的审美价值，以教育的人文品性和生命特性作为最高的审美特性，切近了人们对教育艺术的追思。

与先验的审美鉴赏能力一样，艺术之思也是出于人的本性。人类学

---

① 扈中平，蔡春，吴全华，等.教育人学论纲[M].北京：高等教育出版社，2015：37，41.

② 刘庆昌.爱智统一："好教育"的精神法则[M].北京：中国社会科学出版社，2021：43.

③ 扈中平.教育人性化四讲[M].上海：华东师范大学出版社，2020：47.

④ 袁鼎生.教育审美学[M].桂林：广西师范大学出版社，2001：1.

家发现，在人类早期的制作实践中，那些制作物就已经向人们展示了人类对人工制品的审美反应中隐藏的一些复杂性，审美创造与欣赏能力是内在于人类本性的。①艺术不是高悬于生活之外的高贵不可及的东西，它本身就内在于人们的审美判断之中。由此可以说教育现象同时也是教育审美现象，教育活动也是自觉或不自觉地进行着的教育审美活动，人的精神生命在教育活动中得到提升，人的本质力量在审美活动中得到呈现，教育精神与艺术精神就融为一体了。审美的先验性决定了"人依照美的尺度来进行构造"，人在教育实践活动中又得到了审美经验的历史—文化维度的积淀，可以说"自然的人化"与"教育化人"是同步双向进行的。

教育艺术在根本上就是反映人精神生命这个关乎生命存在的本质问题。教育艺术作为艺术，也必须成为教育生活世界的一部分，成为教育思考的一部分。教育艺术的追问从生命存在先天具有的审美意识或审美态度开始，归根到底要落脚到审美经验上来，这与马克思主义美学从社会实践和"自然的人化"这个哲学问题出发是一致的，避免审美乌托邦，避免教育艺术之思流于虚无，因此要把教育学建立在历史唯物主义的基础之上。②总之，突出了生命、人、主体等价值元素的教育人学，避免了将教育置于广义的认识论、实践论的唯心与唯物、主体与客体（对象）之分，也使得教育对于人和社会的结果不再是以"善业"或"效用"来作为绝对的评价标准，而是以艺术和美作为更高的评价尺度。

① ZHU X Q, CURRIE. Aesthetic sense and social cognition: a story from the Early Stone Age[J]. Synthese, 2021, 198（7）: 6553-6572.

② 李泽厚. 批判哲学的批判：康德述评 [M]. 北京：生活·读书·新知三联书店，2007：435.

第二节　人学立场的教育审美期待

现代思想中关于人生观的探讨，着眼于"人"字的地方多，而着眼于"生"字的地方少。① 教育人学始终对美好人生、积极生命充满期待，这种期待不像农业种植对祈求于自然水土与气候那种直接的自然性，而是期待人的生命成长充满人为的、在世的艺术性。生命成长绝不是在同一个水平线上的直线运动，因为人是"被抛入"这个此在的世界，生命成长无法预设。教育为人的生命成长提供了历练环境，通过人在教育过程中不断遭遇挫折，克服困难、完善自我，获得生命的自主性、完整性，教育才能成就生命之美。然而，科学世界中的知识、规范与技能本身不是目的，只能被视作人生命成长的养料，尽管是现代人生存和发展不可或缺的养料。

教育的人文品性和生命特性对教育实践活动倾注了善的意念，教育也因此获得了现实的伦理向度和生命的价值尺度。对生命期待，不仅召唤着教育艺术的出场，也为彰显生命的教化艺术作出了承诺。可以说教育人学的理论运思不仅以现实人性为基础，更是以呵护鲜活的个体生命为保证。人的精神生命是教育人学的文化根基，人的生命存在则是教育人学的哲学前提。摆在教育人学面前的任务是从文化层面提升人的精神生命，从哲学层面彰显生命存在的价值与意义。教育人学对生命的期待，就是期待教育能提供更多富有人性的生命活动，引导更多合乎理性的生命表现，领悟更多充满情感的生命体验。教育诗性植根的土壤，正是源于健康和谐的生命之美。② 而生命之美要得到实现，必须让教育恢复其艺

---

① 李伏清，欧阳欣欣 . 论李石岑"表现生命"的人生观 [J]. 河南师范大学学报（哲学社会科学版），2012，39（3）：18-22.

② 杨斌 . 教育美学十讲 [M]. 上海：华东师范大学出版社，2015：77.

术本性，因为只有教育艺术才能促使人把握生命的精神性、超越性意义。教育人学也只有通过教育艺术才能实现对良善人性、美善人生、美好教育的期待。

一、富有人性的生命活动

从人学的立场看，学校教育为人的生命成长提供的不仅是紧张有序的课程与教学活动，还有富有生命张力的精神活动。精神活动本身就意味着学校教育的目的性、文化性，因为学校不能放任人的生命自然生长，对人的生命成长方向具有政治、文化与道德意义上的规定性。学校教育为人的生命活动提供了可能的方式，生命个体的能动性得以在人的活动中产生和表现出来。[①]教育活动的内容、形式是否符合人性，直接决定了个体生命的发展质量。

课堂教学是教育活动的主阵地。但传统的课堂教学活动并不一定都是合人性的生命活动。叶澜先生认为"把丰富复杂、变动不居的课堂教学过程简括为特殊的认识活动，把它从整体的生命活动中抽象、隔离出来，是传统课堂教学观的最根本缺陷。"[②]把教育活动视为生命活动，就必须"让课堂焕发出生命活力"，让课堂具有情感的温度、文化的宽度和思想的深度，才能让课堂教育活动成为生命诗意存在的栖居地。人首先是生命主体，其次才是学习主体，这正是"生命·实践"教育学派作为一种现代教育理论流派与传统教育的差异。

人的生命存在具有自然性，以人的欲望、兴趣和现实需要等形式表达出来，因此生命活动天然具有自发性和直接性。合乎人性的生命活动仍然需要经过"教育转换"才能成为合目的性的教育活动。教育的艺术性就体现在对生命活动的组织、设计和设施过程之中，以技艺的形态展

---

① 王道俊，郭文安.教育学[M].北京：人民教育出版社，2012：41.
② 叶澜.让课堂焕发出生命活力：论中小学教学改革的深化[J].教育研究，1997（9）：3-8.

现出来。但教育技艺展现的还不是教育艺术本身。教育艺术反映的是人生命活动的自由自觉，它以揭示人的生命存在为目的，以找寻生命的价值与意义为任务，而教育技艺只是增进人学习效能的手段和工具，对于生命存在而言不具有内在价值。教育艺术的背后有对良善人性、美善人生、美好教育的信念作为支撑，富有人性的生命活动不仅构成教育的必要条件，还使得教育成为达成人诗意栖居的必要条件。

"所有人类活动都依赖于人们共同生活的事实"[1]，没有他人共同构成的生活环境，生命活动是无法想象的。富有人性的生命活动，还意味着生命个体与他人、社会和谐共处，这是积极的生命活动的核心要义，也是现代教育着力塑造的人进入公共生活空间的核心素养。如果仅主张教育即创造，那么教育艺术仍处在"自然的人化"的对象化阶段，教育活动仅仅是"塑造"人性的活动，教育作为艺术欣赏的一面仍未实现。只有在生活交往的社会层面，生命个体自身参与的生命活动具有了公共意味、具备公共精神，教育活动及其组织、设计和效果才能作为被人体验和欣赏的艺术。"自然的人化"只是美的根源[2]，而只有人所创造的美进入公共领域才能成为艺术。所以康德才说："美的经验性兴趣只在社会中，具有社交性和属于人道的特点，人们乐意并善于把自己的审美愉悦传达给别人。"[3]

因此，生命活动绝非生命个体自足的活动，它需要进入共同的教育生活空间才能实现生命本真性的存在。经过教育转换的生命活动也绝不是刻意强调教育的创造艺术，而是教育作为艺术要呈现在整个教育场域之中，体现出艺术精神的交往性和人道性，这样的生命活动或者教育活动才是真正合乎人性且具有艺术性的。

---

① 阿伦特.人的境况[M].王寅丽，译.上海：上海人民出版社，2009：14.

② 李泽厚.美学四讲[M].武汉：长江文艺出版社，2019：41.

③ 康德.判断力批判[M].邓晓芒，译.北京：人民出版社，2002：139.

二、合乎理性的生命表现

教育人学所重视的理性并不是科学主义和工具理性所倡导的"跋扈的理性"或"算计的理性",而是公共理性、交往理性,它并不把人的主体性作为宇宙中心的主宰。现代性所引发的"理性的危机"并不是要让人们放弃理性,而是要重塑理性精神来克服理性的危机。①人总是处于具体生活情境和一定公共空间(包括虚拟的网络生活空间)之中的人,合乎理性的生命表现,就一定是超越个体主体性的交往理性。学生的个体生命处于高度组织化管理的班级生活空间,其生命表现一定是出于交往理性的生命表现。"交往"强调的不是"相互",而是"共同",旨在通过使用符号来协调大家的行为和举止,以求得沟通和共识。②处在教育场域内的生命表现要合乎理性,就必须发展生命个体的沟通、对话、交往能力,这已经远远超出了认知领域的范畴,需要人的道德、情感与意志的共同参与。教育对话艺术、交往艺术、情感艺术等,自然而然地成为教育人学的内在要求。

富有人性的生命活动自然会促成人合乎理性的、自由的生命表现。合乎理性并不是要限制人的自由,而是让人在更高的社会交往程度上实现自由。人如何实现全面发展与人身自由问题是现代教育必须面对的难题。任由科学主义、工具理性、功利主义在教育世界中横行,人的主体性看似被彰显了,但其不过是成为理性社会这个"精巧的钟表机构"上机械地生活着的一个"孤零零的小碎片"③。在现代社会,自由的生命表现越发珍贵,对学校教育的挑战也越发严峻。真正合乎理性的、能实现人全面发展和人身自由的学校教育,并非在教育科学和教学技艺层面所能解决的。人生观、价值观的教育难题,迫使学校教育必须在真"人"上

① 金生鈜.规训与教化[M].北京:教育科学出版社,2004:75.
② 曹卫东.交往理性与权力批判[M].上海:上海人民出版社,2016:126.
③ 席勒.审美教育书简[M].张玉能,译.南京:译林出版社,2009:14.

下功夫，使教育不失其内在价值。[①]

西方人所理解的信仰充实了生命意义，理性本身也为人的生命表现提供了一种有效模式。理性意识在人的交往行动中尤为重要，直接决定了人的行为是否得体。这种理性意识在人的生活中已经日常化为人的自我意识。人的自我意识总是不自觉地监控着自身的生命表现，理性地表达对生命自由的诉求，对现实超越的决心，当然也包括在常人生活中的沉沦。然而当理性本身成为现代人生活的"信仰"之后，尼采敏锐地指出"上帝死了"，找寻人生意义与价值的问题，便理所当然地成为学校教育的重要议题，并构成了学校教育的内在价值。

生命表现要合乎理性而非成为理性的附庸。为了减缓理性对生活的影响，人需要诗意地面对世界，教育也需要多一些诗意情怀。教育艺术的出场，正是从教育"同人的本质的联系"上去理解的，而不是从教育"外表的效用方面"上去理解的。[②]只有当人的生命表现真正脱离了功利目的，不再以"有用"来衡量生命意义和价值，学校教育才能真正克服现代性的道德迷茫和德性匮乏，避免生命意义的"空无"和"荒谬"，不至于使人的生命存在降格为物的实在。[③]

三、充满情感的生命体验

作家梁晓声曾在《论教育的诗性》里谈道："一向觉得，教育二字，乃具诗性的词。它使人最直接联想到的词是——母校、学生时代、师恩、同窗。还有一个词是同桌——温馨得有点妙曼，牵扯着情意融融的回忆。"鲜活的生命体验、教育体验激发着人的生命情感、教育情感，学校教育之于人的内在价值正是在生命体验的意义上得到实现。学校、老师

---

① 李石岑.李石岑讲演集[M].桂林：广西师范大学出版社，2004：84.

② 蒋培坤.从人的自由生命表现看人类的艺术活动[J].中国人民大学学报，1987(2)：97-103.

③ 金生鈜.规训与教化[M].北京：教育科学出版社，2004：90.

和同学并不是人生命存在中的"匆匆过客",而是人们情感生命得以寄托的一个"寓所"。本真性的教育带给人的生命体验是无法磨灭的,它本身就是人之精神存在的重要组成。"对于每一个具体的人,左右其人生轨迹的因素尽管多种多样,然而凝聚住其人生元气不散的却几乎只有一件事情,那就是教育的作用和恩泽。"①

情感是教育成为艺术的必要条件。本真性的教育是充满诗性的,其诗性经由教育艺术而展开,成为可被观看和体验的生命活动,生命的情感和温度则是教育体验的主要内容。生命体验是人与世界不可分割的纽带,不论是从时间还是空间维度,记忆中的人物、地点、事件都具有情感属性。"千百年来,人们就一直在创造艺术的、哲学的、共同的和诗化的语言,以谋求与它们生活的体验融合。"②为了切近教育艺术的本质,诗性语言是最好的表达方式,因为它饱含生命情感体验。教育现象学家马克斯·范梅南认为诗化语言是对人们教育生活经验与意义的描述方式,是对人类生存意义的探寻,同样也是教育本质的探寻。"我们必须用诗化的语言来聆听世界的本源,探索隐藏在我们内心深处的东西。"③

充满情感的生命体验是积极的生命体验,"积极"这个词本身就是学校教育对生命所要牵引的方向。学校教育通过各种各样的生命活动让人体验积极的情感、养成积极的态度、形成积极的意志,使得人的现实生命充满活力。这一切需要教育艺术渗透其中才能实现,因为教育者并不能直接让人的生命充满活力,必须通过情感的激发才能实现这一点。教育艺术并不仅仅是教育者的情感释放或表达,它的目的是让受教育者更好地感受和领悟这些情感。"当艺术家的意识与我们的意识之间架起了沟

---

① 梁晓声.梁晓声文集·老师[M].北京:中国物资出版社,2008:82.
② 范梅南.生活体验研究:人文科学视野中的教育学[M].宋广文,等译.北京:教育科学出版社,2003:11.
③ 范梅南.生活体验研究:人文科学视野中的教育学[M].宋广文,等译.北京:教育科学出版社,2003:17.

通的桥梁之时，我们的思想就会变得越来越丰富，情感就会变得越来越饱满。于是，我们会觉得艺术所表现出来的美会更深刻，也更高贵。"①教育者作为引导生命成长的艺术家，就是要与受教育者保持心灵层面的交流，增强学生积极的教育情感体验。

教育中的情感体验并不总是积极的，不论是教育者还是受教育者，都会在学校教与学的生活中遭遇挫折，经受困难，随之而来的是倦怠感、无力感，生命体验中的价值虚空和意义虚无的感觉挥之不去。于是，假借"生命哲学"或"生存哲学"名义的各种"心灵鸡汤"成为抚慰社会焦躁的"良药"，对学校教育中的人生观、价值观教育造成一定的干扰甚至误导。现代教育想要真正负担起培育人精神生命、引导人以积极的态度进入教育生活空间，必须重视人的教育生活体验，让教育充满诗性。

学校教育应多开展一些符合人性的生命活动，多一些生气灵动、具有趣味和挑战的活动，而不是让学生盲目竞争；应多鼓励学生运用和表现自己的理性，而不是把掌握多少知识、能考多少分数作为理性的依据；多让学生对学校、教室、教师和同学拥有温情脉脉的生命体验，让恐惧、欺凌和冷漠远离他们的学校生活。如此则可以让学校教育着眼于"生"字的地方多一些，而着眼于抽象、空洞的"人"字的地方少一些。教育艺术正是在生命鲜活起来的地方才得以发生。

第三节　教育艺术的生命取向：教育本质的诗意呈现

从语言逻辑上来说，"教育是培养人的活动""教育是特殊的生产力"等判断都是合乎逻辑的，但这种语言逻辑并没有凸显生命存在对于教育的原初意义，而是将生命当作培养的对象，突出了人作为劳动资料的工具价值。这种教育信念符合了"教育科学"的特质，至多能产生教育

---

① 伯格森. 生命的意义 [M]. 北京：台海出版社，2018：125.

技艺，但无法生成教育艺术，因为教育艺术只与人本真的生命存在一起出场。

生命承载着"教育艺术"这个词的权能和尊严。能在某种语境下合理地适用这个词语，意味着使用者在词语上取得了本真的经验，即对本真生命的认识，并允诺对生命存在保持一种诗意关系。"教育艺术"这个词的使用者不仅是获得关于教育或者生命的某些知识，而是进入了词与物的关系之中。这个物就是最广义的教育和生命，而关系则是对教育、艺术和生命本身的领悟。追问教育艺术，就是追问教育"是"艺术之"所是"，并不是去发现教育的艺术是"什么"，"具有"什么样的特性与结构，因为这种追问方式乃是形而上学（痴迷于特性）和自然主义（沉溺于结构）的方式，在追问之前，已经先入为主地把教育艺术对象化处置了。形而上学与自然主义试图条理明晰地分析教育艺术是"什么"，实则阻止了人的生命存在整体、真实地显露自身。人们要追问的是教育"是"艺术之"是"，对艺术这个"是者"在教育场域内的存在信念乃至价值信念，这才是教育如何去"是"艺术的关键。

一、生命存在是教育艺术存在的前提

"生，进也，象草木生土上""命，使也。"① 唐君毅说，生命即存在，存在即生命。以生命为主，则言此生命为存在的，以存在为主，则言此存在为有生命的。② 生命存在本身就含有人的成长与承担使命的含义。教育的人学化始终把人视作自为的生命存在（生命成长过程）和超越的生命存在（生命成长的使命）的结合体。教育引导人生命展开的过程就是人实现其生命存在的自由自觉的过程。教育引导人领悟人生智慧，发现人的社会生命与精神生命，超越个体主体性的羁绊。不论是自为的生命存在还是超越的生命存在，人"成其所是"看似是自己主动选择的，但

---

① 许慎．说文解字 [M]．北京：中华书局，2013：123，26.
② 唐君毅．生命存在与心灵境界 [M]北京：中国社会科学出版社，2006：1.

仍未逃离社会文化塑造的命运，与异己的世界对抗是生命的永恒主题。唯有从自为的生命存在这个"事实性"转向超越性的生命存在的"价值性"，个体的生命才能克服有限性，成为一个承载和延续人类文明的"类主体"。正是生命，以及生命为核心的经历、表达与理解，构成了人文世界的真正核心。①

（一）生命及生命存在的理论视野

生命是绝对的"纯存在"，它不需要任何东西作为前提、中介和根据，它根本上就是一个直接性的东西。从"生命"的"范畴意义"上来说，"生命"是灵魂与肉体、主体与客体的直接统一。前者是有生命之物的灵魂与它自己的肉体关系，后者是指与它以外的事物为"客体"的关系。柏拉图以来的西方哲学认为，只要有生命的东西，都有灵魂，"概念"之所以能存在并被普遍理解，是因为有"无所不在的灵魂"。②只有人的"灵魂"或"心灵"具有超越自身的能力，能在认识、情感、道德领域发挥统一的作用，能将"自由""不朽"等具有存在价值与意义的概念加以普遍化。因此海德格尔才说"石头无世界，动物缺乏世界，人能建构世界"。人是存在的澄明，只有存在的澄明才是"世界"，而石头、动植物没有语言，无法明敞存在之遮蔽，无法建立自身之世界。③生命就是在建构世界的过程中不断生成价值与意义。

生命在不断进行创造、演化，不断生成其作为"人"的本质。生命的基本特点就是创造性，理智是永远不能了解生命的，只有靠生活中的感觉和直觉才能把握生命。④对于个体的生命来说，生命存在的具有过程性，个体存在的意义与价值在于有限的生命过程。生命存在同时也是

①　张汝伦.二十世纪德国哲学 [M].北京：人民出版社，2008：36.

②　张世英.黑格尔《小逻辑》译注 [M].长春：吉林人民出版社，1982：523-527.

③　海德格尔.海德格尔选集 [M].孙周兴，编.上海：生活·读书·新知上海三联书店，1996：370-371.

④　博尔诺夫.教育人类学 [M].李其龙，译.上海：华东师范大学出版社，1999：3.

作为人类整体"类存在",具有历史—文化的价值属性,表现为具有精神属性和教化属性的人类价值,是无限延续的,个体生命存在最终要从人类整体生命存在的价值和意义中寻求依据。但人们不能把人类文明视作"上帝"那样永恒不变的价值,"如果存在确是先于本质,人就不能参照一个已知的或特定的人性来解释自己的行动,换言之,决定论是没有的——人是自由的,人就是自由"①。因此,生命存在既具有个体生命的创造本能和自由本性,又必须为它自己的创造、选择负责任,为它的类存在负责任,即把个体生命存在和类生命存在的意义与价值统一起来。

生命存在的本真价值在于其超越性,而非现实性。在西方哲学自柏拉图以来至黑格尔哲学一千多年的时间里,哲学对人的理解都是对象化的,即首先把人视为某一可解释的对象,继而通过对"人"的结构、要素、功能、属性的"分析"来解读人本身。②人的对象化使得教育理所当然地将人作为教育所要塑造的对象,而人的超越则变成了"理性内在的属性"——经验意识内的超越,也就是"内在超越"。③然而,生命存在的超越性不允许将人、人的生命当作实存的对象来理解。超越应理解为常人的生命需要超越自己的日常实存状态而进入存在层面,对人生使命、责任、价值、抱负等有所领悟。对生命存在的理解就是对人现实生存状况的理解,也是对当今时代精神状况的理解。尽管使命具有神秘性,但它自古以来就寓居于人类的灵魂深处,以民族、历史的精神与文化崇拜、信仰紧密相连。④然而,生命存在的超越性并不向非本真生活的常人敞开,人们难以领悟自身的存在意义、使命与价值,因此教育必须强加"成人

---

① 保罗·萨特.存在主义是一种人道主义[M].周煦良,汤永宽,译.上海:上海译文出版社,2012:13.

② 高伟.生存论教育哲学[M].北京:教育科学出版社,2006:12.

③ 张汝伦.超越与虚无[J].复旦学报(社会科学版),2019,61(2):35-51.

④ HENRIK H. Augustine on religious education as aesthetic experience[J]. Religious Education, 2021, 116(4): 341-354.

之道"的政治与文化价值于人。

（二）诗性智慧：教育艺术蕴藏其中

生命存在的表达具有诗性，人的生存意志、生命情感与人生智慧皆能凝结成诗意。可以说诗性智慧是一种人类此在的本质特征，只有诗意才能"让栖居成为栖居"，才能让自为的生命存在筑造其所栖居的世界。教育如果总是希望能"充满劳绩"，但"仅为（劳绩）自身之故而被追逐和赢获，就禁阻着栖居的本质。"①把生命存在作为教育学研究的基点和开端，把生命活动、生命表现与生命体验作为生命存在的基本事件，是当代教育学转向人之主体性的内在要求，也是对"生命"这个人文概念本义的遵从。

人的存在样式无穷无尽，每一种存在样式并不天然地具有合法性，即并不是所有的存在样式都自然地获得了成为教育目的、教育内容的性质。②因此，教育实践需要对生命活动、生命表现与生命体验进行教育整理、选择与加工，展现教育的"诗性智慧"。按照维科（Vico）在《新科学》中的理解，"诗性智慧"是人文科学"原初的"运思方式与结果。在人类早期，诗是人理智（而不仅仅是情感与意志）的表达方式，诗性就是人们日常生活的智慧源泉。③但现在人们更多地把诗性智慧运用在艺术领域，作为"艺术创作或其他创作活动的相关能力，或是在艺术中所表达的对不可名言领域的认识"④来看待。"教育艺术"这一表达，本身就蕴含着一种诗性智慧，它将教育实践所需要的技艺、知识区分开来。生

---

① 海德格尔.演讲与论文集[M].孙周兴，译.北京：生活·读书·新知三联书店，2005：200.

② 扈中平，蔡春，吴全华，等.教育人学论纲[M].北京：高等教育出版社，2015：5.

③ 德西尼的《为诗辩护》主要是从诗与人的生活智慧的关系展开讨论，维科的《新科学》主要是从人文学科与人类早期的知识积累的关系而展开。虽然视角不同，但都共同指出了诗与思并不是断裂的，诗性是智慧而非知识。

④ 林蔚轩."诗性智慧"或"诗性知识"？：论"Della Sapienza Poetica"的跨语际转换[J].文艺理论研究，2021，41（2）：78-89.

命活力是学校教育的"生命性"和"魂"①，而唤醒生命活力需要的是教育智慧、教育的诗性智慧而非教育学知识。如果教育艺术是一种"隐喻"，那么生命存在就是教育艺术的"本体"，艺术是教育的诗性智慧得以展开的"喻体"。强调生命存在的价值与意义，不仅是在强调教育的人文属性和精神价值，更是在提醒人们教育引导人"诗意栖居"的深意。

"诗"与"思"本为一体。诗性智慧可以延缓感性与理性、个体与群体的对立，它是人本真生活的思维方式。生命作为个体性存在，其存在的价值与意义并不是"与生俱来"的，它总是在"倾注意义"的过程之中，这个创造自己、认识自己的过程，就是一个充满诗意的过程（尽管更多时候是悲剧性的诗意）。但生命作为类存在来说，它必须"内在地有意义，而不是靠我们钻研出意义"②。生命存在的价值与意义有其"宏大叙事"的一面，不能因为个体生命存在的独特性而否认社群的历史文化传统与伦理价值取向对个体生命成长的影响。它为个体提供了能够衡量人生价值与意义的"意味深长的模式"，"倘若人类生活没有意味深长的模式，会造成人类学、社会学等人文学科的全面停摆"③，教育学也难免会沦为价值空无的教授技艺之学。人生意义不能随心所欲地创造，未经反思的生活是不值得的。教育需要引导人在思考生活中领悟人自身乃至人类的生命存在价值与意义，从这个意义上说，教育艺术就是教人发现自身诗性智慧的生活艺术，引导人超越自身有限性的"灵魂转向"的艺术。

（三）生命境界：教育艺术的精神意境

教育通过引导人认识自然的生命存在，激发人自为的生命存在，最终达到超越性的精神生命存在的境界。海德格尔反对旧传统所讲的超时空的抽象本质世界，只承认唯一的现实世界即"天地神人"的四合一体。其晚期反复强调神性就是诗意，人有了诗意就是见到了神性，达到了本

---

① 叶澜.命脉[M].桂林：广西师范大学出版社，2009：15-16.
② 伊格尔顿.人生的意义[M].朱新伟，译.南京：译林出版社，2012：64.
③ 伊格尔顿.人生的意义[M].朱新伟，译.南京：译林出版社，2012：43.

真，实现了精神超越，反之，无诗意、非本真、沉沦，未见到神性，未达到超越。[①]强调生命存在有其神圣性，就是提醒教育主体要敬畏生命，不迷信被"理性智慧"对象化、主体化的生命观，倡导将物我、群己连为一体的具有超越精神的生命观。对生命有所敬畏，才能对存在有所敬畏，教育艺术才可能超越世俗的生存性教育的锁闭，教育作为艺术的生命本性才能得以澄明。

由于无法觉察不在场的事物，动物无世界更无境界。而人能思考不在场的无限的东西，所以人不仅能构建自己的世界，更能彰显生命的境界。人不能执着于现实生存，必须超出个人有限性，实现自我超越。教育也不能执着于生命的有限性，不能仅着眼于发展人现实生存的能力，而是要发展人自我认识、自我超越的能力。如果诗意栖居是人此在生存的超越性境界，教育艺术就是超越于人现实生存、引导和丰富精神生命的超越性境界。生命存在超越自在生存的教育意义就在于，它期待着更高精神价值的东西出场，而不仅仅是盯着眼前在场的东西。因此，本真性的教育不能只重视在场的知识、情感和技能，不能只重视人的当下学习和未来生存，而是要引导人超越此在的生存，一切教育技艺层面的东西才可能成为教育艺术。

二、教育审美是教育艺术的出场方式

审美是艺术得以出场的方式，没有审美的眼光，就无所谓艺术。虽然"人按美的规律进行构造"，人将其本质力量倾注到实践对象上，但没有审美态度和审美眼光，人的实践活动就不是艺术，人的实践产品也非艺术品。教育作为艺术并非具有生产性，因为生产性活动的最高境界只能达到技艺的层次。本真性的教育褪去了为了人现实生存的功利性，自觉地捍卫人生命存在的精神性，因此它才进入超越性的自由领域。尽

[①]　张世英．天人之际：中西哲学的困惑与选择 [M]．北京：人民出版社，2007：227-228．

管审美并没有现实的功利性，但纯粹的审美感知还是能增加人的道德立场。因此，可以把审美归为人的内在本性，人通过审美获得心灵的自由。当人们不自觉地使用审美的尺度来"打量"自身所构建的世界时，便建立起了某种生活艺术观，将"美"这种空灵、缥缈的东西融入身体、生活之中，用舒斯特曼（Shusterman）的观点来说，"生活即审美"①。因此，教育不仅因其与人超越性、向往自由的内在精神生命相连而能进入纯粹的（非功利的、静观的）艺术境界，也能通过现实的教育生活世界构建起实用性、经验性的生活美学。

教育活动中的审美每时每刻都在发生着，正是有教育审美活动的存在，教育才有被称作艺术的可能。教育审美以审美的态度来对待教育现象，创设教育审美活动，使教育主体获得活生生的教育审美体验，表达人与自我、人与人、人与社会的交流经验，从而理解人类的一切文化财富。②可以说教育审美离不开教育活动，离不开人的审美意识，离不开人与社会的审美关系。教育现象包括教育活动中的生命活动、生命表现与生命体验，它们是教育主体的审美对象。

（一）教育审美是人性的自由显现

教育艺术是真、善、美的统一。真与善不是直接简单地就可以表现为美，它们必须经过人类心灵的情感化才能在艺术中表现为美。教育世界中的美基于自由的显现而非实在，教育美不是某种内在的关系、结构、秩序的普遍存在，而是人性的自由显现，是人的存在本身在教育时间与空间世界中的自由游戏。在教育世界中，人通过教育活动使得自身的自然性、人性与神性自由地显现出来，这种超越实在本身的"理念显现"是自由的，也是美的。进言之，教育之美是教育世界中人的作品，它既超越了感性的必需层面，又不完全是理性的塑造，而是人自身对自己教

① 舒斯特曼．生活即审美：审美经验和生活艺术 [M]．彭锋，等译．北京：北京大学出版社，2007.

② 袁鼎生．教育审美学 [M]．桂林：广西师范大学出版社，2001：1-2.

育创造活动的直观与欣赏。人性的自由显现可否作为独立自主的对象而供人直观与欣赏？"以外观为快乐的游戏冲动一发生，模仿的造型冲动就紧跟而来，这种冲动把外观作为某种独立自主的东西来对待。"①教育主体在教育创造活动过程中进行着审美游戏，教育创造蕴含着彰显主体性的游戏冲动，教育主体自身自由自觉的生命状态，就是审美游戏所显现出来的、可被直观的状态。可以说，本真性的教育就是教育主体自身所创造的作品，教育主体在教育活动中创造自身，并超出自身。

审美意识和审美能力是人的主体性的重要标志，也是人的实践活动超越目的性与功利性的必要条件。教育美是自为的而非自在的存在。对教育采取审美的态度，是教育理论与实践发展到一定程度的产物。"作为人本质力量对象化的审美客体，只能是对具备了审美能力的人类才是现实的存在。"②教育活动的合规律性与合目的性，不仅是教育者以及教育研究者把教育活动作为理性审视的产物，还是把教育活动作为审美对象的感性直观产物，因为艺术本身没有外在的规律和目的限制，只是人的审美意识赋予艺术创造和欣赏以规律和目的的形式。同时，审美意识能把感性的升华与理性的反升华（审美批判）统一起来，使人从感性需求的束缚和理性法则的羁绊中超越出来，进而获得自由。在《理想国》开篇中，老人从欲望中得到解脱，他感到身心获得真正自由，这说明只有对生命存在进行整体的审美观照，才算真正受到了教育，进而获得了自由。

（二）教育审美是生命涌动的活的形式

教育审美研究的是教育世界中的表现符号体系，而非推论符号体系。教育审美研究的内容有两个重要方面：一是对教育世界中美的形式的把握，如教育的和谐、秩序等；二是对教育世界中美的具体内容的把握，如生命、情感、意志等。教育美的形式不能完全脱离内容而独立存在，并且与教育科学所反映出的规律、原则"同形异构"；教育美的内容也

---

① 席勒.审美教育书简[M].张玉能，译.南京：译林出版社，2012：86.
② 杜东枝.审美自由论[M].北京：中国社会科学出版社，2010：78.

必须依赖形式而存在，脱离了普遍的形式，教育美就成为纯粹的私人鉴赏的心理领域。这也涉及教育美的趣味问题，但人们所研究的主要在于如何将教育审美活动中"有意味的形式"提升到普遍性的层次上。

艺术具有映象生命的能力，能使艺术作品以"活的形象"呈现出来。[①]"如果要使某种创造出来的符号（一个艺术品）激发人们的美感……就必须使自己作为一个生命活动的投影或符号呈现出来，必须使自己成为一种与生命的基本形式相类似的逻辑形式。"[②]教育审美并不仅限于生命涌动的某个具体现象或内容，而是要发现教育世界中生命的逻辑形式，即教育作为艺术的形式。生命的逻辑形式表现在生命的有机性、运动性、节奏性和生长性上，教育中的生命活动、生命表现也是如此，教育艺术的形式就是依据生命形式的同构。教育实践活动中知识、情感、身体、艺术等领域的各种"心意能力"有机配合，教学活动"动与静"的节奏变换，学生求知欲与好奇心的满足，在理智与道德、情感与态度以及价值观念方面的发展与变化，都是教育世界中的生命形式的具体表现。这与教育科学中的教育规律和教育原则一致，也与人的审美反应图式高度吻合，体现出理性与感性的统一。可以说教育实践活动的艺术形式与生命形式有着类似的结构，它们都是生命涌动的活的形式。

宗白华非常赞赏艺术形式与生命表现的结合。"这节奏，这旋律，这和谐等等，它们是离不开生命的表现，它们不是死的机械的空洞形式，而是具有丰富内容，有表现、有深刻意义的具体形象。形象不是形式，而是形式与内容的统一。"[③]可见，教育艺术之美的踪迹不能只在人的心灵内部寻找，而是要在教育实践活动——人所构造的具体形象中去发掘。

---

① 朗格.情感与形式[M].刘大基，傅志强，周发祥，译.北京：中国社会科学出版社，1986：32.

② 朗格.艺术问题[M].滕守尧，朱疆源，译.北京：中国社会科学出版社，1983：43.

③ 宗白华.美从何处寻[M].重庆：重庆大学出版社，2014：15.

（三）教育审美是教育实践的自觉形态

教育艺术之美是对教育实践活动效果的自觉判断、体验与反思的结果。教育审美具有批判的力量，它从对教育美的期待之中发现了教育世界中的语言僵化、形式固化、生命矮化的现象，人的本质力量不能自由、自觉地显现出来，将会产生对教育实践改造的批判力量。教育审美在此可以看作教育生活异化所产生的进步力量，它推动着教育实践活动上升到"按美的规律来构造"的自觉形态。

卢卡奇（Georg Lukács）的马克思主义实践论美学，对于人们理解教育艺术与教育实践的关系有一定帮助。在劳动中起作用的艺术倾向往往可以揭示出迄今未知的自在存在的特性，促进劳动能力（对材料的支配，工具及其使用的精细化等）并趋向科学性。[1]但人对美的认识滞后于对技术—科学知识的认识，在原始社会中艺术始终与日常生活混为一体，审美意识不能完全独立，并表现出模仿、隐喻等拟人化特征。一旦审美原理表现出它的独立性，它的拟人化特征就会对人的实践活动效能提升产生催化作用，甚至影响人对实践对象、实践活动的整体认识，从一种对象化的实践认识、理论认识转变为一种非对象化的、人与实践对象一体的审美认识。但随着非拟人化反映的发展不断掺入经过中介的实用性，从而提高了劳动的直接实用效果，审美因素就代表了一种无助于实际劳动的多余的东西。[2]也就是说，以科学与技术为代表的工具理性一旦对实践对象、实践活动进行了"祛魅"，艺术就没有存在的必要了，这是对一般的生产性实践活动而言的。但教育实践活动作为一种精神性的劳动，它没有身体劳动的那种对象的直接性，它需要的是人的情感、智慧、道德、想象等精神性层面的参与，人所固有的审美意识与能力，以及教育艺术创造与欣赏，使得教育实践活动必然具有审美特性。

在感性的真实显现与理性的逻辑显现之间，有一个"王国"能弥合

---

[1]　卢卡奇.审美特性[M].徐恒醇，译.北京：社会科学出版社，2015：143.

[2]　卢卡奇.审美特性[M].徐恒醇，译.北京：社会科学出版社，2015：144.

感性与理性的分裂倾向——"审美王国"。教育人学作为一种"自觉的方式表达人文世界观的方法论和信念",遵从人文科学的逻辑,穿透"物理存在层次""对象表现层次"而达到"人格表达层次"①,在教育世界中发现人性的自由形式。以人学审美观作为探讨教育艺术的理论基础,就是要把生命存在的价值和意义彰显出来,要把人性作为富有艺术的教育的基础。"美必须作为人性的一个必要条件表现出来"②,而教育审美就是使教育主体不断发现、感受、体验和反思教育作为艺术的形式、内容与价值。教育艺术"在感性而不只是感性,在形式(自然)而不只是形式,这就是自然的人化作为美和美感基础的深刻含义,即总体、社会、理性最终落实在个体、自然和感性之上"③。探寻教育艺术之存在,就是探讨人类存在的先验主体的构成力量。因此,教育之美和教育艺术作为价值存在,不应被主观地理解为追求不可能实现的东西,而应被理解为教育主体超越现实的教育活动去主动寻求不在场的、可欲的东西,并通过理解教育世界的不完满和自身的不完美去唤醒人们对自身、对教育、对社会乃至整个人类未来的美好期待,即把教育艺术作为一切异化的对立物。

尽管从人类历史来看,艺术具有神秘之源,但教育艺术对生命存在的价值与意义的揭示并不是神秘的,而是现实可感、可被直观、能用言语表达的。在教育实践中追求教育之于生命的超越性价值,才是真正具有生命担当、自由自觉的教育实践形态,才能真正让教育实践摆脱技艺而进乎艺术。而这一改变,恰恰需要的是审美的态度。把生命作为教育的价值承诺所需要的不是技艺上的熟巧和精妙,因为教育技艺只是在"谋置"生命。恰恰相反,教育的生命承诺是出于艺术之源对生命的敬畏、对自由的释放、对人性的坚守、对美好生活的希冀。

---

① 卡西尔.人文科学的逻辑 [M].关子尹,译.上海:上海译文出版社,2013.

② 席勒.审美教育书简 [M].张玉能,译.南京:译林出版社,2012:31.

③ 李泽厚.批判哲学的批判 [M].北京:生活·读书·新知三联书店,2007:434-435.

（四）教育审美是教育艺术的自我持存方式

教育艺术何以自我持存？它为何能超越教师个人的教学智慧、风格，能作为学生体验着、想象着、期待着的东西而向人们呈现出来并持续存在？作为存在者的教育艺术受教育主体的精神状态、教育情境、教育内容等诸多因素限制，但作为存在的教育艺术仅以自身为根据。如果教育艺术以某种先验的价值（如真、善、美）而存在，教育艺术研究将重回形而上学的老路。

教育艺术何以持存，其关键并不在于人们如何看待教育艺术的"价值"，因为教育艺术对教育而言就是价值本身。艺术作品的价值既不取决于创作者，也不取决于欣赏者，教育艺术同样也不取决于教育主体的创造和欣赏。教育艺术本身是一种价值存在，是人的本真生命所欲求和表达的价值存在。艺术作品尤其是经典艺术作品的价值在于其永恒的生命力，它既包含着创作者本人的创造风格、技艺，又蕴含时代的历史文化精神，还象征着处于历史之中的欣赏者的审美趣味。但教育艺术不同于一般的表达生命、象征生命、揭示生命的艺术作品需要"具有"某种价值，教育直接与人的生命存在发生关联，教育艺术的出场为教育本身"置入"了生命存在这个绝对价值。教育艺术不仅持存于生命活动、生命表现与生命体验之中，它还向人昭示生命的绝对存在，在教育主体所构造的"世界"与人现实寓居的"大地"（社会时代背景与历史文化传统）之"争执"中捍卫人的生命存在。可以说教育艺术作为存在，就是预示教育本真性的现身，捍卫生命存在作为绝对的教育价值。

弗雷格（Frege）曾说，词的含义要对该词所属的语言或者标记整体有足够认识的人来理解。但是词的意谓总是只得到片面的说明，因为我们对词的意谓不可能有全面的认识。[①] 如果人们要对"教育艺术"这个词的意谓进行完全理解，那就意味着人们要对"教育"以及"人"有完全

---

① 弗雷格.弗雷格哲学论著选辑[M]王路，译.北京：商务印书馆，2006：97.

的理解，这几乎是不可能的事情。弗雷格希望通过精确的逻辑分析来澄清"教育艺术"的意谓，显然是反教育诗化语言这一主张的。尽管人们不可能穷尽教育艺术的"意谓"，并不代表人们在使用这个词时不能领会其"意味"，否则人们怎会如此频繁地使用它？

没有教育审美，何谓教育艺术？没有教育审美，教育艺术何以持存？人们正是在审美的维度理解和领会教育艺术，才能避免堕入语言的迷雾。人的本质无法穷尽，但这并不影响对"人性"这个词的理解。艺术的形式层出不穷，也不会影响人类对艺术的热情，因为人的审美永远能敏锐地分辨趣味。教育艺术之所以能持存，在于人们对"好教育"与"好人"永远具有判断力，对生命存在的价值与意义，对人性的高尚与卑贱，永远有判断与批评的能力。

始终对教育保持审美敏感，人们才能在教育生活中感受生命活力，鉴赏教育智慧，体验教育情感，教育与生命方可互成本质。总之，教育审美是教育艺术的出场方式。

第三章　教育艺术之审美意识

教育何以是艺术？这个问之所问的背后涉及教育艺术的存在问题。要回答这个问题，不如先探讨这个问题之"何所问"：教育艺术缘何通过审美意识凸显生命之存在。

"存在"是自古希腊哲学以来的重要哲学概念，"巴门尼德（Parmenide）首先提出存在者存在，非存在者不存在，亚里士多德（Aristotle）也曾说存在是最普遍的超越者，托马斯·阿奎那（Thomas Aquinas）也说无论一个人于存在者处把握到的是什么，这种把握总已经包含了对存在的某种领会。"[1] 现代以来，"存在"问题成为德国哲学研究的重要领域。"存在"是德语名词形式的系动词 Sein，相当于由英语系动词"to be"[2] 转化来的动名词"being"，一般汉语直译为"有""是"，意译为"本有""存有""本体""本根""大道"等 [3]。按照海德格尔的理解，存在不是现成的存在者，而是使存在者显现、现身、出场或在场的东西。不论中西古今，"存在"都是某物或观念的绝对根据。只是在海德格尔那

---

① 海德格尔.存在与时间 [M].陈嘉映，王庆节，译.北京：生活·读书·新知三联书店，2006：4.

② 联合国教科文组织出版的一本著作 Learning to Be 被汉译为《学会生存》，很容易产生歧义。教育的本意是让人"去—存在"，即领悟人之存在的责任，而不是让人学会现实生存。现代教育恰恰需要人有勇气去超越现实生存的层次，进入领悟生命存在乃至人类存在的价值与意义境界。

③ 张宝贵.西方审美经验观念史 [M].上海：上海交通大学出版社，2011：221.

里，此在的存在者仍然有一个更为根本的根据——存在，或者说存在者如何"去—存在"——成为自明的东西，成为"成其自身"的理由和根据。人对存在者的认识不再是为了获取关于存在者的知识或真理，需要进一步展示、澄明存在者存在的本真意义。因此，教育艺术缘何存在，又可以被理解为教育如何"去—艺术"，如何将教育艺术的一面向人呈现出来，即揭示教育艺术的存在意义与价值。

正如亨利·伯格森（Henri Bergson）把正义作为"社会艺术"研究的开端和终点那样[1]，教育艺术也必须锚定一个对教育而言起着终极意义的概念，并在阐述这个概念为何能统摄教育的终极意义中，阐明教育何以是艺术。毫无疑问，教育的对象是人，人的全面发展是教育的终极价值。对教育艺术而言，它要成为能被人们所欣赏的对象才能成为艺术。但"人的全面发展"如何成为"被欣赏的对象"呢？它必须从一种抽象的观念转变为能被人具体感知的存在状态——对生命的意识，用直觉来把握生命，用生命冲动来解释生活的动力，而不是用理性来解析生命。对一个有意识的生命来说，要存在就要变化，"去—存在"就是去生成其本质，生命是在变化与生成中绵延的。生命存在的意义在于变化，而变化的意义在于成熟与自我创造。[2]人自由、全面的发展是生命存在的理想状态，人的自由全面发展意味着人的生命存在向着积极的方向变化，而变化最终意味着人的成熟与完善。把教育提升生命存在状态展现为可被观看和欣赏的图景，或"生命视像"[3]，教育才能真正成为艺术——不仅是创造的艺术，还是欣赏的艺术。

将教育促进人全面发展的抽象观念具体化，就是将生命意识、生命存在"视像化""图景化"。但这种视像或图景总是瞬息万变的，如同人的发展总是不断遭遇偶然性，总是处于不断变化的意识之流中。"我们的

---

① 伯格森.生命的意义[M].刘霞，译.北京：台海出版社，2018：103.
② 伯格森.生命的意义[M].刘霞，译.北京：台海出版社，2018：6-9.
③ 伯格森.创造进化论[M].肖聿，译.南京：译林出版社，2014：4.

个性在萌发着，生长着，成熟着，没有片刻停息。"①因此只能在意识流动之中把握教育艺术。把个体发展的生长性、情境性与偶然性本身看作艺术表现，而这些具有生命性的艺术表现本身也具有可被直观的性质。"它看，是因为看到了；而它已经看到，是因为它表象并设定了被看见的东西本身。"②

如此一来，教育所促成的人的全面发展、个性成熟、人格完善等就都可以纳入教育艺术的审美范畴，教育艺术就从单纯强调教师教学技艺转变到了强调人生命活力和生命表现的"图像意识"。这是广义的图像意识，这种"像"是纯粹的精神图像，本质上是一种想象行为产生的对事物图像的构造。③而宽泛意义上的"直观"等同于一种由"感知"和"想象"共同构成的意识行为④，那些被纳入教育艺术审美范畴的内容，就成为当下的感知表象和想象表象，它们在人们的意识过程中都是图像表象。

表象是对在场者的在场即存在者的存在的觉知联系⑤，教育艺术作为审美存在就奠基于人们对教育场域中的生命视像的觉知、观审。此在的教育场域中各种生命活动的表象的形成，包含着人对教育活动的"立义"过程，即这些感知表象和想象表象都是有所指的，它们是教育实践活动所构造的意向对象。教育实践活动本身是具有意向性的，这个意向的对象不仅指向感知的当下，还指向想象中的期许。正是教育对人的生命成长、成熟有所期待，教育实践活动本身也构成了一幅可直观的、充满生命活力的教育图景，因此教育艺术既是意向对象，也是审美对象。作为

---

① 伯格森.创造进化论 [M].肖聿，译.南京：译林出版社，2014：6.

② 海德格尔.林中路 [M].孙周兴，译.上海：上海译文出版社，1997：234.

③ 倪梁康.图像意识的现象学 [J].南京大学学报（哲学·人文科学·社会科学版），2001（1）：32-40.

④ 倪梁康.胡塞尔现象学概念通释 [M].北京：生活·读书·新知三联书店，1999：40.

⑤ 肖伟胜.从观看到观察：图像意识的存在论阐明 [J].西南大学学报（社会科学版），2013，39（3）：105.

意向对象，教育艺术是意向性地构成的；作为审美对象，教育艺术的构成内容能作为人们审美的对象。

教育何以是艺术？并不是因为教育与艺术之间具有相似性，也并不是因为人们使用"艺术"这一称谓来抬高教育的地位，而是因为人们对好的教育、对人的生命成长与成熟有所期待，教育活动本身给人呈现的意识内容具有审美价值。在直观教育艺术的图像意识过程中，人们首先要将教育艺术奠定在生命意识的基础上。只有生命才能让教育中抽象的"人"、抽象的教学活动鲜活起来，使无限的艺术美感显现出来，使教育的价值与意义彰显出来。

第一节　教育艺术之前提：生命存在作为
"教育事情本身"

在人学的视域之下研究教育艺术的审美存在，最难的是对教育艺术的审美对象进行界定，教育艺术的审美对象，不像科学对象或艺术作品那样具体、清晰。教育的对象是人，教育艺术的对象则是生动具体、感性鲜活的人，人的生命活动、生命表现、生命体验，是可以直观的对象，"生命乃是存在者之存在状态的一种方式"①。如果仅把人能直观到的感性部分作为教育艺术对象的全部，那么教育艺术的对象处于不断地流变与生成之中，始终无定型。教育最终指向人的生命质量、生命意义与存在价值，这些内在、超越的东西才是教育所独有的深度价值。教育艺术作为审美存在，必须触及这些深度价值才有意义，否则它与审美心理主义取向的教育体验无法区分。

如何保证教育艺术审美对象的客观真实性呢？这要求人们回到教育

---

① 海德格尔.哲学论稿：从本有而来[M].孙周兴，译.北京：商务印书馆，2012：239.

艺术的事情本身，回答教育艺术的审美对象究竟是怎么一回事。现象学美学的审美对象，不是把艺术作品直接作为对象，也不是把艺术作品在人观念中的直接反映作为对象，而是二者的结合，因此教育艺术的"审美对象是纯粹的意向性对象"[①]，教育审美对象是教育审美意识的意向性相关项。在具体的教育活动中，教育主体的生命活动、表现与体验，生命质量、价值与意义，构成了教育艺术的审美对象——生命存在。教育中的生命存在就是教育艺术研究的"事情本身"。

一、生命存在作为教育艺术的审美对象

虽然作为艺术的教育并不是一个新的观念，但作为审美对象的教育则是一个新近的观念。[②]教育艺术的审美对象是归结为审美意识之呈现，还是有一个自在的对象？教育艺术的审美对象"既不是被感性所接纳的，也不是被知性所思维的"，而是先验的想象力"形—象"出的对象。[③]

现象学美学家杜夫海纳认为，审美意识和知觉不创造对象，所谓的创造对象是心理主义的结果。杜夫海纳批判"如果从审美知觉出发，那就会诱使我们将审美对象从属于审美知觉，结果是赋予审美对象一种宽泛的意义：凡是被任何审美经验审美化的客体都是审美对象"[④]。因此他反对把审美对象从属于审美知觉，而是赋予审美经验本体地位。即审美对象必须首先作为某种存在，才可能被人们所知觉。按照海德格尔的存在论，回到艺术的审美对象，就是回到艺术存在本身。海德格尔指出，对艺术作品本源的追问，要克服"对存有对象化的理解"，解除"对存有

---

① 张旭曙．英伽登现象学美学初论 [M].合肥：黄山书社，2004：19.

② 张永．生活美学："生命·实践"教育学的审美之维 [M].上海：华东师范大学出版社，2015：10.

③ 黄旺．时间与想象：现象学与解释学中的想象问题 [M].北京：人民出版社，2020：22.

④ 杜夫海纳．审美经验现象学：上 [M].韩树站，译．北京：文化艺术出版，1996：5-6.

的'时间状态上'解释的抑制"①，方可切近艺术之存在。

按照杜夫海纳和海德格尔对审美对象的理解，恰恰是要超出对艺术的实在性的知觉和感受，心理感官上的体验恰恰不是艺术存在之根本。美学的心理学化将艺术视作知觉的复合，是各种印象的联合统一，这种审美效果的心理主义取向放弃了审美对象的客观性。真正的审美对象，就是艺术审美现象所表现的特征和价值。盖格尔说，人们纯粹是在那些直接在现象中表现出来的特征之中找到这些价值的。因此，只有回到这些构成了作为一种现象的艺术作品的特征上，去作为一种特殊科学的美学所具有的问题才能够得到解决。②

因此，只有回到审美现象之中，回到存在于艺术客体之存在所固有的形式、结构与形态，才能克服审美心理主义所造成的相对性。举例来说，悲剧所引发的审美心理效果并不属于悲剧本身，而悲剧冲突所固有的形式与结构才是其价值所在。教育主体身心轻松愉快、教育氛围热闹纷呈、教学进程控制精确等要素，虽然它们能影响教学效果，但并不属于教育本身。即便把它们联合到一个教育场域之中，这些外在的心理层面、技术层面的东西并不属于教育本身，它们所产生的价值也不属于教育价值。心理美学企图通过研究观众的"眼动效果""审美反映"，将其作为作品艺术价值评判标准，显然是搞错了方向。所以，注重表面热闹的课堂不一定是好的教学，审美形式与审美价值兼具的课堂才能体现教育价值。真正的教育价值是具有审美深度的，绝不是一系列表层价值的组合。

教育指向人的生命存在，教育艺术就要求人们赋予教育活动中的一切物质因素以生命性，教育活动才能具有教育性。七巧板在家里是玩具，在学校则是教具；书本在家里是书籍，在学校则可作为教材。一切日常

① 海德格尔.哲学论稿：从本有而来[M].孙周兴，译.北京：商务印书馆，2012：532.

② 盖格尔.艺术的意味[M].艾彦，译.北京：华夏出版社，1999：7.

眼光中的物在学校场域中，则有了附加的意义，即具有生命性和教育性。在教育场域内几乎找不到任何一件与生命无关的纯然之物。教具不是玩具，教材不是书籍，因为它与人有生命性的教学联系在一起。不是物之为物的特性决定了教育生活世界的边界，而是物的生命性、为我性使得它们共同参与了教育场域的构建。把具有日常之存在方式的存在者与具有教育之存在方式的存在者区分开来，教育的意义才能得以开启。

再拿陶行知的"四颗糖"来做例子。糖果并非教具，在儿童日常的教育生活中，它甚至是具有"反教育"性质的东西。但陶行知成功运用糖果使得犯错误的学生得以自省，找到自我的本真性，糖果及其给予的时机就成为其教育艺术的重要因素。糖果作为教育之物，在于它在此在的教育场域中传递了教育性，它从日常之物成功转换成为具有生命性和教育性的精神之物。物处于与人的教育关系之中，成为教育者与受教育者交往关系的连接之物，四颗糖果成了教育艺术的见证者。但令人们印象深刻的并不是四颗糖果，如果换成别的东西，陶行知的教育仍能成功，人们仍能觉知到教育艺术的在场。令人印象深刻的是人们的想象所展开的教育表象，人们的意识所体验到的教育意义的存在，它在人们的观念中树立起一幅教育艺术的图像，并展示了教育艺术所明敞的教育审美生活世界。

审美对象之"对象"，并非要将存在者进行对象化，而是暂时将其作为人的意向对象，并非要将意向对象作为与主体对立的客体，因为主体与对象仍在世界的交互联系之中。海德格尔认为，事物一经对象化之后就不再能够显示自身的特色了①，因为对象化是认识论所处理对象的方式。教育艺术所指的审美对象，是生命存在作为整体在人的审美意识中的如实呈现，绝非人们所要分析的对象。对教育艺术来说，审美对象是不在场者的潜现，是隐蔽着的敞亮，是时间诸环节的自身越出。审美对

---

① 海德格尔.林中路 [M].孙周兴，译.上海：上海译文出版社，1997：304.

象绝不是意识所虚构的东西，实际上，审美对象正是在事物隐蔽处——在事物所隐蔽于其中的不可穷尽性中显示、敞亮其最真实的面貌。审美对象并不是一般事物以外的另一种特殊事物，它乃是任何事物的最真实的面貌，或者说，是在真实性中的事物。[①]

教育活动中的生命表现与生命体验只是审美对象的形式，生命存在的质量、价值与意义才是教育作为艺术的最终承担者。尽管生命活动、生命表现与生命体验都是教育艺术的真实显现，但只是在意识和知觉层面显现真实，只有进入生命存在的意义领域，教育艺术才会在价值层面显现真实，教育艺术审美存在论也因此具有超越的意味。

二、生命存在作为教育艺术的"事情本身"

现象学的"回到事情本身"是对人的事情的一种本质直观。回到教育事情本身，就是按教育之所以是的方式去看教育。[②]教育的对象是人，教育的根本性"事情"就是人的生命存在问题，人的生命质量的提升、生命意义的丰盈、生命价值的确立都是指向人的生命存在。生命存在把教育与艺术紧密联系起来，成为教育的艺术性与艺术的教育性结合的东西，构成了教育艺术的"事情本身"。

现象学的"回到事情本身"是本质主义的态度。教育的本质不在于教育活动的目的、内容与方式，而在于教育之于生命存在的意义和价值。以社会代表自居的教育者的目的，教育内容与教育方式只是达成教育目的的手段，只有教育主体与其教育生活世界相谐，获得生命自身存在的意义和价值，才能真正切近教育本质。回到教育的事情本身，就是回到生命存在本身，对教育者与受教育者都是如此。教育要摆脱人对自身生存的无价值感，并不排斥教育给人带来的财富、荣誉和知识，"但只有通

---

① 张世英.哲学导论[M].北京：北京大学出版社：2002：138.
② 金生鈜.何为回到教育事情本身[J].高等教育研究，2015，36（3）：11-17.

过更高的、具有神圣色彩的总目标，才会获得意义"[1]。生命存在总是通过存在者的现实生存才会显露生命价值与意义，教育生活世界是此在生存的场域，不考察教育活动中鲜活的生命活动、表现与体验，转而追求此在之超越，生命存在这个议题将会堕入神秘主义。但不追求更高的生命价值与意义，教育将无法树立"人之形象"，无法"守护人性"，只能塑造人而无法生成人。

日常语境中的教育艺术主要指教师创造性地解决教育情境中面临的问题，这些技艺性的创造背后有着"一团乱麻似的各种不一的动机和刺激诱因"。出于人性自身的新奇感，在辩证、辩论探讨中享受游戏乐趣，在思维领域中寻求那种"追踪狡猾狐狸的打猎快感"。"这样的话，人所追求的并不真的就是真理，而是那追求本身。"[2] 因此，教育技艺并不是教育的事情本身，也无法达到教育事情本身。本真性的教育艺术，它关注生命存在问题，动机纯净而不含杂质，甚至往往没有动机，它对教育者而言是"先验的善意"在生命实践中的贯彻，对受教育者而言是通过教育所获得的知识、德行、能力等向原初自我的回归，向生命存在的回归。

教育艺术作为审美存在，只能从原初意识上把握。教育生活世界并不是借助于物与机巧才能把握的客观自在，从原初意识直观到的教育本质，比通过科学、权利、关系所建构的教育世界，更为真实可靠。[3] 回到教育艺术的事情本身，必须终止人们科学眼光所造就的"教育成见"和"艺术成见"，不能把教育和艺术视作实在之物和实践活动，先入为主地赋予它们目的、特性、功用，并把这些外在于人生命存在的东西作为人的本质。

教育之于生命存在的价值必须回到教育生活的源始之域，并作为教

---

[1]　尼采.教育家叔本华[M].韦启昌，译.上海：上海人民出版社，2016：26.

[2]　尼采.教育家叔本华[M].韦启昌，译.上海：上海人民出版社，2016：72.

[3]　康永久.教育学原理五讲[M].北京：人民教育出版社，2020：224-225.

育审美现象而非认识对象才能显现，审美的态度最大限度地保留了对象的完整性、价值的纯粹性。回到教育的事情本身，就引导回到人而不是"某种人"的价值未分的境域，"把所有有关客观事物和主观事物实在性的问题，把一切存在判断都括在括号里，存而不论、不予考虑。"①如同人们对绘画的欣赏要把所使用的颜料悬置起来，对音乐的欣赏要把空气振动的因素悬置起来，对雕塑的欣赏要把其原始材质悬置起来那样，对教育活动、教育中人的生命表现和生命体验所持有的审美态度，就是要最大限度地降低对教育的目的、手段与功用的关注。只有出于艺术本身的东西（而非艺术实现的手段、材料）与主体精神活动的结合，并由此超出了主体生理和心理需要层面的那些价值，才是艺术的深层价值。按照这个思路，教育审美现象也需要悬置教育活动中的物的因素，以确保教育之于生命存在价值与意义的纯粹性。那些对教育艺术的审美价值不构成影响的实在性因素，如固定的教材或教学内容、人为区分的教育者或学习者的身份、精心设计的教学进度等，需要被悬置起来，终止对它们做价值判断，因为教育艺术的整体价值并不是构成性的，而是生成性的。只有从审美的角度把握教育，观看教学活动中教育内容如何展开，施教者与学习者的身份是如何确立并相互转化，教学进展如何呈现节奏、变化、秩序与和谐，它们才作为审美现象进入教育艺术所探讨的范围。可以说只有作为现象（而非对象）的客体才是审美对象，在此基础上人们才能探讨教育艺术，也只有这样才能确立教育的审美价值，而非其他外在的功用价值。

现代教育越来越倾向于用世俗的价值大棒来指挥教育者为何教、如何教，调动受教育者为何学、如何学，使得非本真教育的功利主义遮蔽了人的存在价值，教育的世俗生存效用遮蔽了生命的本真意义。教育如何回到其事情本身？一是要让教育实践活动具有艺术性，二是要用审美

---

① 胡塞尔.逻辑研究：第2卷[M].倪梁康，译.上海：上海译文出版社，1998：9.

的态度来省察当下的教育生活。即回到教育的事情本身，就是回归教育的艺术本性，回到人的生命存在本身，本真性的教育与教育艺术是同一的。

回到教育的"事情本身"，意味着不刻意强调教育对教育者和受教育者做出各种"有"的要求和规定，而是为教育者的教育创造活动与受教育者的生命成长给予足够的自由空间。生命存在的价值与意义是超越的，它不拘泥于现实的生存论层面和存在者层次。教育关涉人的美好生活，除了让人获得生存技能、生活素养的"劳绩"之外，还要提升人的生命境界，这样的教育才能使人"诗意栖居"。教育不是做加法，而是减法。回到教育的"事情本身"，就是要卸掉教育本不该承担的外在负担，在回归本真的教育中实现教育的艺术境界，在审美的生命存在中"学做真人"。用老一辈教育家李石岑的话来说："我们人生本来无目的可说，而这样无目的的人生，便是'真'人的人生。真人乃不受任何染污之谓，所谓'本来无一物，何处惹尘埃'。在真'人'上做教育功夫，那教育才不失其价值。"[①]

第二节　教育艺术之方法：教育艺术直观

教育审美意识是蕴含了审美尺度的教育意识，是对处于特定的教育场域、教育情境之中的生命存在的意识。人的存在首先是一种"意向性的存在"，其存在方式和意义受意识指引，而不受感觉指引。意向性是作为人的存在从可能不断走向现实并不断创造未来的前提条件。失去了意向性，人不仅失去了历史，还会失去真正意义上的未来，失去生命的连续性，活在一个毫无意义、不可理喻的瞬间。[②]教育艺术奠基在教育的

---

① 李石岑.李石岑讲演集[M].桂林：广西师范大学出版社，2004：123.

② 石中英.教育哲学[M].北京：北京师范大学出版社，2007：68-69.

生命意识基础上，随着人们朝向生命活动、聚焦生命表现、感受生命体验、打开生命意识而向人们呈现。教育艺术如其所是地显示自身的过程，既是人们直观生命存在本身的过程，也是教育本质与人的本质生成的过程。运用现象学思维方式来直观教育艺术，并不是执意于分析和把握教育的本质，而是说教育艺术在审美意识的呈现中切中了教育本质，因为教育审美意识奠基于具体的生命活动、生命表现、生命体验之中。在具体论述教育审美意识如何呈现教育艺术之前，有必要先搞清楚教育审美意识研究的现象学直观方法。

一、现象学直观与教育直观

胡塞尔现象学认为，真理就是"显现"出来而被"看"到的东西，是直接被给予的、自明的东西，其他一切（逻辑、概念、事物的存在等）都是建立在这一基础上并由此得到彻底理解的，是由"看"的各种不同方式决定的。① 因此，要"回到事情本身"，直接地去"看"事物的本质。海德格尔也认为认识事物需要通过"看"，"回溯到 Eidos（外观、本质）和质料已被掩埋的本质那里"②，海德格尔的真理即事物之无蔽状态，也是人对存在的"领会"。马克斯·舍勒则强调"伦理明察"，人可以"洞悉"伦理质料中的先天价值。胡塞尔的本质直观、海德格尔的存在领会、舍勒的伦理明察，都具有迥然不同的直观相关项③，但都运用了现象学直观的方法，都持有"意识具有不同于世界中对象的主观相对存在的绝对存在"④ 这一基本信念，即"将世界和对象的存在'还原''回溯'到它们的意向显现上，从显现出发来解释那个存在"⑤。因此可以说，教育艺术的审

① 邓晓芒.胡塞尔现象学导引[J].中州学刊, 1996（6）: 65-70.
② 海德格尔.林中路[M].孙周兴, 译.上海: 上海译文出版社, 1997: 15.
③ 倪梁康.意识的向度: 以胡塞尔为轴心的现象学问题研究[M].北京: 商务印书馆, 2019: 278.
④ 黑尔德.现象学的方法[M].倪梁康, 译.上海: 上海译文出版社, 1994: 34.
⑤ 黑尔德.现象学的方法[M].倪梁康, 译.上海: 上海译文出版社, 1994: 38.

美对象并不是作为自在物而显现，而是作为审美意向而显现。

　　一般来说，现象学直观分为感性直观与范畴直观两个大类，都是指向事物的本质，可以说现象学直观就是本质直观，只是感性直观更为基础。感性直观是现象学运动中分歧最小的一个概念，它建立在感知的基础上，但又不同于感觉，而是对感觉对象的存在的意识，它要求对象以非主题化（排除概念、范畴的干扰，保持其与日常生活的联系）的方式呈现给人们。一般来说，人们通过外感知直观到的只是对象有限的"面"（部分），获得的是原本意识。但人们却能整体地建构出对象，那些非原本此在的面能被共同意识，进而构成事物的整体。那些共同当下的面并没有被感知到，或者说没有显现出来，但人们仍能把未显现部分与对象整体地表象出来。这样，有一种非直观的超越指向或指示人们把真实被看到的那个面仅仅描述为面，并且它使人们不把这个面当作是这个事物，而是将某种超越出这个面的东西意识为被感知的东西。[1] 这个构造对象的过程就是事物借助直观显现自身的过程，也是对象被表象的过程，现象学直观的信念就是通达对象之存在。这种观点彻底扭转了自然主义所信奉的事物自在地存在，对象及其意义超越了被给予人们的方式（比如"看"）而与人发生联系。如此看来，审美意识或者审美直观不仅构造了教育艺术的审美对象，还超越了当前所感知的教育活动而获得存在意义。

　　如何保证不同主体所直观到的对象是同一个对象，或领悟到相同的含义？个体意识是如何具有对它们来说共同的经验世界，或者说包含着主观视域的普遍视域是如何可能的？如果在意识中只有这种主观的、随情况不同而变化的被给予方式之序列，那就不会有任何保持同一的对象世界显现给我们。[2] 对整个被意指的对象而言，对象意义在每一个瞬间都

---

①　胡塞尔.生活世界现象学 [M].黑尔德，编；倪梁康，张廷国，译.上海：上海译文出版社，2002：47-48.

②　胡塞尔.生活世界现象学 [M].黑尔德，编；倪梁康，张廷国，译.上海：上海译文出版社，2002：4.

是同一个，并且它在瞬间显现的连续序列中是相合的。①直观本身就是不断充实着意向视域、构造着对象存在含义的行为，这只是保证了对象之于个体的同一性。对生活在共同世界中的他者而言，对象的本质被普遍承认，则涉及交互主体性。

胡塞尔认为，个别人的各自的主观世界经验的局限性是通过客观之物的超越而被取消的。②对世界的共同经验不仅被"我"意识到，而且也被他人意识到，但通过"我"的经验视域留存下来的、显现给"我"的，只有从"我"自己的意向体验中所能获得的规定，是"我"的"原真世界"。而客观世界有它自身的规定，包含在客观世界之中的"我"的原真世界也可以被他人经验，也被他人打上异在于"我"的规定。因此，"我"对客观世界的认识必须超出"我"的原真世界。于是，"我"的世界被那些超越出"我"的原真领域的主体共同经验到，通过这种方式，"我"的世界获得了一个客观上对所有人都有效的世界特征。③主体间共同的"生活世界"通过主体间的交互而被构造出来，意向体验和世界经验并不是"唯我"的，而是需要彼此承认，胡塞尔的论述为"生活世界"这一词在社会领域（包括教育领域）的扩展提供了思想导引。

现象学直观的"直观"并不是纯粹感官的"观看"。直观包含了感知、知觉、想象、判断等思维活动，它是意识对象的"绝对的被给予性"，对象在被直观的过程中如其所是的本质现身，因此直观是感性与智性混沌不分的境域。如何通过直观生命活动、生命表现和生命体验来让教育艺术显出自身，最好的方法就是直观教育情境中的生命活动与表

---

① 胡塞尔.生活世界现象学 [M].黑尔德，编；倪梁康，张廷国，译.上海：上海译文出版社，2002：50.

② 胡塞尔.生活世界现象学 [M].黑尔德，编；倪梁康，张廷国，译.上海：上海译文出版社，2001：47-48.

③ 胡塞尔.生活世界现象学 [M].黑尔德，编；倪梁康，张廷国，译.上海：上海译文出版社，2001：27.

现，即教育直观。

教育直观主要是为了认识教育本质，是对教育本质的直观。[①]现象学意义上的教育本质不同于教育科学意义上的教育规律、原理，它是一个有待人们充实、完成的观念与意义存在，而不是有待人们去"发现""深掘"的自在存在。人们承认教育本质存在，是因为教育情境中人的生命活动与表现有其自身的规定，生活世界对教育本身亦有所规定，教育本质即不论历史地理解、个人化地理解或是阶层化地理解的那个共同的部分。通过对此在的教育活动直观本身，人的生命存在如其所是地敞开自身，方可切近教育本质。

教育直观的对象是教育生活世界中的生命活动、生命表现、生命体验等。当前教育现象学研究中，许多研究者将教育直观的对象界定为教育生活体验[②]，为教育艺术的审美体验研究提供了丰富的素材，但这还不够完整。要看到正是教育中的生命活动、教育主体的生命表现构成了生命体验时间、空间与价值维度。生命活动本身是构成教育内容的基础，生命表现则是教育活动成效的直接表现。活动、表现与体验都具备直观的可能，人们直观到的是生命涌动的意识，领悟到的是人之存在的本质规定，这个规定又转化为人们对教育活动的规定。同时，人们也要意识到教育直观并不等同于忠实地描述生命活动在学校教育领域内的转化，或是观察和记录教育体验、生命表现，而是要突出对人的存在之本质的领悟，突出教育的人学反思立场，这也是教育本质直观的内在要求。

二、教育艺术直观

教育直观仍存在着将活动、表现、体验对象化的可能，因为以现象学直观为基础的教育直观，过于强调主体对象存在的"领悟"，而忽视

---

① 王卫华.教育现象学：观念与方法[M].北京：中国社会科学出版社，2020：43.
② 例如，范梅南的《生活体验研究——人文学科视野中的教育学》、王萍的《教育现象学视域中的学校教育》等。

了存在召唤着人们去"倾听",过于重视"心"对直观对象之超越,而忽视了"眼"所代表的身体的可能经验。海德格尔因此认为胡塞尔的意识现象学并没有真正摆脱主体形而上学,潜在的对象化思维使得存在者在场的方式成了现实之物,现实性成为事实性,事实性成为对象性,对象性则成了人之体验。因此,尽管教育现象学重视教育体验,但很难做到"艺术静观"那种真正悬置了"已知"的体验。

艺术之真理既不能从"自在的美"来理解,也不能单从体验"自为的美"出发来理解。①如果认为教育存在着客观的"艺术特性",按照某种程序和标准进行"创作"就能实现教育艺术,恐怕特级教师的教学艺术就可以全面推广和普及了,但教育艺术本身是无法复制的。如果把艺术直观理解为捕捉艺术体验中的"真情真景",其问题在于还是从主体对客体的认识(体验也是认识)出发,而不是把教育艺术作为自身意识之内构造着的对象。存在论意义上的教育艺术直观,在于感悟教育存在对精神生命之召唤,去理解教育所建构的生活世界,以及其所置于的学校这片大地,从世界与大地的"争执"中去窥探教育艺术存在之奥义。

教育艺术直观,并不仅仅是去直观生命活动、表现与体验本身,而是要将作为直观主体的教育者的身份、经验、态度和观念悬置起来,去聆听教育本身对生命的呼唤,对整个教育生活世界始终保持觉悟,对教育所生成的生命个体心存敬畏。至于教育是否能够达到"艺术状态",它绝非由教师是否实现语言优美、内容贴切、方法得当等非生命化的"技术指标"来评判,也不单单是由教学气氛是否幽默融洽、教学效果是否令人满意等"主观性"因素决定,而是由教育主体(教师与学生)的生命意识是否通达本己的生命存在来规定。只有达到了此种要求,才可能在教育活动的"操劳""操持"中领悟生命的真谛,教育艺术因此才可能向人显现。

---

① 海德格尔.林中路[M].孙周兴,译.上海:上海译文出版社,1997:70.

教育艺术直观要求人们放弃对教育"实践技艺"的崇拜，把教育目光从人之现实生存的各种"生计教育"[1]转向关照人之存在的精神教育。教育实践把人之存在作为一种生存活动、实践活动，教育艺术被降格为实践技艺，教育价值仅能通向人之现实生存，无法关照生命的整体存在。实践美学所倡导的"人的本质力量的对象化"将教育艺术限定在创造领域，无法解释"艺术因欣赏而存在"的普遍事实。诚然，教育活动需要根据人的身心发展规律合理地设计和安排，但过于精心设计的教育并不一定是具有创造性的教育，反而会在一定程度上限制教育主体的自由和想象，因为人本应在教育生活的生命激荡中去成为本己，成就本己。

教育艺术直观的关键在于从教育实践的技艺思维中解放出来，"把技术的概念和真正艺术的概念区别开来"[2]。教育艺术之为艺术，在于教育能促进生命的自由自觉，唤醒人内在的精神追求，并使得处于教育生活世界中的主体惊叹与欣赏自身成就，这与艺术审美自由的本质有共通之处。教育艺术直观就是用审美的眼光来审视教育活动，去直观各种生命活动、生命表现，并体验教育所赋予生命的各种价值和意义。当然，好的教育也需要技艺，教师的教学技艺如同诗人的技艺一样，"不论一位诗人多么需要技巧性技能，只有当这种技能并不等于艺术而只是服务于艺术的东西时，他才是一位诗人"[3]。技艺并不是教育艺术的本质，它只具有存在者的特性，而真正的教育艺术则是指向人精神生命的存在。

教育艺术直观要求教育概念能在教育直观中得到充实。教育艺术如果仅仅被理解为概念或思想（在直观上未被充实的意指），它将无法实现"一致性直观"，亦即"教育艺术"这个指称没有同一性，在教育概

① 尼采.论我们教育机构的未来[M].周国平，译.南京：译林出版社，2012.

② 科林伍德.艺术原理[M].王至元，陈华中，译.北京：中国社会科学出版社，1985：15.

③ 科林伍德.艺术原理[M].王至元，陈华中，译.北京：中国社会科学出版社，1985：28.

念上无法客观化、普遍化。"教育艺术"不只是空有这个词语，而具有其思想的形式表述和内容实质。在那些被意指的行为确实是当下的情况下，表述便与须被表述的东西达到相合，附着在词语上的含义便与它所意指的东西相符合，它的思想意向在其中得到了充实的直观。[①]因此，教育艺术不能作为一个空洞的思想观念或被制造出来的虚空概念，它必须使得教育本质、人的本质能通过直观得到充实。

现象学注重人的意识过程的分析，意识过程就是人的体验过程，因此体验是揭示审美现象的关键。教育现象学非常注重教育主体的体验研究，这也是教育学与现象学契合的主要结合点。纯粹的审美意识既不接受逻辑的检验，也不接受实践的检验，它只是迫切地需要被人感受并承认。但对教育艺术的审美意识来说，它无法像观感艺术作品那样纯粹，因为教育活动的实践性总是带有先入为主的目的与价值。但教育艺术的审美意识还是能表现出来，它以人的教育生活体验为主，在人的知觉感官与情感乃至道德观念中反映出来。教育审美意识是具身性的，它以人的身心体验为主要载体，并起到艺术性反思的审美效果，产生内在于心灵的教育性。教育艺术侧重于教育体验中的艺术意蕴与美感，教育过程中的幽默感、理智感、和谐感皆可以成为艺术之源。教育审美意识也可以是道德性的，比如崇高感或羞耻感。审美意识也包括对"丑"的意识，正因如此，教育审美意识才具有对教育现实的批判能力。

教育艺术的审美意识与意识产生的情境密切联系，在于对嵌入在情境中的典型意识节点的分析、阐述和说明。[②]教育艺术体验中的道德感、理智感与美感，都是处于具体的教育情境之中的，教育情境分析理所当然地成为教育审美意识描述中的重要内容。

---

① 胡塞尔.逻辑研究：第 2 卷 [M].倪梁康，译.上海：上海译文出版社，1998：9.
② 范梅南.生活体验研究：人文科学视野中的教育学 [M].宋广文，等，译.北京：教育科学出版社，2003：22.

第三节 教育艺术之奠基：生命意识

要论教育如何成其为艺术，首先要研究教育意识。教育意识是人的生命表现的意识，是人的生命成长的意识，是人自由自觉的生存意识，最终是人生命存在的意识。生命是教育活动的奠基性元素，是教育学思考的"最原始的点"[①]。教育除了具有鲜明的社会性之外，还有鲜明的生命性，人的生命是教育的基石。因此可以说教育是"直面人的生命、通过人的生命、为了人的生命质量的提高而进行的社会活动"[②]。尽管"教育中的人文主义要素与未来的科技世界格格不入"[③]，但仍然不能把人文主义所珍视的作为绝对价值的生命，仅当作科学与技术处理的对象。生命意识"不能简单地还原为同其所依存的生理载体的关系，还有一种可称之为灵魂、精神、心智、思想或者意识流的东西存在。人们应该将生命意识视为一种过程，而不是一个客体——它不是可以简单地还原为它所依据的物质与社会环境的"[④]。

教师和学生在相互占有着对方的生命资源——空间、时间以及精神。当教师意识到他/她不仅在课堂中工作，也在课堂中生活，那他/她的生命意识就呼之欲出了。有了生命的意识，教师眼中的学生忽然转换成为一群鲜活的生命。[⑤]教育如何唤醒人的生命意识、引导人的生命价值，塑造人格健全的生命个体，理所当然地是教育艺术实现的关键。但人们往

① 叶澜.反思、学习、重建：十五年学术探索的回顾[J].天津市教科院学报，2000（4）：7.
② 叶澜，李政涛.为"生命·实践教育学派"的创建而努力：叶澜教授访谈录[J].教育研究，2004（02）：33-37.
③ 布洛克.西方人文主义[M].董乐山，译.北京：群言出版社，2012.187.
④ 布洛克.西方人文主义[M].董乐山，译.北京：群言出版社，2012.180.
⑤ 刘庆昌.论教学活动艺术化的实质[J].教育学报，2010，6（4）：43-48.

往把教育艺术实现所涉及的教育技艺（即如何）当作教育艺术本身。教育艺术究竟述谓着什么？这个发问涉及教育艺术的存在根据。毫无疑问，教育艺术以人的生命为着眼点。教育艺术缘何存在，是因为教育本身就以生命作为起点和终点，教育艺术就奠基在对生命的意识之上，即教育为人的生命质量的提升做了什么，起到了什么样的作用，人在教育实践活动中呈现出怎样的生命样态。

艺术具有生命力，或表达人的情感与态度，或模仿生命美的典型，或激发人的情绪、想象，总之它鲜活地表现和再现了人的生命活力。作为直接以人为对象的教育来说，教育艺术更为重视生命。教育比艺术更强调对生命意识的唤醒，生命价值的引导，生命个体的塑造，而不仅仅是把对艺术的理解交给欣赏者。教育艺术是对生命成长的"立义"或"构型"，而立义和构型的依据又来源于文化传统与社会结构，因此教育艺术不能像一般艺术那样突出作者的创造性，更反对欣赏者的个人趣味，它作为特殊的艺术类型，有着教育的质的规定性。

一、教育艺术奠基于何种生命意识

生命意识作为教育艺术的奠基性要素，其中既包括了人作为主体自身的生命意识，也包括了整个教育场域向人敞开、涌现的在场者的生命意识。生命意识不仅是人对自身存在状态的觉知，还是在场者在教育活动中表现出来的生命样态的觉知。所以教育艺术所奠基的生命意识并不局限于某个主体对生命的意识，而是教育场域内所有生命体、生命物的觉知、想象与意向在不断涌现，并不断形成关于生命的经验和判断。教育艺术所奠基的生命意识是独特的，它具有教育的内在规定性，因为具有艺术性的教育对其所唤醒、引导和塑造的生命意识有所规定。

（一）原初的生命意识

唤醒人原初的生命意识，本是教育的应有之义。然而在现代社会中，人生命成长中最大的困境莫过于"认识你自己"。现代人在不断获取外在知识、获得掌控外部环境的能力的同时，受科学所支配的世界观往往遮蔽了生活世界中原初的生命意识。现代教育越是难以逃离知识化、技术化的藩篱，人原初的生命意识就越被限制在科学理性所能解释的范围之内。生活世界是一个原始明见性的领域①，原初的生命意识就萌发于人此在的生活世界之中，因此唤醒人原初的生命意识，更好地认识他所处的周遭世界并成为生活世界的主人，就是一种广义的教育。

原初的生命意识是人精神能量的源始之处，它对人的生命成长、成熟具有重要的教育意蕴。教育要想唤醒人原初的生命意识，必须回到前科学的生活世界，因为所有的科学都是建立在生活世界不言而喻的基础上的②，对与人的生命、生活极具亲缘性的教育学来说，更是如此。前科学的生活世界植根于人的历史文化传统，它规定了人生活的精神性存在方式。对古希腊人而言，认识人自己，对城邦的正义和人的德行做出思考，是他们原初的生命意识，构成了他们理性生活的存在方式。对先秦而言，对天之道与人之德的交感，对君子仁德的品格追求，是人们原初的生命意识，构成了儒家伦理教化的道德存在方式。尽管古人的生活世界早已发生了时代主题的变化，但人类生活所积淀下来的历史文化传统仍然在现代人的日常生活中发挥着影响，对社会制度乃至教育制度产生重要作用。

就个体的原初生命意识来说，前结构化的观念与知识在个体成长方面也具有重要意义。童年时期的生活遭遇对个体的人格发展影响深远，家庭教养方式、早期教育等奠定了个体成年之后的成就基础。个体的原初生命意识积淀在个体的人格之中，与人的意志、性格、气质等融为一体，与人的兴趣、志向、好恶等紧密相连，这些内容最终构成了人的道

---

① 胡塞尔.生活世界的现象学 [M].倪梁康，张廷国，译.上海：上海：译文出版社，2002：265.

② 胡塞尔.生活世界的现象学 [M].倪梁康，张廷国，译.上海：上海：译文出版社，2002：263.

德品行、成就动机等与教育生活领域相关的品质。好的教育在于坚持唤醒人原初的生命意识，使人的生命成长能始终从其生活世界中汲取精神能量，而不仅仅是从科学世界中获取知识与技能。唤醒了人原初的生命意识，方能直观教育的生命本性，教育艺术则可能成为一种教育直观，即具备了明见性。

（二）自主的生命意识

教育意味着对人的生命成长施以"善意的干预"，唤醒受教育者自主的生命意识。[①]原初的生命意识能否在当下流淌，能否让人在现实的周遭世界中建立起自主的生命意识，与教育者对受教育者的善意的干预密切相关。教育者持一种内隐的教育意念对受教育者进行引导，旨在激发受教育者自主的生命意识，其实质是一种善的教育意念转换为一个现实的教育行动，一个自主的生命意识对一个有待成熟的生命体的生命意识施以引导，最终是让受教育者获得学习、生活的自主性、主动性，成为他生命的主人。

自主的生命意识总是需要外部力量的激发和引导才能促成，这也是人与动物的最大区别。动物面对外在刺激时做出的本能反应并不属于其自主的生命意识，人在面对善意的干预或教育引导时，能让自身感受到善意，获得受到教化的意识，并调整其意愿与行动，这是因为人能构建起自主的生命意识。人越意识到自己是一个独立自主的个体，教育活动就越能持续深入，个体的生命意识就越能从懵懂走向成熟，教育也因此与训育区别开来。自主生命的意识过程，本质上是人在生命经验中不断遭遇异己的东西而返回自身、成为自身的过程。黑格尔的精神现象学已诠释了意识总是在辩证运动，"思考的心灵"不仅让人们认识异己的世界，而且也让人们在"情感和感性事物的外化"中"再认识"自己，并把"外化了的东西转化为思想"，成为自我心灵的一部分。[②]自主的生命

---

① 刘庆昌.教育：一种善意的干预 [J].当代教育与文化，2019，11（06）：10.
② 黑格尔.美学：第 1 卷 [M].朱光潜，译.北京：商务印书馆，1982：17.

意识，就是一个不断地成为真我、做回本己的过程，可以说意识辩证运动本身就有教化意味，比直接的道德训诫、知识灌输更具有教育意义。

在生命存在意义上，教育就是让人做自己的主人，成为能自行决断、能领受天命、能诗意安居的人。这是一种积极的、在世的生命态度和教育态度。在教育实践活动中，自主的生命意识经由人的教育体验而不断充盈。德文中的体验"Erlebnis"，其词干为"leben"，意为生命和生活。这意味着教育体验的原子单位就是对生命自身的意识。① 自主的生命意识就是积极的教育体验，或者说生命体验，教育艺术的原初价值就包含在人对教育、对生命的积极体验之中。

（三）积极的生命意识

教育活动具有社会性，人自主的生命意识必须与其周遭的社会生活相融。塑造积极的生命意识，就是教育在彰显其社会性与规范性，塑造人积极的社会观念和态度，以应对当下与未来的生活。

生活世界充满了不确定性，教育生活世界也是如此。消极的生命意识或生命体验经常困扰人的生命成长，因此教育场域内善意、积极的教育干预非常重要。从教育者的角度来说，教育实践所展现的高超的教育技艺就是积极的生命意识体现，是其对教育实践活动所要求的社会规范的自觉履行，这体现了教育艺术创造性的一面。从受教育者的角度看，他们通过善意的教育干预而获得积极的生命意识，形成良好的教育体验，成为一个从观念到行动都符合社会要求的道德公民，这一过程本身就体现出一幅和谐、有生气的教育生态图景。"生命体的积极投入是教育成效的基础性保证"②，教育艺术所奠基的生命意识，必定是积极、健康、鲜活的生命意识。即便是教育场域中无法避免的生命意识如挫折、失落、感伤等，或是为了营造教育氛围所使用的教育技艺如幽默、滑稽、夸张等，

---

① 王卫华.教育现象学：观念与方法[M].北京：中国社会科学出版社，2020：91-92.
② 叶澜，郑金洲，卜玉华.教育理论与学校实践[M].北京：高等教育出版社，2000：141.

都是为了促成向积极的精神能量的转化，这个转化过程就是人的生命意识从自在走向自觉、自由的过程。

当今学校教育尤为缺乏积极的生命意识。生命活动往往被简化为学习活动，而学习活动进一步异化为知识学习活动，学生在体育、美育、劳动教育等方面缺乏学习机会，缺少学习意识，这对学生完整、健康、积极的生活态度、生活能力、发展倾向造成了巨大影响。学校教育如何培养学生积极的生命意识，这需要教育者积极营造真实的教育生活，投入真切的教育情感，进行真诚的教育交往，用自身积极的生命意识来唤醒、促进和激发受教育者的积极的生命意识。正如雅斯贝尔斯在《什么是教育》中所写"一棵树摇动另一棵树，一朵云推动另一朵云，一个灵魂唤醒另一个灵魂"，这就是教育生命意识的艺术表达，一种生命教育的诗意情怀，"积极"二字与本真生命、本真性教育融为一体。

（四）整体的生命意识

教育者与受教育者的生命意识为教育奠定了艺术底色，如果没有原初生命意识的唤醒、自主生命意识的引导、积极生命意识的塑造，教育就毫无艺术性可言。教育艺术的存在并不是自在的，而是构成性的，但并不是建立在流俗的生命意识之上。流俗的生命意识是把生命存在作为人的意识对象，把生命反思过程理解为心智过程的一部分。"只有当反思所涉及的是丰富而充实的生命的时候，反思才能充分发挥它的作用。一旦反思所试图把握的生命是空洞的和苍白的，那么反思也是空洞的和苍白的。"①从理智上把握生命，把反思与生命之流结合起来，必须首先意识到生命是具有整体价值的，要从整体的视域去看待生命，而不是反思生命的某些瞬间的经验片段。

由于人的生命存在总是有角度地、部分地向人们呈现，人们总是倾向于将生命意识主题化为教育学的一般范畴，如道德意识、认知能力、

---

① 盖格尔.艺术的意味[M].艾彦，译.北京：华夏出版社，1999：38.

情感发展等，以便于科学地揭示教育之对象——人的身心发展规律，这实际上是割裂了生命意识的整体性。现象学的意向性理论认为，处于意识之中的对象整体地给予人们，并不存在着意识与意识对象的绝对区分，因为意识总是关于某个对象的意识，而某个对象被人所意识，也总是处于意识之中的对象。一方面是意识活动本身（质性，如判断、想象、觉知等）不能脱离意识的相关项（质料，如某个学生、具体的教学内容、事态等），另一方面意识活动通过对象不同形式的被给予性（意指、想象与觉知）和复杂的知性运作（如赋予意义、确证信念等）将对象自身整体地带给人们，因此人们才得以将对象如它们显现的那样整体地、综合地把握。

教育艺术所奠基的生命意识，不是把生命作为对象的意识，而是始终处于"第一人称视角"，根据意识自身的展开来探究生命。而自然主义研究方式仅把意识作为世界中的另一个对象①，一个主题化、客观化的对象。对教育场域中的生命意识如其显现自身的方式进行整体把握，则需要人们悬置头脑中固有的教育概念、原理等内容，以现象学的方式去"直观"整体的生命意识，这样才能避免对生命意识进行"解释的主体性主题化"②。

探究教育艺术所奠基的生命意识就是在回到"教育事情本身"，就是要回到被教育概念、命题所掩盖或替代的教育事情本身③，并不断追问生命意识中人的真实存在本身。生命意识原本就存在着朝向生命本真存在的通道，它如同"林中之路"原本就向伐木工人敞开着。教育艺术缘何存在、如何存在，皆因生命意识本就通达人的本真存在，只是人们将生命意识抽象化为教育的各类主题，并在此基础上开展对象化的研究，通往人本真存在的"林中之路"被遮蔽了。

---

① 扎哈维.胡塞尔现象学 [M].李忠伟，译.上海：上海译文出版社，2007：46.
② 扎哈维.胡塞尔现象学 [M].李忠伟，译.上海：上海译文出版社，2007：48.
③ 王卫华.教育现象学：观念与方法 [M].北京：中国社会科学出版社，2020：39.

二、生命意识如何为教育艺术奠基

人们将通过质料与质性在意识结构中的作用，具体说明教育审美意识构造审美对象的能力。如果认为对象一旦被人们"锚定"，就只能按照对象如其所是地呈现的那样去描述所观、所感的东西，这就沦为一种镜像的反映论，忽视了意识构造的超越性。人们的意识并不只是关于对象的某些感觉，而是包含了知性的"领悟"。教育是如何被领悟成为"艺术"的？"领悟"的过程是以"意识到……"这样的结构为特征的，因此教育艺术的领悟需要回到生命意识的形式结构与运动过程，探讨生命意识是如何为教育艺术奠基的。

（一）生命意识的意向性：形成教育判断

"意向性"是现象学最为核心的一个概念。胡塞尔在布伦塔诺的基础上进一步完善了意识结构的分析，发现所有的意识都指向一定的对象，具有对象指向性，意识的这个属性被称为"意向性"。意向性并不是说每一个意识都指向一个实在对象，它也可以指涉一个观念中存在的非实在对象，比如"龙"。就艺术而言（尤其是视觉艺术），意向性的指涉有三个层次，分别是物理层面、图像层面和主题层面。[①] 按其奠基顺序，主题层面的统觉程度最高，它给出了一幅画之所以为"艺术作品"的根据，但统觉的基础还是要依赖于物理层面和图像层面本身向人呈现出来的颜色、图画等。一般而言，人们同样也认为教育艺术的根据并不在于人的身体或教育的物理层面，而在于精神层面，但形成"教育艺术"这个判断仍需要找到更为基础的奠基性要素。教育"是艺术"这个教育事态的判断如何得来，还得深入意识的意向性的形式与结构之中。

"人并不是纯粹地爱，害怕，看见，判断；而是爱所爱的，害怕可怕

---

① 倪梁康.图像意识的现象学[J].南京大学学报（哲学·人文科学·社会科学版），2001（1）：32-40.

的，看见某个对象，判断某个事态。"①无论所指对象是否在人们面前真实存在，并不影响意识正在指涉某个对象。对某个活动处于何种事态进行判断是意识的一种形式。对某个教育活动做出"是艺术""具有艺术性"等判断，在这个具体的教育活动中一定存在着意向所指的对象。如果用"教育活动"来指称一个观念性的对象，是非常笼统的，教育活动在特定教育场域中可以细分为现实的和潜在的生命活动、生命表现与生命体验。一个教育事态判断中的"教育性"在意识中无法表象为"教育图像"，因为"教育"是人们对活动的赋形或主题化，而"教育性"则是人们的意识体验乃至价值体验。人们暂时把整个系统化、组织化的教育活动笼统地称为符号意向。能直接出现在人们的意识之中的生命活动、生命表现，则可称其为直观意向。二者都可以为"教育艺术"这个事态判断奠基。直观意向可以对符号意向进行充实，相比而言它更具有明见性。总的来说，生命意识为教育判断这个意识行为提供了质料，而教育判断本身又是一个意识行为的质性，二者构成了意识意向性的基本结构。

教育艺术作为审美意识既可以作为直观意向，也可以是符号意向。某个具体的教育场域所涌现的、能被人直接把握的只有生命活动或表现，它们是形成生命意识、构成教育判断的最基础的内容，可以直观地把握。生命意识的意向对象总是它自身的表现，它存在于任何一种教育现象之中，又必须使用语言符号把它的相关概念表象出来，就此而言亦是一种符号意向，而且是奠基于直观意向的符号意向。

（二）生命意向的充实性：生成教育意义

教育目的、内容、方法等都是通过知性对教育活动的赋形得来的，是抽离了生命意识的教育概念。如果不存在教育意义，教育概念将会流于空泛，造成教育理解上的困难。可以说教育意义是教育概念的语言基础。但教育意义从何而来？意向性理论指出，意识不仅意向一个对象，

---

① 扎哈维.胡塞尔现象学 [M].李忠伟，译.上海：上海译文出版社，2007：8.

而且总是在不断充实对象，同时人们也总是通过一个意义才意向某个对象，并不断丰富关于对象的认识。

海德格尔的艺术存在论指出，艺术是"存在者的真理自行置入作品"，艺术的真理就是存在者存在的真理。"但时而作为艺术而发生的真理本身是什么呢？这种'自行设置入作品'的又是什么呢？"①这个问题道出了艺术存在的本质，所谓的真理无非是人们自行置入对象之中的，是人们对意向对象的不断充实，人们充实的内容是什么，决定了对象之于人们的意义。生命意识在教育场域中不断涌现，人们所指向的是生命的各种活动和表现，但绝非被动地接受感官印象，知性在已有的经验中不断判断着、充实着生命意识。形成一个教育判断（意向活动），不论是肯定的还是否定的，必然内隐着人们对生命活动和表现所赋予的意义。符合意向的对象意指一个观念对象，这个对象的称谓与内涵都是意识活动所构造起来的。"意识活动具有赋予一堆杂多的感觉材料（立义内容）以一个意义，从而把它们统摄成为一个意识对象的功能。因此，意识，首先是感知性的意识的最基本意向结构就在于：将某物立义为某物。"②将教育理念、内容、方法、活动等称为"艺术"，其根本原因就在于人们对其赋予了意义。意义的充实发生在直观行为与符号行为之中，只是直观行为所奠基的质料更为源始，而符号行为所奠基的质料更为综合。人的生命意识随着教育活动而不断展开，不断倾注意义而生成教育意义，最终构造出"教育艺术"这种兼具非客体化行为（情感、想象）与客体化行为（表象、判断）性质的概念。因此，"教育艺术"兼具感性与理性的特征，按照康德的美学理论，可以把"教育艺术"界定为教育活动中想象力与知性自由游戏的产物。

教育艺术中的知性与理性，并不是所谓教育实践的反思。与传统形

---

① 海德格尔.林中路[M].孙周兴，译.上海：上海译文出版社，1997：25.

② 倪梁康.胡塞尔现象学概念通释[M].北京：生活·读书·新知三联书店，1999：60.

而上学反思的、马克思主义实践反思的"意义"产生不同，这里强调的教育艺术之价值与意义的生成是通过"现象学反思"所获得的，其逻辑起点则是教育审美的"意识本身"，是通过悬置（科学概念、原理等）使思维的目光转向生命意识本身的思考，这种思维方式消解了思考意义"是什么"的主客体二元对立、现象与本质的辩证的模式（这种模式属于再造性的意识行为，都是"后思"），而是强调意义来源于意识本身，意义就在其生成中"如何是"。

（三）生命表象的综合性：构成教育概念

与通过理性逻辑演绎出来的教育概念不同，现象学意义上的教育概念的构造过程有"客体化行为"——那些可以被直观地意向对象的行为作为基础，如人们可以直观生命活动。但生命活动在人的意识中以什么方式呈现（被给予）？由于生命尤其是精神生命并不能直接表现出来，而只能以想象、回忆、预期的形式被给予，人们称之为"生命表象"。表象和客体化行为是密切相关的，一个意识表象的被给予也就是一个意向的对象化和客体化，表象构成了意识直观的基础。①但教育活动涉及的行为如欲求、好恶、爱恨、同情等不能原本地构造对象（只能成为一个符号意向），因而只能以直观的客体化行为所构造的对象为自己的对象，并表象为认知活动、情感活动或意志活动，这些活动均是生命表象的具体内容。

在胡塞尔现象学中，狭义的表象概念仅指客体化行为的一个部分，即其中的"称谓行为"，广义的表象则指整个客体化行为。②直观行为和符号行为最终在人的意识中形成关于对象的表象，不仅形成了对对象的指称，并且赋予指称对象以意义。在表象行为中，表象对象的指称与赋

---

① 高秉江.图像、表象与范畴：论胡塞尔的直观对象[J].哲学研究，2013（5）：82-87.

② 倪梁康.胡塞尔现象学概念通释[M].北京：生活·读书·新知三联书店，1999：488.

意是一个意义综合的过程，它内在地要求脱离对象具象的单一性，从而整体地把握对象的全部特性，判断不同对象具有同一性。例如，教师的讲解、演示、辅导，学生的识记、演算、作业，以及师生、生生之间的对话、合作等活动，被综合成为"教学"这一活动的表象。讲解、演示、辅导，识记、演算、作业，以及交往与对话等这些具体的活动是可以被人们直观到的活动，它们构成了"教学"的基础性内容，也充实着"教学"行为的意义。一旦这些内容与意义在教育场域固定下来，"教学"这个概念的指称与意义就构成了一个客观化的语言符号，并在语言交流中成为具有形式直观或范畴直观可能的意识对象。

但意识对象具有被"对象化"处理的危险。海德格尔区分了两种表象，一种是对存在者在场的觉知，这种觉知本身就属于在场者之无蔽状态，即"为……自行解蔽"，这是古希腊人对世界的原始认识方式。另一种表象意味着将存在者进行对象化，即"对……的把握"，这是一种现代的表象方式。对象化处理存在者，意味着在场者不再起支配作用，存在者不再是在场者，而是在表象活动中才被对立地摆置的东西，而且表象也成了主体的心灵活动。[①]海德格尔希望从表象中找到存在者之为存在的更源始的东西，而不是把对象摆置到主体面前，这种主体中心主义的表象方式正是海德格尔所批评的。

当人们抽象地谈论生命时，意识所呈现的乃是生命表象。但要想获得对生命本真的认识，必须回到生命表象的意识深处，回到生命活力、生命表现如其所是地向人们展示的源始境域。

（四）生命价值的先天性：教育价值的存在根据

生命意识的质性包括判断这种形式，但判断的依据是什么？马克斯·舍勒沿着这一思考开启了价值伦理现象学研究。价值不是一种观念存在或声称某物"有效"的主张，因为就前者而言，不可能具有独立存

---

① 海德格尔.林中路[M].孙周兴，译.上海：上海译文出版社，1997：110.

在领域的观念存在，而只有观念的"如此—存在"（如在）；而后者将价值依附于存在者的某种特性。胡塞尔现象学所理解的价值是"被奠基"的、"次生的"对象，是作为"价值化行为的完全的意向相关物"[①]，价值从属于意向对象的质料而不是质性，因此价值始终限于认识论范畴。而舍勒所理解的价值是不可还原的感受直观的"原现象"，一切价值都是作为价值感受之相关项的"质料的质性"，并作为人们情感的意向相关项而被给予的。可见，价值本身是一种先天的价值感受行为的先天的质料。正是在此意义上，可以将这种自身被给予的"原现象"称作"价值先天"。[②]

据此，生命价值绝不可被理解为生命的某种特性，而应该把生命理解为人类生命活动的价值先天，生命价值就是一种价值先天。同样，教育价值也不能理解为"善的事业"，这种把教育当作"善业"理解忽视了"善意"是"善业"的先天条件。没有善意何来善业？正是人们在教育活动中始终敬畏生命价值，持有善意，教育才可能成为善业，教育意识在先，教育的客观效果或"价值性"在后。然而长期以来，对教育的对象化把握使得人们惯常于界定教育的属性、划分教育的功能、分析教育的要素，忽视对教育之为教育的先验条件的探讨。在这种对象化思维之下，教育事业置于教育价值之前，生命被抽象化为符号，生命的"价值性"也被预设成为教育成功与否的经验之物。现代教育推崇生命价值，就应当警惕那种将生命作为对象化、技术化的存在者，因为"生命体在培育和利用中从技术上被对象化了……归根到底，这就是要把生命的本质交给技术制造去处理。"[③]生命价值本身就是教育价值的"原现象"、元

---

① 张任之. 价值先天与价值存在：舍勒质料价值伦理学中的价值现象学—存在论 [J]. 道德与文明，2012（1）：56-61.
② 张任之. 价值先天与价值存在：舍勒质料价值伦理学中的价值现象学—存在论 [J]. 道德与文明，2012（1）：56-61.
③ 海德格尔. 林中路 [M]. 孙周兴，译. 上海：上海译文出版社，1997：304.

价值，只是现代科学理性让人远离了人性和真正的生活，遗忘和遮蔽了本真的生命价值，原初的教育价值则沦为善业的衍生价值、工具价值。

在能直观生命活动与生命表现的教育场域中，教育意义与价值是随着生命意识一同给出的，"就像我们在自身的可爱中流露着一种先验的善意"，让我们"对这个世界自然开放和悦纳"，而不是把自己设定为教育行动的主体，从而对"所面对的人和事设定为教育或改造的对象，并有意识地向他们施加某种概念化的影响或打上我们自己的烙印。"①用舍勒的话说，"价值走在对象前面；价值是对象自己的特殊本性的第一'信使'。当对象本身还是含糊不清时，价值就已经可以是清楚明白的了"②。教育价值不是教育经验的抽象之物，也非从"善业"演绎出来的原则和教条，它是先验的价值存在而非经验性的存在者。

教育审美意识本质上首先是人的生命意识，其次才是作为教育主体的角色意识。教育者意识到自己的教师角色及其责任，受教育者意识到自己的学生角色及其任务，都是生命意识社会化、情景化之后的结果，生命意识才是教育行动意愿、动力的本源。"我们的本性之中就有教育的基因"③，有朝向自身及他者的生命意识，可以说是生命意识充实了人们对教育的全部认知。从这一点看，教育艺术是生命意识在教育场域内形成的意向判断，它根据人的生命存在状态自行判断着教育活动是否偏离了教育之本原。因此，所有的教育概念、理论必须回到生命的原点，回到生命意识被给予的原初的生活世界，回到教育概念、原理的前科学、前逻辑的根，人们才能得以在教育学领域"建立世界"与"制造大地"，才能谈论教育艺术的所是及何所是。

---

① 康永久.教育学原理五讲[M].北京：人民教育出版社，2020：21，23.
② 舍勒.伦理学中的形式主义与质料的价值伦理学[M].倪梁康，译.北京：商务印书馆，2011：40.
③ 康永久.教育学原理五讲[M].北京：人民教育出版社，2020：120.

第四节 教育艺术的审美要素：生命活动、表现与体验

教育艺术是各种关于生命的观念在人们意识中的综合，它与人们对生命的意识密切相关。生命活动、生命表现和生命体验是教育艺术得以在人的意识中生成的三个要素，或者说是教育艺术得以生成的三个基本事件。其中，生命活动与教育的内容和形式相关，生命表现与学生的学习生活相关，生命体验与师生的教学效果相关。这三个要素贯穿整个教育场域，始终以生命活动、表现与体验作为意向的具体内容，使得教育艺术在现实的教育事件发生之中直观地向人们显现。人们所说"教育艺术显现"，并不是说它作为一个实在之物向人们显露其"真实面貌"，也不是说它作为一种实践技艺在教学的方式、方法、规程、要领上已"炉火纯青"，更不是说它带给人"出神入化乃至神秘的感觉和享受"[1]，而是说它总是随着教育场域的变换，人对生命活动、表现和体验的各种感悟而不断变化，但人的意识对教育活动所给出的"是艺术"或"有艺术性"的判断不变。因此，教育艺术在本质上是不断生成着的、朝向生命存在的意识构造，它不仅意味着意识活动朝向生命的"朝向特征"，还意味着对意识对象的"创造功能"。[2] 这个意识对象就是生命活动、表现与体验，意向构造的成果即为"教育艺术"。

一、生命活动的"教育转换"蕴含教育艺术的形式

在现代西方哲学中，生命问题与思的问题、存在问题可等量齐观，不论是思维还是存在，都必须承认生命存在这个基本事实。同样，生命

---

[1] 扈中平. 现代教育学 [M]. 北京：高等教育出版社，2010：98.

[2] 倪梁康. 意识的向度：以胡塞尔为轴心的现象学问题研究 [M]. 北京：商务印书馆，2019：13.

活动也是教育场域内的最基本的事实，学校教育所提供的各类教育、教学活动在本质上都是生命活动，它们为个体生命的绵延提供了寓所。由于生命时时刻刻在变化，而且这种变化始终是异质的、不可预测的，[①] 所以学校教育必须提供多方面的教育活动以满足人的生命需求。这些活动不仅包括人现实生存所必需的知识和技能教学活动，更重要的是要指向解放人被束缚的身体、打开人受现代性蒙蔽的心灵，以及重新认识自我与他者、个体与社会、现实与历史的相互关联，正是后者才是人的精神存在所能诗意栖居的地方，也是人本质的生命能量聚集之所。

（一）生命活动的"教育转换"

叶澜老师指出，教师的创造表现在"转化"上，他把人类的精神财富转化成学生个人成长的精神财富。这个转化的艺术，就是教育的魅力。[②] 具体而言，学校各类课程及其基本内容与形式都是围绕学生的生命活动而展开，学生的抽象思维、想象力、身体本身、情感、态度、价值观念等都是课程设置所考虑的因素，不论这些课程如何抽象，它们都能还原到人的基本生命需求，并围绕这些需求指导人开展生命活动。可惜的是，当前学校教育的课程设置并没有真正按照人的生命需求来安排生命活动，而更多的是按照人的生存需要来安排"学习活动"，这些课程要么是指向个体当前社会适应需要的，要么是指向未来生活需要的，人本真的生命存在被现代学校课程所遗忘了。

生命活动在课程设计的一般原理中，已被高度抽象化。按照对人身心发展的自然理解来重组生命活动，只能算是人类的"制作"活动，即按照某种既定的目的和标准来设计人的生命活动，生命本身的存在维度被隐匿起来了。钟启泉对课程远离生命的现象做出了解释：课程因被窄化为"公共的知识"和"预设的计划"屏蔽了儿童学校生活与其日常生

---

① 张汝伦.现代西方哲学十五讲[M].北京：北京大学出版社，2004：84.
② 叶澜.叶澜：读懂教师，才能读懂教育[J].云南教育（视界综合版），2023（合刊1）：20-21.

活的联系；教学因被固化为知识传递的特定程序与步骤泯灭了师生的探究性和创造性；学习因被矮化为机械的接受和训练放弃了儿童应有的自主且负责任的创造性行为。概言之，我国课程与教学领域占据主流地位的概念框架的核心问题在于目中无"人"。对实利知识的专宠导致纯粹的才智作为精神的假象掩盖了人类精神的匮乏。课程与教学愈来愈远离教育的本真诉求。①

生命活动是人成其所是的基本形式，因此生命活动决不能被现实化为生存活动，课程与教学活动更不能被设计为生存训练。当代学校课程理念非常重视对生命活动进行教育重组，呼吁"基于学生生活经验、寻求理解和意义、投入世界中的"整体教育，②强调作为学生经验或体验的课程，其背后都有现象学理念对课程理论的影响。"五育并举"的学校教育只是为学校课程大致框定了方向，在具体的课程实施中仍要返回到学生具体的生命活动中来。"课程内容即学习活动"就是课程选择的一个基本取向。叶澜指出，生命性是作为教育世界创造者的未来教师的专业素养，但学习活动不能只注重学生外显的活动，而不关注学生内隐的精神生命成长，否则只是形式上"热闹"，教育意义上的生命活动并没有真正发生。③很显然，只有生命活动转化为教育活动之后，才能成为教育艺术的活动载体。教育艺术取向的生命活动注重的是人内在生命的精神能量，学校课程的价值就在于使得学习活动发生具有生命性的"教育转换"。

（二）教育性与生命性的交融绽出教育的艺术形式

基于生命活动的课程设计与教育转换是依据社会与人的理想状态来进行的。理想社会的建构与理想的人的培育，需要教育对生命活动进行

① 钟启泉.追寻课程与教学的本真意义 [J].教育科学论坛，2008（2）：1.

② 安桂清.整体课程论 [M].上海：华东师范大学出版社，2007：13.

③ 叶澜，郑金洲，卜玉华.教育理论与学校发展 [M].北京：高等教育出版社，2000：271.

"艺术处理",好的教育就会具备一定的艺术形式。

柏拉图的《理想国》与卢梭的《爱弥儿》中就有大量典型的、经过艺术处理的生命活动设计。柏拉图将人的生命活动分为三个层次,生产者的生命活动在于"制作"生活资料,其生命本质是节制;护卫者的生命活动在于"守护"城邦安全,其生命本质是勇敢;哲学王的生命活动在于"思考"城邦正义,其生命本质是智慧。柏拉图运用了大量的身体隐喻,把人的生命活动、欲求与城邦的正义联系在一起,并在身体教育上倡导健康与勇敢,在艺术教育上倡导朴素和节制,在智力教育上倡导辩论与智慧。以生命活动的"善好"来隐喻城邦国家的"善好",事实上国家就是人的精神的"扩大"。[①]基于善的理念,生命活动必须进行"艺术处理",那些渎神的戏剧、使人意志萎靡的音乐必须逐离出课程之外。爱弥儿的生命活动就是自然人的日常生活,其教养的获得主要来自自然奖惩。有一个情节深刻体现了导师对爱弥儿劳作活动的教育艺术,导师秉承自然教育理念,顺应爱弥儿模仿农人劳作、耕种的自然冲动,鼓动并帮助爱弥儿像农人一样耕作,种植属于自己的劳动果实。但导师并不是首先教他关于土地的财产观念,而是让他在冲突中明白何为劳作、何为财产以及如何面对痛苦、与人妥协。[②]这是被卢梭精心设计的生命课程,不仅仅是教人如何劳作,或是认识财产观念,而是提供一个生活契机——艺术处理过的课程,让爱弥儿通过生活自然学习。

现代学校教育中的课程早已是经过高度"艺术处理"的课程和体系,生命活动被按照不同的教育需要进行课程划分、组织和设计,生命活动分解为不同种类与形式的课程与教学活动。不论生命活动在课程与教学设计的"教育转换"中是否被抽象化,生命活动都必须经过人为的"艺

---

① 博伊德,金.西方教育史[M].任宝祥,吴元训,译.北京:人民教育出版社,1985:34.

② 唐燕,高德胜.现代劳动启蒙教育:卢梭诗学故事"爱弥儿种豆子"探幽[J].现代大学教育,2020,36(6):46-54.

术处理"才能成为学校课程。在"艺术处理"过程中,课程与教学在形式上体现了教育作为一种引导生命的艺术创造。生命活动的"课程转换"必须以符合教育本质规定的形式体现在教育活动之中,课程与教学的组织、设计、实施方式必须蕴含生命性与教育性这两重维度,必然会绽出生命性与教育性融合渗透的教育艺术形式。比如以语言表达为主的教育艺术、以情感体验为主的教育艺术、以理智训练为主的教育艺术、以情境创设为主的教育艺术、以合作学习为主的教育艺术等形式,以及这些形式的结合。

学校教育就是为了促进人能本真地表现生命而去创设各种活动与机遇,为人的生命发展提供可塑形式。生命活动经过教育转换之后所获得的形式或效果,就"如同水摆在滤器里,再现于器的另一端时,虽还是原水,却已不同"[1]。可以说是教师的教育组织、设计,以及教师的精神付出使得一般的生命活动获得了艺术化的形式。所以,生命活动的教育组织和设计并不是机械的,它本身需要融入教师的精神生命,才能激起学生的精神生命。

二、生命表现的"教育期待"促成教育的艺术表现

表现与概念是心灵认识活动的两种基本形式,前者构成艺术,后者构成科学或哲学。表现有赖于直觉的知识,概念有赖于理性的知识。直觉给人们的是"这一个"的现象世界,诗人的文字,音乐家的乐曲或画家的图形;羞愧时的面赤,愤怒时的咬牙切齿,快乐时的目光闪烁;甚至某度数的热是寒热病的"表现",汇率高低是国家货币的"表现"等。[2]艺术表现、生命表现、自然表现,唯一的区别就在于有没有"心灵意义的表现"。生命表现中的"心灵意义"得到集中与强化,心灵参与审美

---

[1] 克罗齐.美学原理·美学纲要 [M].朱光潜,译.北京:人民文学出版社,2008:20.
[2] 克罗齐.美学原理·美学纲要 [M].朱光潜,译.北京:人民文学出版社,2008:86-87.

的综合作用，就成为艺术表现。

生命表现是人的主体性彰显的基本特征。"我们在用'说话'的字眼时，本是用推喻义，就是指一般的'表现'"①，可见"表现"并不限于文字、图像、音符等，表现不是诗人、画家、音乐家等艺术家的专长，说话就是普通人最惯常的表现。生命表现没有预演，它在生命活动中一次性生成、给出，因而也是纯粹的。艺术的"一次性"，是由于其是当下生命的凝聚。②人先天具有生命表现的兴趣，充满表现生命的欲望。教育引导人生命表现的意义在于引导人识别生存假象，寻找生命的本真意义，在生活中表现本己的一面。生命无时无刻不在表现自身，生命存在与生命表现共在，因而人才彰显主体性并具有自我同一性。教育主体对各自生命表现充满了期待，这是人生命存在教育场域内自我认同的方式。教师不仅期望学生能有更好的学习表现，其对自身的教育教学工作也有一定的预期。学生在学校学习生活中，不仅对自己的学业、友谊、魅力乃至未来满怀期许，而且对教师的教育教学能力、行为、方式与教师本人的人格魅力均有期待。这种普遍存在于教育场域内的、教育主体各自或相互期待，即为教育期待。教育期待强化了教育主体对自身角色的主动承担，通过对角色的表现和显示以实现自我投射、自我呈现，并最终达成自身敞露。③在一定程度上，教育期待决定着教育主体的生命表现，而生命表现又具体化为教育生活中的各种表演行为，教育的艺术表现就经由负载着教育期待的表演行为投射出来。

表现并不仅仅有利于教师在教学表达中的主体性和创造性发挥，也是教学表达走向艺术的关键，其原因主要是表现始终是艺术本质的重要

---

① 克罗齐.美学原理·美学纲要[M].朱光潜，译.北京：人民文学出版社，2008：26.

② 李景林.教化的哲学[M].哈尔滨：黑龙江人民出版社，2005：6.

③ 李政涛.教育生活中的表演[D].上海：华东师范大学，2003.

显现。① 真正的教学艺术存在，是有一定的思维品质、人文情怀和价值哲学支持的，是一定的教师在一定的教学现场自然创造出来的，并最终转化为师生教学审美感受的教学过程本身。②

（一）生命表现的自然性需要经由教育引导

生命表现具有一定的自然性。人的各种情绪、情感宣泄，对自然世界的好奇反应，在社会情境中的自我表现，都带有自发的偶然性。教育的意义就在于引导人的自我生命进入一个教化的世界，生命表现的自然性必须经由教育引导而合乎现实的生活世界。经由教育引导的生命表现是主体与其生活世界的"恳谈"，一方面教育引导主体学会倾听生活世界的诉求，另一方面生活世界敞开怀抱期待主体本真的生命表现。教育减缓了人被抛入世界的痛苦，与其说是人在主动打磨其生命表现，不如说是生活世界在通过教育引导其生命表现，正是教育引导使得人的自然生命打上了教化的印迹。

生命表现即人的受教育性。生命表现面对来自生活世界的本真召唤，不得不接受被教化的命运，人的生命表现总是期待合乎教化的表现，人的教育因此能得以发生。为了更好地引导人做出合乎教化的生命表现，教育必须满足人的自我期待与教育期待，用知识与文化来完善人的生命表现，提升人的生命质量，人本真的生命存在才能更好地被生命表现所诠释、表征。

（二）生命表现作为受"教育期待"的表演性行为

表演是一种深度的表现③，可以将教育场域内的表演性行为视为生命表现的深度表现。人在日常生活之中总是在自我表演，不是在"给予表

---

① 刘庆昌．重新审视"教学艺术"问题 [J]．课程·教材·教法，2020，40（8）：46-52，71.

② 刘庆昌．关于教学艺术的基本理论判断 [J]．四川师范大学学报（社会科学版），2020，47（4）：85-93.

③ 李政涛．教育生活中的表演 [D]．上海：华东师范大学，2003.

现",就是在"流露表现",这是人的两种交往方式。①人通过主动给予表现而获得自身展示,而且期待交往者的流露表现而获得反馈。所以人总是对自身表现有期待且对交往反应有期待。在教育生活世界中,教育交往主体总是相互期待着合乎教化的生命表现,期待具有艺术性的表演性行为。杜威提倡在学校多采用表演的形式进行教学,因为表演可以让学生有身临其境的感觉,表演最能体现做与学的深刻联系,②教师需要做的就是不断给学生提供表现性行为的实现机会,把师生双方潜在的教育期待通过教育表演而展现出来。

教育场域本身代表着社会教化的期待,它使得教育主体的生命表现成为一种表演和观看,表演性行为的艺术表现象征着教育的艺术表现。教育活动中的游戏与奖惩,教育语言中的幽默与睿智,教育交往中的友谊与真诚,都可以图像化为"教育剧场"中的表演和观看。教育的情境性驱使教育主体去表演和观看,教育主体的表演和观看又不断影响着教育情境。极富张力的表演和观看行为被教育期待所充实,此在的生命表现"逼迫"教育活动采取富有艺术性的表现形式。当然,本真的生命存在总是朝向自由自觉的,具有超越现实的可能性。教育主体的教育期待会随着教育活动的展开而动态调整,不断主动创造更具有自我表现性的教育表演行为,以合乎本真生命的自由自觉。不论教育主体是主动还是被动地完善自身的生命表现,其教育表演行为总是在彰显自身存在,回应教育期待,因此教育的艺术表现得以动态生成。

目前教育界对"表演"的理解显现了技术化和工具化的特征,"表演"主要作为一种教学方法或者教育策略,而不是教学理论,更不是教育理论的一部分。教育场域内的表演性行为必须与生命表现结合起来,

---

① 戈夫曼.日常生活中的自我表演[M].徐江敏,译.昆明:云南人民出版社,1988:1-4.

② 王坤庆,张玉琴.杜威审美经验论的教育价值探索[J].华中师范大学学报(人文社会科学版),2020,59(1):165-172.

将表演和对表演的理解作为人类生命存在、教育存在的基本事件。作为生命表现的教育表演性行为，为教育的艺术表现提供了一种视角，"它指向生命本身，它通过关注表演和观看表演促进个体生命在肉体和灵魂等各个方面（如体质、知识和道德等）的成长、发展与完善"[①]，从而避免使生命表现沦为教育技艺操作的对象，真正确立生命的教育本体地位。

生命表现是人生命存在的现实指针，各种生命表现的背后，隐藏着生命主体的生存价值与意义。鉴于现代社会中生命表现呈现价值多元、疏空乃至虚无的境地，教育在引导人生命成长上必须有价值倾向性。艾伦·布鲁姆（Allan Bloom）曾对生命表现的价值虚无进行了嘲弄，"灵魂成了一个供定期换演节目的剧团使用的舞台——有时上演戏剧，有时上演悲剧；今天是爱情，明天是政治……"[②]教育艺术之所以直指人的生命存在，主要体现在教育对生命表现提供了价值引导。在当今生存主义、价值虚无主义盛行的时代，学校教育被工具理性与功利主义所控制，教育艺术就越发显得弥足珍贵。

（三）教育主体的彼此默契显现为教育艺术的生命表现

经由教育引导的生命表现已经脱离了生命的自然性与本能的自发性，但是否生命表现就意味着教育艺术表现，还要看它是否符合教育主体的教育期待。教育期待是由师生双方主体交互达成的"默契"，并非约定俗成，难以用制度、语言外化出来，因此教育主体间的生命表现是否相互默契、彼此和谐，是教育艺术能否生成的关键。

教育活动不是教师或学生单方面的生命活动，在整个教育场域内，师生、生生处于表演和观看的交互状态贯穿教育过程始终，教育主体间的生命表现、教育期待本身就是师生、生生的交互主体性的体现。教育期待以默契的方式在主体间悄然发挥作用，约束彼此的教育行为，成为

---

① 李政涛.教育生活中的表演 [D].上海：华东师范大学，2003：24，26.

② 布鲁姆.走向封闭的美国精神 [M].缪青，宋丽娜，等译.北京：中国社会科学出版社，1994：162.

一种隐性的教育影响。在教育主体的相互期待、彼此默契中，教育活动显得轻松自在、氛围和谐，教学相长方可得以发生，教育艺术方可显现。正是教育主体间相互怀有期待，彼此保有默契，生命表现才可能生成教育艺术，期待与默契才得以显现为教育艺术的表现。

情感是艺术表现的生命，也是教育艺术表现的保证。"艺术作品必须表现一定的情感才能使作品成为'灌注生气'的整体，才能使作品获得审美意义，成为艺术欣赏的对象。"①如果将整个教育活动比作教师艺术创作和学生的艺术体验，那么教育主体的情感投入及情感体验则是教育活动充满生机与活力的保证，无生命表现的抽象的教育不可能显现出教育艺术。生命表现的前提是交互主体性，教育者与受教育者处于平等的主体地位。在不对等的情况下，即便生命有所表现，那也是在消极价值引导下的"奴化"表现。

生命表现与人的具体认知结合在一起。在知识教育中，教师往往将知识的逻辑体系与结构通过艺术化的形式与诗化语言、生活现象联系在一起，使得知识与人们的身体、习性、情感、生活融为一体，成为具体的知识，大幅增强了知识传递与接受的效果，也使得教育者教得轻松，学习者学得愉快。教学表现要求教师不仅要有语言表达的基本功夫，还要有对知识、情感和价值的内心预先感受。因为表现并非一种表达行为的修辞艺术，其内容是与知识、情感和价值相关的内在体验。如果没有内在的体验，表达也只能是表达，而不可能转化为表现。②总之，好的教育活动既要呈现出表层的艺术效果，又要表达深层的教育价值，教育才能作为艺术越出教育情境的时间与空间。

---

① 科林伍德．艺术原理．王至元，陈华中，译．北京：中国社会科学出版社，1985：4.
② 刘庆昌．重新审视"教学艺术"问题 [J].课程·教材·教法，2020，40（8）：46-52，71.

三、生命体验的"教育想象"充实教育的艺术体验

生命表现与生命体验是统一的，主体在表现生命的同时，也完成了对自我生命的体验。与生命表现不同的是，生命体验直接朝向意识体验内部，其实项内容是情感与想象。胡塞尔现象学所感兴趣的体验，是作为纯粹的意识或意识一般，而不是作为心理学的处于意识中的意识活动这种心理现象。现象学的体验着重研究意识活动之结果的意识对象部分，即它不关注"我思"，而关注"我思"的对象（意识对象构造）的问题，它是通过先验还原排除了一切事实性因素之后的现象学剩余。

教育活动要作为可被"欣赏"的艺术作品，而不是被"评价"的行为对象，必须保持对教育生机与活力的想象力。艾斯纳在其《教育想象——学校课程评价与设计》中，论及教育鉴赏和教育批评对实现教学艺术具有关键作用，这说明教育艺术的创造和欣赏均离不开教育主体的体验与想象，否则教育艺术只是一个空洞的观念。这里并不是说教育艺术是依靠教育体验和想象构建起来的，而是说教育艺术之存在离不开人的教育体验与想象。

在中小学语文教学、艺术、体育教育中，想象弥补了人无法充分亲身体验的缺憾，往往能带来语言描述所无法达到的效果。以想象来促进教育体验和理解，已经成为一种重要的人文主义教学方式。但作为教育方法的想象，并不是本研究所指的教育想象。现象学意义上的教育想象是意识内容而非意识活动出现的，并不是要突出想象的生产性功能，而是确证想象对象存在或不存在的依据。

（一）生命体验激发教育艺术想象

生命体验本身基于人的情感与想象，因为体验作为意识行为所指向的内容就是情感与想象。所谓生命体验激发想象，是指一个基于情感与想象的体验可以使想象无限丰富、持续，扩展了人们对生命的可能认识。教育活动伴随着人的生命体验，也必然会伴生出对教育的期待和想象。

教育想象是对美好教育的理想性期待，包括教育主体对自身以及交往对象、教育活动的内容、形式与结果的美好想象，其本质是生命意向在现实教育活动中的投射。

不论个体在教育场域的生命体验积极与否，都可能伴随着教育想象。往往积极的教育体验会掩盖人的教育想象，而消极的教育体验却能激发人的教育想象，因为教育主体的意识深处希望通过教育想象来获得替代性的补偿。现实中教育活动并不可能令每一个教育主体都有积极的生命体验，也不可能让每一个教育主体的教育想象主题、内容都趋向一致，它是极具个人化、私密性的潜在教育需求，对教育者的教育敏锐度、观察力提出了很高的要求。正是生命体验伴随着教育想象，恰恰为教育者的艺术洞察性、创造性提供了表现机会。在此意义上，教育者需要置身于学生需要的视角，敏锐地捕捉学生的"表现流露"，甚至通过艺术性地"给予表现"来获得来自学生的教育反馈，从而改善自身的教育活动。从学生的角度讲，其教育生命体验需要保持积极、健康，不断地自我表现、确证，当他／她从现实的教育活动得不到满足时，教育想象抚慰了他／她的消极体验。教育者总是置身于具体的教育场景和教育过程中，其教育行为在一定程度上取决于对场景的敏锐感知、对过程的整体洞察，教育艺术就表现为教育者的生命体验。

（二）教育想象充实教育艺术体验

教育想象的存在为教育主体的教育行动改进提出了可能，缺乏教育想象的人，很难有动力做出教育改变，可能的现实永远停留在可能的层面，无法成为人的现实。精神开阔，想象活跃，心灵自由，人就能充分享受创造的可能。教育想象指引人朝向自身意识深处，想象所编造的场景、预设的人格、构想的理想性方案等充实了人的体验。由于教育想象所充实的教育体验往往是真实的教育场域中主体有所缺憾的体验，如教师的教育行为未能有效激发学生的学习行为，学生没有达到教师所期待的教育表现，或是教师未能满足学生的学习、心理需求等。

教育想象作为教育生命意识的内容，作为替代性的教育体验，恰恰说明了教育艺术的不在场。哪里有教育想象，哪里就有对教育艺术的呼唤。教育想象处于教育现实与教育理想的"争执"之中，它召唤着教育主体对教育艺术的切近、启开，教育艺术作为有待生成的东西被"先行体验"了。完美的学校生活首先存在于精神想象之中，存在于对美好的向往与自我突破之中。自我的暗示和鼓励，对不利处境的应对与困难的克服，得到来自教师与同学的帮助，能转换为自我教育的积极动力。这种蕴含、激发和使用想象力的教育活动，就是教育艺术的自然呈现。

如果不能充分体验教育情境中的变化、节奏、情感以及心理预期，则难以产生教育的艺术体验。学校教育离不开学科知识传授，也难免会产生晦涩、枯燥、无趣的教育体验，但辩证地看，这种消极体验推动着教育者不断创造性地改进教学，不断站在受教育者角度去想象、体验所遇到的问题和困难，使得教学改进成为可能。师生之间想象力在教育情境中不断遭遇并交锋，共同创设并改变当前的教学内容和节奏，消极的教育体验也将朝着积极的教育体验转变。可以说教育想象不断打开并开拓教育的艺术空间。

总之，生命意识体现在生命活动、生命表现与生命体验之中，它们充实着教育意识世界，建构着现实的教育世界，制造着教育艺术所扎根的"大地"。随着生命活动向教育活动的转换，生命表现中的期待与默契、生命体验中的想象与呼唤，使得教育艺术从被遮蔽的状态中出场，并通过生命活动、表现与体验自我持存下去，因此人们对教育艺术的认识也得以从模糊、混沌之中获得清晰的审美意象。

第四章　教育艺术之审美经验

　　艺术感知依赖于人的审美经验。当教育经验完善到一定的程度，就必然能呈现出教育实践活动的艺术状态或境界吗？显然不是。既然教育艺术的理论研究需要返回到对教育前反思的、原初的意识，注重描述和分析教育艺术的审美意识过程，那么教育艺术所依赖的经验，就不是科学反思后的实践经验，而是反思前的审美经验。

　　杜威曾在《教育科学的源泉》中批评对经验性的教育中"立竿见影的做法"，把"课堂背诵""课堂秩序""考试合格"等当作科学信条来遵从，"把统计学研究和实验室实验的结果变成学校管理和教学的指南和规则……将思维结论转化成为学校实践的直接规则"，这"破坏了教育艺术自由的发展"，是教育艺术的最大敌人。杜威并非故意制造教育科学与教育艺术的对立，相反他非常尊重经验—实证科学对教育实践的改进作用，他只是反对把科学反思经验当作教条并盲从教条。在《艺术即经验》中，杜威通过"一个经验"的概念消解了艺术与生活的隔离，但"一个经验"与经验—实证科学中经验的内涵完全不同，它已经带有海德格尔的存在论现象学意味，它是一种前谓词的源始经验，而不是一开始就作为具有科学意味的谓词经验。教育艺术经验包括创造经验和审美经验两个方面，即杜威所说的"做"（doing）与"受"（undergoing）的统一。由于"受"的审美经验没有得到重视，使得人们把教育艺术惯常地理解为"教师的教学经验"的精湛表现，这实际上是把教育艺术与教育"技艺"等同起来。正是从"受"的角度，教育艺术之美才能得以显现，教育与艺术、审美的关系才真正从实践的、内在的关系上得以统一。经验—实证科学中的经验是把经验作为主体改造客体的主客二分的经验，审美经验是主客未分化的经验、源始的经验。如果把经验作为客体对象，教育艺术就不可能存在于教育科学的研究范畴之内。

审美经验不同于人们一般意义上理解的实践的经验或反省的经验，它是对美丑、丰富或单调等的直觉，而不是实践经验的反思与积淀。经验一词的含混性在一定程度上会阻碍人们对现象学的认识，因为这个词与体验很难区分。反思的经验不能作为审美对象，但作为意识过程的人的体验可以作为对象之物，因为体验本身就是作为视域中的内容参与形成意向对象的活动，教育艺术的审美对象是意向性构成的。

按照杜夫海纳的理解，审美经验揭示了人与世界的亲密关系，在人类经历的各条道路的起点上，都可能找出审美经验，它开辟通向科学与行动的途径。人类在与万物混杂中感受到与世界的亲密关系这一点上，审美经验处于根源的位置上。① 要通过审美经验来完成现象学还原，必须保持审美经验的纯粹性，就需要把教育审美经验中的概念（如教育目的、原则、方法等）等智性的因素"悬置"起来，把实践活动"中立化"，客观描述人的知觉所把握住的东西。如果说某人明显地以一种求真的科学态度、或以一种求善的道德态度，或以一种日常的实用态度对待艺术品，由此产生的经验当然不能算作审美经验。② 杜夫海纳认为，审美经验不是僵死的对象，它竭力以生命的鲜明形象向人们显示。审美经验必须置于艺术生活之中，在特定的生命表现、生命体验中转化为特定的艺术经验。由此，将教育审美经验视为一种精致的教育生活经验，看作人的生命活力的有节律地释放，消除了人和周遭世界交往的区隔。

---

① 杜夫海纳.美学与哲学[M].孙非，译.北京：中国社会科学出版社，1985：译者序2-3.
② 王汶成.论"艺术审美经验"的涵义[J].烟台大学学报（哲学社会科学版），2006
（3）：291-297.

　　杜威曾指出，"在英语词汇中，没有一个词明确地包含'艺术的'（artistic）与'审美的'（aesthetic）这两个词所表示的意思。前者主要指生产行为，后者主要指知觉与欣赏行为，缺乏一个术语将两种行为统一为一个过程，这是不幸的。"①生产的艺术与欣赏的审美，不可分割成为两个互不相干的活动，它们在人的生活世界中原本是相互支持的。讨论艺术不能仅仅从艺术家的审美经验出发，也要从欣赏者的审美经验出发，是审美经验决定了一个作品是否"艺术的"。可以说，审美是艺术得以出场的方式，没有审美的眼光，就无所谓艺术。虽然"人按美的规律进行构造"，人将其本质力量倾注到实践对象上，但没有审美态度和审美眼光，人的实践活动就不可能转变为"艺术"，人的实践产品也不可能成为"艺术品"。因此可以说，艺术不仅仅是古希腊人那样的闲暇的产物，或者是人过剩的精力对于游戏的渴望，它必须也是伴随人对生产实践和日常生活审美需要的结果。

　　作为审美的人，审美经验存在于人的日常生活经验之中，存在于人的实践活动之中，日常经验成为连接生活与艺术的节点，审美经验使得日常生活中的实践活动艺术化成为可能，艺术对于现代人的内涵与意义正在持续扩张。"艺术"这个词不再局限于高贵的古典艺术与古代艺术作品，而是扩充到人经验的完满与生命力的表现。杜威在解构"高贵艺术"时，就非常注重艺术与经验的联系，重视生命力这个艺术之源。"将艺术和审美知觉与经验的联系说成是降低它们的高贵性的说法，只是无知而已。经验在处于它是经验的程度之时，生命力得到了提高。"②日常生活中的实践活动虽不是"高贵艺术"，但它强化了人们的生活经验、人生经验，让人对生活质量、生存质量时刻保持敏锐，因此人的生命更具有活力。从教育实践活动、教育生活世界的角度看，正是审美强化、美化、完善了人的教育经验，使教育艺术得以在人们的意识中出场。

---

① 杜威.艺术即经验[M].高建平，译.北京：商务印书馆，2005：49.
② 杜威.艺术即经验[M].高建平，译.北京：商务印书馆，2005：19.

　　教育经验具有生产性，但片面强调生产性的活动，其最高境界只能达到技艺的层次。而教育审美经验并不刻意追求教育实践活动中的生产性，而是追求审美自由的超越性，可以说教育审美经验是对日常理解意义上的教育经验的否定和扬弃。以生产性的功利目的作为追求对象的教育经验，是无法真正尊重生命的，它只能导向教育实践活动中人的物化。本真性的教育内在地要求教育经验褪去人现实生存的功利性，自觉地捍卫人生命存在的精神性，因此它才进入超越性的自由领域。审美是人的内在本性，人通过审美而获得心灵的自由。当人不自觉地使用审美的尺度来"打量"他所构建的世界时，他便建立起了某种生活艺术观，将"美"这种空灵、缥缈的东西融入了身体、生活之中。因此，教育不仅因其与人超越性的、向往自由的内在精神生命相连而能进入纯粹的（非功利的、静观的）艺术境界，也能通过现实的教育生活世界构建起实用性、经验性的生活美学。

　　教育活动中的审美每时每刻都在发生着，正是有教育审美活动的存在，教育才有被称作"艺术"的可能。教育审美以审美的态度来对待教育现象，创设教育审美活动，使教育主体获得活生生的教育审美体验，表达人与自我、人与人、人与社会的交流经验，从而理解人类的一切文化财富。[①]可以说，教育审美离不开教育活动中人的审美意识，也离不开人在教育生活世界中的审美经验。教育艺术要向处于教育情境中的人显现出来，除了人的审美意识参与，还离不开人的教育审美经验。一方面，教育艺术强化了人的教育审美经验，使得人的经验变得连续、完整，为人的生命成长奠基了坚实基础。另一方面，教育审美经验也使得人的教育审美意识变得更为自觉，提高了人的教育审美能力，增强了人对教育艺术的感受力与创造力。

　　这里并不是有意将教育审美活动与教育实践活动等同起来，把审美

---

① 袁鼎生.教育审美学[M].桂林：广西师范大学出版社，2001：1-2.

活动附属于实践活动，或以实践活动规律应用于审美活动，并且，审美活动并不是要代替实践活动，审美经验也不能代替实践经验。要指出的是，并不是所有的审美活动必然伴随着实践活动，但实践活动中一定有人的审美倾向或意识存在。审美是生活不可或缺的精神存在。但审美如何在意识结束之后转变为经验之物，如何影响人的现实生存？这需要人们将教育审美经验结构和特征揭示出来，看看它对教育实践活动有什么影响和作用，如何使得教育艺术显现并持存下去，即探讨"构成审美经验的东西"和"审美经验能构成审美东西"，是本章的重点内容。

第一节　教育经验与教育审美经验

"教育经验"是一个容易引起误解的教育概念，它使人误以为凡是对教育实践活动有所反思，所保留下来的必定是有益的教育经验。"教育经验"之所以容易被误解，是因为人们长期将"经验"作为一个名词来理解，即理性反思之后具有客观性、科学化的留存物。这种"经验"的理解方式无法窥见教育艺术之奥秘。首先，把教育实践活动作为反思的对象，必定会把处于特定教育情境中的人作为反思对象，那么教育经验必定是"认识性"的，教育仍然没有脱离主客二分的认识论范畴。一旦将"教育经验"模式化，成为某位教师、某所学校特有的教学或教育模式，甚至成为别的教师、别的学校所学习和模仿的对象，教育就成了生产，而非创造。艺术的敌人不是丑，而是机械地重复和单调。"一切刻板地合规则的东西本身就有违反鉴赏力的成分"[1]，而作为认识对象的经验往往容易变得刻板，因为它没有注重知性与想象力的协调。其次，经验本身具有审美期待的性质，它包含了行为者对其下一个行为的期待。如果是交互主体行为，则包含了对他者行为的期待。"教育经验"往往只注重实践

---

[1] 康德.判断力批判[M].邓晓芒，译.2版.北京：人民出版社，2002：79.

者的反思，强调的是教育者"做"的一面，忽视了受教育者"受"的一面，不能整体性地考虑教育主体之间的经验互动，也无法使得教育活动具有教育主体相互欣赏、相互期待的性质。最后，"经验"大多数情况下被理解为"走出了误区"，从某种偏见中获得纠正，这实际上割裂了经验的连续性，否定了经验的历史性。"经验"是一个动词，是人与其前见和解的过程，真正的经验是人类认识到自身有限性的经验。①

一、审美经验的想象力超越了庸常的生活经验

审美经验是想象性的，但想象力无论设计出什么样的美的形式，或崇高、快慰、恐惧的形式，它们都衍生于感觉经验。②审美经验通过想象达到对日常经验期待的理想状态，并不是用理性的反思目光来"打量"人们的日常生活。审美经验是知性与想象力自由活动的结果。如果单纯是知性介入经验，经验往往会被固化，被奉为圭臬。如果单纯是想象力介入经验，经验往往成为浪漫幻想。只有知性与想象力协调平衡，经验才可能是审美的，因为它既不脱离生活，又不陷入幻象。正因为审美经验中有想象力的参与，所以它不受概念羁绊，不受原则约束。如果有意识地、明确地按照某种外在的"应该如何如何"的概念来活动，那就只不过是善而不是美。因此，那使想象力自由活动的美的东西总是新颖的。③想象力脱离了日常经验教条化的束缚，也使得审美主体对日常生活有了审美期待，生活便具有了艺术的气息。但审美经验的存在并不是要让艺术下降成为"一般生活知识的顾问"④，尽管艺术源于生活，但艺术的精神气质是高于生活的。日常生活中的审美经验必须具备超越日常生活

---

① 伽达默尔.诠释学Ⅰ：真理与方法 [M].洪汉鼎，译.北京：商务印书馆，2010：505.

② 马尔库塞.审美之维 [M].李小兵，译.桂林：广西师范大学出版社，2001：121.

③ 张世英.境界与文化：成人之道 [M].北京：人民出版社，2007：17.

④ 邓晓芒，易中天.黄与蓝的交响：中西美学比较论 [M].武汉：武汉大学出版社，2007：239.

的气度，而不是延续和保存一种异化的、庸常的生活经验。

"想象让隐蔽的东西得以敞亮而显示事物的意义"①，这正是审美经验能够超越日常经验的可能性所在。存在者的出场总是以不可穷尽的不在场东西作为根底，只有想象力才能逼近这些"不可知的""自在之物"。在美学史上，审美经验长期被"拉上理性的马车，用明晰的理性限制审美想象的作用"②，这使得人的主体性被限制在抽象的领域。现代以来，身体的解放使得想象、直觉再次回到经验的中心。想象在"虚构与现实"之间架起了沟通的桥梁，因此"审美经验可以与日常世界或者任何现实进行交流，并能够消除虚构和现实之间的两极对立"③。那些虚构的事物、观念在现实中并不实存，想象力能帮助人们接近那些神秘的、神圣的东西。即便是在自然科学中，科学家的想象力对其科学理论的建构大有助益，这是不争的事实。科学家运用审美经验或者审美想象、直觉所起到的效果，往往是用日常经验、逻辑经验所无法企及的。这里并非要有意夸大审美经验而贬低科学经验，而是指出想象与直觉经验是主体认识世界的原初方式。审美经验在现实生活中起着克服科学经验实在化、生活经验庸常化的作用，并使人能不断接近对象、活动与生活的本原，实现人对存在价值与生活意义的审美超越。

二、审美经验的知性特征强化了审美的价值深度

审美经验总会给生活带来新的发现和体验，不仅是因为想象力解放了生活的压抑，也在于审美经验也是合乎知性的，因此具有审美深度，而不仅仅是审美所带来的快感和享受。人们在归纳审美经验时越来越有简单化的趋势，把审美经验还原为世俗意义上的快感。这样一来，艺术

---

① 张世英.哲学导论[M].北京：北京大学出版社，2002：48.
② 张宝贵.西方审美经验观念史[M].上海：上海交通大学出版社，2011：153.
③ 耀斯.审美经验与文学解释学[M].顾建光，顾静宇，张乐天，译.上海：上海译文出版社，1997：184.

被降低到"大众水平"。艺术的平民化，即从"人们通过快乐领会的艺术价值向过分强调艺术体验之中的享受转化"①，这种趋势使得人们忽视了审美经验的可能深度，忽视了审美经验不仅需要想象力，而且需要知性判断和综合。

　　审美经验是一种直觉思维，而不是分析思维。直觉是一种行为，通过这种行为，人们可以不必明显地依靠分析技巧而掌握问题或情境的意义、重要性或结构。②直觉判断并不是毫无根据的，它正确与否并不依赖于直觉本身，而是能还原为一些"不言而喻""不证自明"的东西，所以直觉是现象学研究的一个重要领域。审美不等同于感觉或知觉，而是在感知材料的基础上融入了知性判断与综合。因此，审美意识在本质上也是一种直觉认识，只是它不像科学认识那样把认识对象对象化，运用概念、推理来处理认识对象，而是与对象形成"物我不分"的直觉的心灵印象。这个心灵印象留存于当下的审美经验之中，与过去的审美经验、未来的审美期待形成"一个经验"（an experience）③的整体。只有知性才能构成一个"共时性"的整体的审美经验，人在这种审美经验中使时间上的过去、现在、未来三个环节达到合而为一的境界。

　　审美经验的运动过程并不允许把艺术作为外在的客观对象，而是作为理解过程的一个阶段。只有把艺术作为审美经验的不断完善，作为人与现实生活的纽带，艺术才能避免使审美主体孤立起来，艺术作品才能既是满足个性的（自然的），又是合乎理性与道德的。因此，审美经验不是任意累积并随意发挥作用的。伽达默尔（Gadamer）、盖格尔等人甚至把审美经验作为艺术本体，把审美经验与社会、历史教化意识进行了

---

① 盖格尔.艺术的意味 [M].艾彦，译.北京：华夏出版社，1999：117.

② 布鲁纳.布鲁纳教育论著选 [M].邵瑞珍，张渭城，等译.北京：人民教育出版社，1989：61.

③ 在《艺术即经验》中，杜威用"an experience"指代"经验"，始终把"经验"作为一个完整的经验过程、经验整体来看待。

统一。例如，伽达默尔指出，"能够采取审美的态度，就是已得到教化的意识的要素"①。盖格尔指出，"只有经验到这种深层的审美效果，艺术才能够作为艺术而存在"②。因此，审美经验必须是有价值深度的东西，它强调人的审美心灵与审美对象之间"内在的专注"，决不能把审美经验当作表面的、肤浅的感知觉留存物，只有那些在"文化意义上的本体论经验"③才可称为审美经验。

审美经验的价值深度不是通过概念分析所能实现或通达的，但同样具有理智上的教育效果，甚至比分析、推理对人的教育作用更有效。经由科学教育获得的科学知识可能会遗忘，但审美经验积淀在人的精神层面的具有教化力量的东西，会成为一直支撑人向上发展的潜在动力。这也验证了爱因斯坦（Einstein）对教育的理解，即真正的教育恰恰是忘掉了在学校里所学到的东西所保留下来的东西。④正是审美经验的价值深度所在，它比日常经验、反思经验更具有教育意蕴，使得所习得的知识、规范等能高度融入人的感性生活。

教育审美经验是指教育主体的教育经验持续得到完善、强化后的审美体验。这种体验并不仅仅停留在当下的教育情境之中，它还与过去形成的教育经验相互交织，生成新的教育审美经验，并对将来的教育经验产生审美期待。可以说，教育审美经验是教育主体意识的最高体现，它通过想象和直觉把教育活动中的情感、态度与价值观等体验内容转化为对主体自身有审美价值的东西。教育审美经验与一般经验的区别在于前者具有审美深度，能愉悦人的精神、滋养人的灵魂；教育审美经验与一

① 伽达默尔.诠释学Ⅰ：真理与方法 [M].洪汉鼎，译.北京：商务印书馆，2010：125.

② 盖格尔.艺术的意味 [M].艾彦，译.北京：华夏出版社，1999：74.

③ 张宝贵.西方审美经验观念史 [M].上海：上海交通大学出版社，2011：8.

④ 爱因斯坦.走近爱因斯坦 [M].许良英，王瑞智，编.沈阳：辽宁教育出版社，2005：103.

般的审美经验的区别在于前者具有教育性，能促进人自我成长。审美价值的存在正是造成以上区别的根据。

三、审美经验在"做"与"受"的统一中体验"美的艺术"

在现代教育中，教师与学生、目的与手段、学校与社会等一系列的区分"肢解"了教育的整体性。杜威一贯反对墨守成规和重复，倡导审美经验的获得是一种创造性的行为的开始，通过改变环境和不断获得新的经验，教师和学生同时在探索和发展。[①] 这就是说在教育实践活动中产生的审美经验，不仅有师生合作参与的"做"（创造）的一面，还有师生不断生成新的经验——"受"（体验）的一面。杜威对教育审美经验的创造性论断，就是要使得教育成为一个整体，不去片面强调教师一端或学生一端，不把教与学分裂开来。"一个经验"具有模式和结构，不仅仅是因为"做"与"受"的变换，而是将"做"与"受"组织成一种关系。[②] 特别是在特定情境中，在行动与其后果的关联中构成一种特殊的关系。要形成这种特殊的关系，就要对人与情境的关系、人自己的行动及其后果进行思考，达到"做"与"受"的平衡。

在审美经验与生活经验的连续性的认识基础上，教育同时作为"美的艺术"与"实用的艺术"（技艺）也具有了连续性。"美的艺术"与"实用技艺"往往是相互转换的，博物馆里珍藏的"艺术品"其实质不过是古人的生活用具。教育作为实践技艺的同时，离不开教育主体对教育实践活动本身的审美感受，教育审美经验就存在于教育主体的交互之中、教育环境的改造之中、教育内容的组织之中……当教育审美经验达到丰富与完满的程度，作为实践的教育技艺就能形成教育艺术意识。对教育艺术的感知，依赖于教育活动中人的经验的完满程度、连续程度。

---

① 王坤庆，张玉琴.杜威审美经验论的教育价值探索 [J].华中师范大学学报（人文社会科学版），2020，59（1）：165-172.

② 杜威.艺术即经验 [M].高建平，译.北京：商务印书馆，2005：47.

审美经验把教育实践活动中的日常事件、生活遭遇连接起来，帮助教育主体构筑并理解教育艺术的"大地"。教育不仅仅是实践活动，更是实践活动的效果在教育主体心灵中的反映。如果把教育活动比作种植庄稼，教育艺术就是超越了劳作意义上的"收获"。尽管收获基于劳作，正如教育艺术确实需要具体的教育实践活动、教育技艺作为基础，但教育审美经验已经让教育活动中的艰辛困苦化作了生命成长的希望。所以，对教育艺术的理解并不能止于"实用的艺术"层面，而是要把"美的艺术"这一更具超越意味的、更彰显教育主体审美自主性的层面显现出来。

一般来讲，审美经验都是以审美对象为人们揭示的价值的积极情感反映而结束的。①要达到审美经验的顶点，即一种完满的、肯定的、积极的价值体验，需要一段时间。教育主体在教育活动中的体验不一定都是肯定的、积极的，这只能说"审美经验没有完全展开，经验没有到达它的顶点"②，教育经验需要教育主体自身进行转化成为"一个经验"——审美经验，克服异己的经验并成为已有审美经验的一部分，教育艺术才算真正发生——教育是长期而艰巨的。仅仅把教育审美经验"降低为愉悦或快乐的"，是希望教育变得娱乐、轻松的幼稚期待，这种理解低估了教育活动的复杂性。

四、教育审美经验的教化属性为教育艺术提供了价值尺度

审美经验并不具有统一的、客观的价值判断尺度。由于审美经验是想象力与知性共同作用于人的心灵所带来的结果，它便在享有审美自由的同时不得不接受社会教化的规约。没有绝对纯粹的艺术或艺术作品，也就没有绝对纯粹的审美经验，因为人的审美经验具有社会性。如果说在艺术领域"趣味无分辨"，但教育作为艺术，是一定存在审美的价值尺度的。

---

① 张旭曙.英伽登现象学美学初论 [M].合肥：黄山书社，2004：102.

② 英加登.对文学的艺术作品的认识 [M].陈艳谷，晓未，译.北京：中国文联出版公司，1988：196.

　　西方当代艺术哲学极力倡导人的审美自主性，反对社会价值对艺术领域的"侵蚀"，寻求一种超越于世俗生活之外的、审美静观的艺术价值。接受美学的捍卫者耀斯（Jauss）认为，"人的审美活动，不管是创作性的还是接受性的，都是建立在自愿的基础上。无论是国家统治，还是神权政治，都无法强迫人欣赏或拒斥一种美的艺术品，都无法让人按规定的意义去阅读一部文学作品"①。但教育艺术并不具有绝对的审美自主性，因为教育活动不像纯粹的艺术创造，教育本身是对生命成长的价值承诺，所以教育审美经验必须具有"教育性"的价值尺度。教育艺术要获得普遍承认，其前提是教育审美经验不仅符合教育主体自身的审美尺度，还要符合社会的教化尺度，也就是说，一种被称为"艺术"的东西，一定需要有共同被接受的要素、特性或价值。

　　西方传统美学中，审美经验内在地具有道德尺度。审美判断所预定的必然性条件在于"共通感"（common sense）。共通感并不是被理解为单纯的外部感觉，而是包含了被给予东西进行判断的能力，一种人皆有之的能耐。②共通感包含着一种共同感觉的理念，也就是一种评价能力的理念，这种评价能力在自己的反思中（先天地）考虑到每个别人在思维中的表象方式，以便使自己的判断仿佛凭着全部人类的理性。③如此看来，共通感包含了一个"审美—表达"的社会维度，审美经验的公开使用含有人的社会理性。每个人对"这很美"或"这很崇高"的反映都不同，但人们却能对美或崇高形成一致判断。审美经验使得个体的审美活动能从私人领域走向具有道德意义的社会领域，其教化属性使得艺术具有深度价值。

---

① 耀斯.审美经验与文学解释学[M].顾建光，顾静宇，张乐天，译.上海：上海译文出版社，1997：作者中文版前言3.

② 伽达默尔.诠释学 I：真理与方法 [M].洪汉鼎，译.北京：商务印书馆，2010：37.

③ 康德.判断力批判[M].邓晓芒，译.2版.北京：人民出版社，2002：135.

中国传统美学原本以"美善统一"为大原则，既强调个体的审美自主性，又强调社会道德教化的一面。但就实际情况看，审美从来都算不上中国传统文化的主流，审美只是道德教化的注脚。从孔子的诗论、乐论来看，儒家经典所建构奉行的"美善统一"还是侧重于"以善为美"或"以美储善"，教化目的始终是第一位的。在《论语》中，孔子评价《武》乐"尽美矣，未尽善也"，《韶》乐"尽美矣，又尽善也"，可见教化价值比审美价值更为根本；孔子又批评"郑声淫"，主张治国理政须"放郑声，远佞人"，诗文与音律皆须雅正才能正人、正国。可见，中国传统的审美经验实际上更偏向道德与政治教化，不过是希望通过审美意识把封建道德原则变成心灵的内在追求（如"里仁为美"），通过审美经验在现实生活中树立起高尚的道德人格。中国历史上也曾有重视审美感性的历史时期。例如，魏晋时代，一批文人墨客通过审美来寻求斯多葛式的内心宁静；南朝齐梁时期，流行释实求华的绮靡之风；唐宋时代，唯美主义盛行。尽管如此，审美却始终没有作为一种现实价值而对教育活动或是社会变革产生作用。中国近现代以来，王国维、蔡元培等人明确主张"以美育代宗教"，就是希望审美能成为类似宗教那样起到安顿内心灵魂、寻求家园庇护的超越性精神。

审美经验不仅仅指那些愉悦的、具有价值肯定性的体验，它也具有"坏的艺术"的批判性功能。否定的判断也是至关重要的，它并不意味着"缺乏审美经验"，而恰恰是审美经验成熟的表现。[1] 如果把社会批判也作为一种对社会道德现实的能动反映的话，审美经验还具有现实的文化—道德批判性，其客观效果是一种更深层次的教化。现代性使得人的审美经验普遍异化，其直接后果就是政府或资本的"艺术操纵"，那些漠视生命、压抑生命甚至戕害生命的内容堂而皇之地登上"艺术殿堂"，美与丑的道德界限也随之消失。所谓的"政治艺术"，正是以反艺术精

---

① 舒斯特曼. 生活即审美：审美经验和生活艺术 [M]. 彭锋，等译. 北京：北京大学出版社，2007：32.

神的形式来成就的——柏拉图的《理想国》对诗人的驱逐就是最好的见证。

当然，教育审美经验的异化现象仍然普遍存在，教育艺术的隐匿乃是人的教育审美经验的异化。那种把"竞争"美化为"奋斗"、把"精致的利己主义"美化为"人生的自我实现"的教育观念，就是被扭曲、异化的教育经验。"后天的熏陶、教育和训练可以改变审美趣味的结构"[1]，也能塑造人的教育审美经验。只有重塑人的教育审美经验，教育艺术才可能成为当代教育的现实追求。

总的来说，审美经验揭示了人类与世界最深刻与最亲密的关系，教育审美经验则体现了教育主体与其教育生活世界的深刻与亲密的关系，它使得人对教育活动的审美知觉不再保持实用的反应，也不再把教育实践的功利性摆置首位。教育审美经验承担了区分"好的教育"与"坏的教育"的功能，这种区分能力建立在过去的教育经历、现实的审美体验、未来的审美期待之上。

第二节　教育审美经验通达教育艺术的条件与方式

杜威与海德格尔都认为艺术不仅是帮助人们完成思考的东西，而且是思考发生的必要条件。[2]审美经验是艺术经验不可或缺的重要部分，没有完善审美经验的创作者失去了作为天才的可能。教师的教学经验要转化为教育艺术，就要让自身的审美意识敏感起来，捕捉教育情境中那些细腻的情感、智慧的火花、学生的期待等，而不是一开始就将其上升为教育中的技巧和原则。

---

[1] 张宝贵. 西方审美经验观念史 [M]. 上海：上海交通大学出版社，2011：150.
[2] D'AGNESE V. Education as a leap and as transcendence: rereading Dewey and Heidegger via art[J]. Journal of aesthetic education, 2017, 51（4）: 60-76.

在教育生活世界之中，教育审美经验具有一般教育经验和审美经验所不具备的开放性、完满性与超越性，并带有教育所特有的教化价值倾向。这些特性的存在使得教育克服了异化、庸常、单调、无趣，以一种艺术理解方式出场。与科学经验的可重复性、可验证性不同，审美经验不断地在新的经验与原初经验中往复，但永远不能"作出"或体验"同一个经验"。

一、熟悉与陌生：产生教育艺术意识的条件

教育经验是教育意识产生、持续与转变的条件。一旦教育经验的生成有了审美意识的参与，教育经验便转化为教育审美经验，教育主体也开始对教育作为艺术有所领会。艺术的功能要么是带给人熟悉的"在家"之感，要么是带给人震颤灵魂的陌生之感，这两种感觉都建立在人的审美经验基础之上。教育艺术意识之所以能够在教育主体心灵深处产生，就在于主体的教育审美经验得到了强化或改变。教育活动给教育主体带来的熟悉感与陌生感，就是教育经验得到强化或改变的标志，也是教育艺术体验的标志。

熟悉不是简单的相遇或重复体验，而是沉浸于原初生命经验的存在本质之中而不自知。这种来自原初生命经验的熟悉之感，"并不是说经验来到了终点和达到了一个更高级的知识形式（黑格尔），而是说经验第一次完全地和真正地得到了存在"①。熟悉感是生活经历中的"典型"在新的情境中的再现，它如同返乡的游子重温故土，精神上体验到"在家"的感觉。这种熟悉的"在家"之感背后，是安定、呵护、温暖的精神满足之感，也是受教育者精神成长的宝贵财富。然而，现代教育所提供的学校生活是高度规驯化的，受教育者从家庭进入学校之后，便开始了丧失"在家"之感。现代人精神上的"漂泊无根"，与现代教育与家庭生

---

① 伽达默尔.诠释学 I：真理与方法 [M].洪汉鼎，译.北京：商务印书馆，2010：505.

活的疏离有密切关系。受教育者在教育生活世界中无法体验熟悉的"在家"之感，无法与教育者建立起如父母般的亲密关系，他们就无法领会到教育艺术之存在，教育者再精于"技艺"也无法安顿受教育者的心灵。生命生存需要家园感，灵魂的还乡之旅就是要找到人原初的生命体验。在现代性的侵蚀之下，回乡之路就是在日益理性化、技术化、物化的时代中，敞开人类的、个体的原初精神生命的路径，焕发人们诗意生存的可能。①注重教育经验中的熟悉之感，就是保持原初生命经验在教育生活世界中的连续性、完善性，也使得学校教育能真正守护受教育者的精神家园。诗意安居方能唤起教育生活的诗化意识。教育艺术意识的产生，正是得益于教育经验保持了人精神"在家"的熟悉感。

经验的熟悉与陌生蕴含着一个解释学循环。海德格尔认为，"一切可知之物越是为终有一死者所熟知，它们就越是令他们惊讶——而他又不能知道这一点"②。也就是说，海德格尔认为人越是对存在物熟悉，就越发容易导致对存在的遗忘，以此来提醒人们要时常保持思维的敏感性。伽达默尔在经验的熟悉与陌生之间建立起了解释学循环。"经验的真理经常包含与新经验的关联。有经验的人表现为一个彻底非独断的人，他因为具有如此之多经验并且从经验中学习如此之多东西，因而特别有一种能力去获取新经验并从经验中进行学习。"③虽然经验总是意味着新的经验，因为人总是从通过"异己"的遭遇来得到"经验"，但它最终要成为整个生命经验中熟悉的那一部分。庸常的生活经验无法激起受教育者的学习兴趣，只能使得教育活动变得平淡、刻板、无趣。因此，教育者总是试图将陌生性的

---

① 花依．刘铁芳：乡愁意识、还乡情怀与经典教育 [J]．中国西部，2011（6）：90-95．

② 海德格尔．演讲与论文集 [M]．孙周兴，译．北京：生活·读书·新知三联书店，2005：308．

③ 伽达默尔．诠释学 I：真理与方法 [M]．洪汉鼎，译．北京：商务印书馆，2010：453-454．

经验引入教学之中，为受教育者展示一个新的世界。当然，教育实践不像文学创作那样注重猎奇猎艳，但它需要激发受教育者的兴趣与学习动机，不断产生新奇的教育经验。如果陌生性的经验只是受教育者生命经验中的匆匆过客，无法内化为支撑生命成长的内在经验，便是失败的"陌生化"教育创造。真正能引起受教育者学习兴趣的经验，是能让陌生性的东西找到存在之根，即最终回归到主体的原初生命经验之中，因为兴趣只是教育的出发点或手段，而非目的。教育价值规范着教育的创造性，因而回到原初生命经验的熟悉性，是"陌生化"教育创造的归宿。

随着教育经验在"熟悉—陌生—熟悉"的张弛中有序进行着，教育就产生了艺术张力，教育生活世界也被诗意化了。新生成的教育经验就不仅仅是"关于教育的经验"，而是一种教育审美经验，一种关于教育艺术创造与体验的审美经验。

二、理解与解释："道说"教育艺术世界的方式

理解与解释是人领会生命存在的基本方式。在教育学术研究中，不乏深刻解释受教育者学习体验与成长经验的"言说"教育世界的优秀作品，甚至结合受教育者生活的文化、政治与经济背景来理解这些经验产生的机制及其对受教育者命运的影响。这种叙事研究试图从纷繁复杂的教育现象中去理解与解释教育与人的命运规律，从一开始就是抱着认识与分析的态度去"解剖"教育体验。教育之诗意经验，生命存在之领会，需要"道说"（sage），即让显现，既澄明着又遮蔽着开放出亦即递呈出人们所谓的世界。思想不是任何认识的工具，人们言说的教育世界只能让人们获得有限的"教育认识"，只能认识教育世界所向人们敞开的那部分，而遮蔽着的那部分向人们所"道说"的东西——存在，这需人们去运思、理解与领悟那"从本有而来"的存在之真理。

人的理解与解释总是在其经验性的前有、前见、前把握的基础上进行的，而生命生存总是"在世界之中"，因此理解与解释需要建立在人

与世界关系的"道说"之中。海德格尔对艺术作品的分析表明：经验一个艺术作品，就是遭遇一个世界。人的艺术体验"言说"世界，而艺术"道说"世界存在本身。寻找艺术作品的本源，要超越创作者与艺术作品本身，在作者、作品与世界的关系中，在作品向人们的"道说"中寻找本源。对教育艺术而言，教育审美经验"言说"现实的教育生活世界，教育作为艺术之存在，那些所构成人们"言说"的教育审美意识、审美经验的存在（而非个别的存在者），在"道说"教育本身。

对作为艺术的教育的本真性认识，离不开人们对教育经验的理解，更离不开教育主体间的对话。基于教育经验的理解与解释，是人们"言说"教育的基本方式，而"道说"教育艺术之存在的可能性，也蕴含在"言说"之中。严格来说，用语言来表述"道"是不恰当的，可谓老子《道德经》中的"道可道，非常道"。"存在"这个西方哲学中的古老概念，在海德格尔那里与老子的"道"有相似的意涵，是为了避免把"道"或"存在"当作某个对象或者某种存在之物"摆置"到人的面前。"教育艺术"这个词，在本质上是"道说"教育之存在与生命之存在的相互关系，在教育生活世界的遮蔽与澄明中，人与教育相互庇佑，互成本质。

人类的灵性使得人不仅像动物那样会形成对世界的被动反应，还会主动去理解、反思人与世界的实践关系，并通过经验保存下来，再转换成教育内容进行代际传承。但经验并不是形成知识的跳板，一旦形成一个稳定事物的世界以及人的自我，就要抛弃经验。这是传统经验论"言说"世界的方式。经验本身就是有思想、有意识的经验，不存在没有推论的有意识的经验，反思是天然的和持续的。教育经验作为特殊的实践经验，其关键是只有作为人与人之间活动而不是人与物（对象）之间活动的经验，才能"道说"教育的本体。因此对教育经验的理解，其本质不是对教育活动效率或效果的理解，而是对人本身的理解。对实践对象人们可以做出科学、客观的说明，而对人只能通过理解，这正是教育学区别于自然科学以及其他人文科学的地方。教育实践活动是直接通过人、为了人的活动，因而被夸美纽斯称为"艺术中的艺术"，可见教育艺术并不是给出几条教育原则、发现教育规律，而是通过理解人来理解教育。要理解教育艺术，就必须理解人的教育经验，不论这个"人"是正处在某种特定的教育情境之中的"学生"，还是已经达到了一定的受教育程度的"受过教育的人"，抑或是将来社会即将到来的人。理解教育经验，必须将教育经验置于历史视域之中，将教育经验作为人类经验整体的"效果历史"。教育艺术之所以能"道说"教育，就是在人的审美经验基础之上获得了对教育与人的整体的、历史的理解。

对教育经验的理解并不只是对经验的"效果历史"进行反思性理解，那样只能将教育经验转化为教育知识、原则和规律。教育审美经验是想象性的，教育艺术需要通过人的想象而非反思才能呈现出来。因为人的想象力让过去与现在、陌生性与熟悉性、现实与理想进行了创造性的沟通与理解，人的审美经验获得了将现实世界与自我融为一体的生命力。①由此可见，没有所谓的客观的理解，也就没有纯粹作为知识之阶梯的经验。只有通过对教育审美经验进行诠释学理解，教育艺术才能打开教育学的想象力。也正因如此，远离了反思性理解的"言说"方式，审美经验的想象力才能"道说"教育与人本真性的存在，所以教育艺术是对教育存在的想象艺术。

三、交往与对话：进入教育艺术世界的方式

教育不像绘画或雕刻艺术那样是独创艺术，而更像是合唱与指挥那样的集体艺术。因为教育活动是教育主体之间的交往与互动，每个在场的教育主体都参与了教育艺术的创造与欣赏，因此交往与对话是教育艺术形成的必备条件。

根据哈贝马斯的理解，"交往"强调的不是"相互"，而是"共同"，

---

① 洪汉鼎.当代西方哲学两大思潮：下册[M].北京：商务印书馆，2010：452.

旨在通过使用符号（包括前符号、符号和元符号），来协调大家的行为和举止，以求得沟通和共识。[①] 但教育审美经验下的交往，不是社会学意义上强调的民主、平等的交往，而是强调具有艺术功能意义上的交往，也被称为"交往诗学"。耀斯将审美经验分为创造、接受与交流三个形式，延续了亚里士多德的审美"净化说"，把审美经验的交流功能聚焦在情感的感动与调和上。[②] 审美经验不是单向的审美静观，它内在地要求创作者与接受者形成情感上的交流与对话，而不是创作者借艺术的形式对接受者进行"教诲"。这对于分析教育艺术赖以产生的教育主体的审美经验具有积极意义。

　　首先，教育艺术不能被视为教师在为自己的工作进行"创作"，而是为学生的成长进行"创造"。教育创造只是强调了教育活动的生产性的一面，教育艺术则要兼顾教育活动接受性的一面。只有把教育实践活动看作生产与接受在同时进行，才是全面地理解了审美实践，而生产只是审美实践的一个方面。其次，要注意教育创造与接受是同时发生、相辅相成的。教师的教育艺术创造"诱发"了学生本来就存在的审美经验，学生的审美反映同时深化了教师的审美经验，使得教师的教育艺术可能更富有创造性。再次，只有当教师的教育实践活动进入了受教育者审美经验的知觉范围，教师的教育行动才能被领悟为教育艺术。这恰恰与某个教育行动被意向为"说教""劝解""技巧"有所不同，后者没有审美经验的参与，或者说是没有被唤起审美知觉。最后，教育艺术的审美经验前提是教师的"先验善意"。根据杜夫海纳的审美知觉理论，审美知觉的根据是人"先验的情感"，这也说明审美经验的主要成分是人的情感知觉，因此先验情感并不只存在于主体身上，它也存在于客体那里。只有这样理解的审美交流才有了客观的基础——动态的主客体相互作用

---

① 曹卫东.交往理性与权力批判[M].上海：上海人民出版社，2016：126.

② 耀斯.审美经验与文学解释学[M].顾建光，顾静宇，张乐天，译.上海：上海译文出版社，1997：112.

的过程。① 教育主体在教育活动中的互动交流过程，实质上就是各自作为存在者向彼此敞开的过程。千万不能迷信教师的教育创造作用，更不能鼓励存在所谓"天才教师"，将教师的教学风格作为教育艺术的全部。在师生交往中，教师的"先验善意"超越了教学风格、教学技艺，脱离交往而空谈创新、风格和技巧，就会背离教育的交往本性。

对话是人的生存方式，对话的实质是师生双方在思想、精神和情感上发生真实的沟通与交流，其价值取向或最终追求的，是在人与人之间建立理解、信任和爱。② 教育艺术要走出静观美学而成为交往诗学，就必须重视交往行动基础上的师生对话。师生之间由于天然存在着审美经验的差异，因此客观存在着"审美距离"。所谓审美距离，一般是指审美主体与审美客体之间的心理距离，也有人认为是艺术符号与实用意义之间的距离。③ 在教育实践活动中，有时师生以其在实践活动中的表现互为审美对象，有时他们以教育活动的内容、材料、成果等"物因素"为审美对象。师生之间存在着审美经验上的差距，不是改变认知就能解决的问题，而是要通过对话来理解教育主体自身的生命表现以及教育"产物"的审美价值，使得审美距离成为促进教育活动的有利因素。在教师的教育艺术创造中，必须以学生已有的生活经验作为起点，合理地利用师生对话来达成审美经验共识，形成对师生双方而言共同的、积极的审美体验。比如，教师在教学活动中将重要的学科知识要点口诀化、故事化、游戏化，以学生喜闻乐见的形式进行教学，缩短了师生之间的"审美距离"，拉近了师生的情感距离，更是让教学活动充满乐趣。可见，教育艺术在创造阶段就意味着它时刻准备着与学生在审美经验层面上对话，

---

① 张宝贵.西方审美经验观念史 [M].上海：上海交通大学出版社，2011：220.

② 杨小微.在对话中达于理解：关于中学对话教育的理论反思与实践重建[J].课程·教材·教法，2007（10）：19-24.

③ 唐小林.布洛说反了：论审美距离的符号学原理[J].中国人民大学学报，2015，29（1）：10-18.

教育创造必须在交往与对话过程中实现教育本身的价值。在对话中，教育主体彼此要真正进入对方的内心世界。对话必须首先以情感作为诱因，其次才注重对话原则、语言运用、批评策略和学生的反应。只有具备审美情感的对话才能克服师生之间文化心理上的隔膜和日常语言的差异，才能最大限度地打开心灵空间，使得智慧、理解、信任和爱成为生命存在的艺术表现。

教育主体各自敞开精神世界，在交往中用对话来挑战、建构自己的精神世界，让不同的审美经验视界相互遭遇、交融和沟通，使得教育活动向更高的视界提升。① 师生之间的交往与对话体现出情感、思想和精神的价值深度，师生之间的理解、信任和爱自然而然就会发生，他们在交互主体意义上发生了审美经验的"视域融合"。这种情境之下，教师所使用的教学方法和技巧就不再是单纯为了创作的"艺术符号"，学生的审美接受也不再是为了功利取向的实用价值。教师与学生在教育活动中作为创造者和参与者的角色得到解放，他们作为交互主体的欣赏者，对置身于其中的教育生活世界以及彼此的关系进行审美想象，教育审美经验便越出了教育经验以及生活经验，进入彼此享用教育审美价值的艺术之境。

第三节　教育审美经验的艺术表达形式

教育审美经验作为教育经验的集中与完善，最终要表现为一种教育艺术观念，并通过教育实践活动表现出来，成为一种公用的语言符号。这并不是主张"通过语言对艺术印象的重复"②，或对经验对象进行"审美化"修饰。语言必须处在直接而真实的艺术印象背后，具有审美经验的

---

① 黄卫星. 对话与交往: 当代美育审美价值观建构机制研究 [D]. 武汉: 华中师范大学, 2009.

② 盖格尔. 艺术的意味 [M]. 艾彦, 译. 北京: 华夏出版社, 1999: 25-26.

形式与特征的语言符号才能真正表征艺术。正是审美经验所固有的形式与特征，把作为艺术的教育与作为实践活动、学习活动或教化活动的教育区分开来。教育归根结底具有实践活动的形态，教育审美经验也是在具有一定文化历史情境意义下的实践活动中形成的。以艺术发展史观照教育发展史，可以发现教育与艺术的融合始终围绕着表现和塑造完美人性而展开。教育艺术就是通过模仿、再现理想的社会与理想的人，为教育实践活动提供一条可靠的实施路径，而游戏则是艺术与教育在人的自由本性上的完美融合。

在教育的诗性语言中，隐喻、象征与想象性的语词最能表达教育的艺术韵味。但人们往往忽视了教育语言本身就有诗性特征这个事实，疏于对教育概念进行诗性阐发。在教育艺术的语境之下，隐喻、象征与想象恰恰能引领人们进入教育的源始境域。世界本没有"艺术"与"教育"，只有艺术作品与教育活动，正是人的诗性思维才引发了人们对艺术之存在、教育之存在的本体之思。教育艺术的观念性、想象性，正是潜藏在人们的隐喻思维与象征手法之中。

一、模仿、再现与游戏：教育艺术的表现

在中国教育文化语境中，教育者即受教育者模仿的对象。教育者通过他本人的榜样性以及教育文化传统上所尊崇的榜样来施教。教育的词源解释具有强烈的模仿意味。《说文解字》对"教"的解释是"上所施，下所效也"，对"育"的解释是"养子使作善也"。就"教化"的意义来讲，"教"意味着要求"下"对"上"的效仿，而"上"指的是有德行的君王、君子，因此"教"就是外在地要求人通过模仿有德行的人来完善人格。就"养育"的意义来讲，"育"就是使后代成为具有善良品行之人。在"教"和"育"的背后，都是对一个具有超越性的道德者的模仿。

在西方，"教育"一词由拉丁文"eduiêre"演变而来，"e"在拉丁文中有"出"之意，"duiêre"有"引"的意思，因而作为拉丁文演变而来

146

的英文"education"有"引出"的意思。① "引出"本是指引出人性中所固有的东西，这也是占西方教育思想主流的自然教育的基本观点。古代西方教育发源于古希腊神话、史诗，这些文本为他们提供了值得模仿的道德对象。古希腊人的神都具有人性，他们并不畏惧神，也从不对神卑躬屈膝。因此，西方教育传统中有主张模仿自然、模仿神性的倾向。古希腊人给予英雄无上荣光，让他们作为孩子们的榜样，并通过模仿集会、战争等这些"公民日常生活"来训练人的道德性和社会性。② 古希腊后期，哲学和宗教的发展使得教育有了更高的模仿对象。灵魂的净化与对恶的疏离即教化的象征③，其途径是哲学苦修或皈依基督教，"引出"又隐含了能洞见"神性"的东西。在教育行动深处，对好人、好公民行为的模仿，总是存在一个关于好国家的理念，柏拉图与亚里士多德已经深刻道出了教育总是道德艺术与政治艺术的一部分。

模仿是人的天性，人们在观察动物的行为中，完成了审美经验向制造技艺乃至艺术的过渡。"从蜘蛛我们学会了织布和缝补；从燕子学会了造房子；从天鹅和黄莺等歌唱的鸟学会了唱歌。"④ 人们从动物的经验观察中，也发现了模仿先辈人生活的教育实践活动。教育有了模仿的对象（神、祖先、君王或有德行之人），教育活动就是在人身上再现或复现人性中高贵的部分，使人在教育实践活动中通过经验来健全和完善人格，使得身体、智慧与德性和谐发展。人们今天所谈论的古希腊教育，多少带有艺术再现的浪漫想象，使人们不自觉地将其作为现代教育的模仿对象，以恢复自由教育、人性教育的荣光。"当他沿街而行时，可领略到世界都知道的最杰出的艺术珍品。日复一日，他们可以听到长于机警言辞

---

① 王道俊，郭文安.教育学[M].6版.北京：人民教育出版社，2009：15.

② 劳伦斯.现代教育的起源和发展[M].纪晓林，译.北京：北京语言出版社，1992：2-3.

③ 耶格尔.早期基督教与希腊教化[M].吴晓群，译.上海：上海三联书店，2016：53.

④ 伍蠡甫.西方文论选：上卷[M].上海：上海译文出版社，1979：5.

和富于经验的关于政治的讨论。在解决政治问题中，他们每个人都有份。春天，他们还会在狄奥尼索斯剧院找到指定位置，从早到晚地观感悲剧演出。"①古希腊青年的教育生活是何等的惬意！对古希腊教育的敬仰，出自对自由教育以及自由人的信仰，也是对本真性的教育能复现整全人性、美善人格的信仰。模仿古代教育对德性的重视，对政治生活的参与，以及身体和智慧教育的有机融合，就是再现人们对教育的"原始情感"，重塑"受过教育的人"的完美形象。

古代教育的内容、方法表达了他们日常生活的审美需要，也再现了他们的审美经验。今天的学校教育更多考虑人将来生活的需要，对不确定的未来表现出恐惧、不安，恰恰是以反审美经验的态度出现的，因为当今学校教育的内容与形式已经远离了日常生活。于是，游戏作为实现人自由全面发展的教育形式，肩负起了重新塑造现代人审美经验的重任。游戏作为教育形式，旨在使人在游戏中完成模仿和再现。游戏在教育历史上并不陌生。柏拉图在《理想国》中曾告诫人们，一个自由的人不应该被迫地进行任何学习，因为被迫进行的学习不能在心灵上生根，因此要用游戏的方法，让儿童在游戏中更好地了解到他们的天性。比如，让孩子们观看战场，在身体锻炼中模仿战争，在辩论中模仿治理国家等。教育的作用不是像雕刻家那样完美地塑造统治者形象，而是要通过游戏让儿童不迷失本性，依本性而养成合适的德性和人格。当然，柏拉图所指的游戏是"符合法律精神的正当游戏"。游戏在早期教育中非常重要，一个人从小所受的教育把他往哪里引导，能决定他后来往哪里走。游戏将模仿与再现有机统一在教活动之中，它绝不是为了减轻儿童学习痛苦或是增加学习的乐趣，也不是为了让儿童在游戏过程中实现"社会化"，它本身是教育作为艺术的表现形式。越是好的教育，越具有游戏的自由品性。教育主体的审美经验能在游戏中得到最大限度的运作，使教育主

---

① 博伊德，金.西方教育史[M].任宝祥，吴元训，译.北京：人民教育出版社，1985：19-20.

体在游戏中表现了自我，释放了天性，悄然实现了教育的本原目的。

在宽泛的意义上，艺术的确以模仿自然为追求，但是否对自然模仿越精确，它就越具有艺术价值呢？换言之，教育是否保护人的自然天性与禀赋，让它越原始越好呢？杜夫海纳说，"创造的自然启发人并达到人的意识"[1]，艺术所追求的自然应当是人化的自然。因此，模仿自然并不是为了艺术本身，而是借艺术以启发人，此"自然"是人意识自身存在的艺术表现。教育模仿自然，创造自然，保护人的自然本性，其目的是借自然中的艺术形式来呵护、唤醒人的内在自然。

二、隐喻、象征与想象：教育艺术的语言

在教育美学中，有大量的关于教师语言美的论述，但这些论述都是将语言作为教育的工具呈现的。研究教育艺术的语言，乃是从教育的语言本性上来阐述教育语言何以通达教育艺术。

在人们的语言世界中，隐喻、象征无处不在。隐喻和象征在本质上是语言表象，通过它们可以解释人类理解的关键。[2]审美经验在语言形成中发挥了重要作用，通过一个词语，人们能不假思索地明白它在一个命题中起何种作用，具有何种意义。比如，教育语言中常用的"生长""进步""发展"等词语，本身就包含着人的审美经验和审美价值。有些词语的意义通过再现人们的审美经验来直觉呈现，比如"教"，通过分析甲骨文字的象形之意便可领悟它的原始含义。当世界中的亲身经验具有普遍性时，人们就会普遍获得相应的基本隐喻，"教"的所指与能指就会在语言结构中稳定下来。有些则是通过人们人为地赋予意义来保持能指。比如，"成绩"这样的词并不具有审美直观，人们对它的理解只能停留在字面上，因而它只具有象征意义。隐喻比象征更为直观，如"放榜"就

---

① 杜夫海纳.美学与哲学[M].孙非，译.北京：中国社会科学出版社，1985：8.

② 莱考夫，约翰逊.我们赖以生存的隐喻[M].何文忠，译.杭州：浙江大学出版社，2015：前言.

比"公布成绩"更契合人的审美经验。象征比隐喻更为抽象，一所学堂的孔子像象征着传统教育的精神追求，而现代学校则多以口号式的"学校文化内涵""一训三风"来高度概括，却难以与教育主体的审美经验形成意义交汇。

教育语言的诗性很大一部分来自自然的灵感。这种自然的隐喻思维增添了教育说理的艺术韵味，也更便于解释和理解。"在夸美纽斯那里得以发现的最有价值的方法乃是'类比'或'相似'"①，因此教育隐喻在其名著《大教学论》中随处可见。"只要园丁不缺乏信心和勤劳，园地里就可以种植各种花蔬；白板上什么都没有写，但是什么都能写上，他能在一块白纸上随心所欲地写。""一棵果树能从自己的树干上自行生长，而一株野树则在经过一个熟练园丁的种植、灌溉与修剪以前，是不会结出甜美的果实来的。同样，一个人可以自行长成一个人形，但是若非先把德性与虔信灌输到他的身上，他就不能长成一个理性的、聪明的、有德行和虔信的动物。我们现在就要表明：这种步骤应该在植物幼小的时候去实行。"②可以看出，夸美纽斯将教师的教育技艺与园艺师的技艺进行类比，指出好的教育需要教师有信心、耐心并且勤劳，而且儿童是"可教"的，就如同像植物生长那样。同时，教育超出一般技艺而成为"艺术的艺术"，则表现在德性、理智与虔信等精神教育层面。

隐喻式的教育说理并不是为了让人们获得对教育的"新鲜认识"，而是素朴地展现教育的道理。现代教育从夸美纽斯的教育隐喻中总结出了"自然主义"的教育法则。自然主义教育主张模仿自然，就不得不依靠自然科学对自然的"认识论"模式去构建教育理论，详尽列举关于教育的各种原则、方法，将教育进行"工艺学"（怎样做）的构造，实际上是把教育实践拱手让给了可感事物和经验。③夸美纽斯的教育隐喻的言外之意确

---

① 高伟.生存论教育哲学[M].北京：教育科学出版社，2006：121.

② 夸美纽斯.大教学论[M].傅任敢，译.北京：教育科学出版社，1999：16，29.

③ 高伟.生存论教育哲学[M].北京：教育科学出版社，2006：126.

实有以自然规律来映射教育规律，希望教师教得轻松，学生也学得轻松。因此，劳伦斯（Laurence）在评价夸美纽斯的教育思想时说："如果按照自然规律办事，教育应该是很容易的。如果适合儿童不同发展阶段的需要，教育就不困难。"[①]教育并不简单地等同自然，人的成长要比动植物的生长要复杂得多。尽管将教育抽象为原则和规律，并不符合教育的艺术本性，但夸美纽斯对教育的说理方式使得教育语言具有了艺术直观的韵味。

隐喻不仅常出现在理论关键性的上下文里，也出现在政策性的字里行间。但作为政策性的隐喻，它不像"生长隐喻""雕刻隐喻"那样是为了证明教育理论，而是希望让喻体成为教育理念的象征。象征是语言表象的高度符号化，具有教育寓意深刻、教育联想丰富、教育情感真挚的艺术表现特点，如学校教育中的仪式、校训、楷模等。古代教育非常重视仪式。在充满仪式感的教育环境之中，教育主体能亲身体验到来自教育的责任与使命。仪式本身就是一种再现情感的艺术形式，教育仪式也是激发教育主体情感与信仰的形式。教育仪式要成为教育艺术的形式，必然要让教育主体产生仪式感，进而激发情感与信念。作为无声的语言，教育仪式要融入主体的审美经验之中，才真正成为教育生活的一部分，教育仪式的象征意义才能越过审美直观而被领悟到审美价值。

现代学校在表达自己的教育理念时，使用了大量的象征性的语言符号。象征本是符号，如果它选取和表述适当，对凸显教育理念有非常大的帮助。这些符号表现为教育口号、学校校训、学校文化标识等。例如，清华大学校训"自强不息、厚德载物"，体现了学校教育思想核心与文化发展灵魂。但教育象征如果不能与人的审美经验联系起来，缺乏直观就无法形成人的审美体验，对教育主体的意义与价值影响也有限。总之，好的教育象征要能够激发人的情感，形成人的审美经验，而不是仅仅停留在符号层面。

---

① 劳伦斯.现代教育的起源和发展[M].纪晓林，译.北京：北京语言学院出版社，1992：72.

在隐喻与象征背后，正是想象在起作用，所以语言才能通达人之理解。隐喻让人通过对喻体的想象使得本体直观起来，象征则让人直觉象征物而联想起其背后的意义。对于教育学来说，呼唤教育或教育学的想象力，对于缓解当下的教育焦躁具有一定作用。中国教育学要建构自己的话语体系，应该从自身的教育文化传统中寻找自己的语言——具有中国文化诗性特征的语言。

一种文化上的想象力，对于使得教育隐喻与象征在理解本土教育文化情境具有重要的作用。真正的教育理解需要亲身（embodied）和想象的中介作用，如果一味模仿西方的教育理论、理念与模式，不可能产生教育语言的艺术。"教育学的想象力涉及使每个人在现代社会中得以安身立命的根本，涉及对自身及人类未来的希冀与憧憬，其核心是对人之发展的关注与洞察。"[①]缺乏想象力的教育学无法理解教育艺术，因为艺术本身意味着经验、情感与想象。

总之，教育隐喻与象征不仅仅是修辞手法，它的语言本质是艺术思维。教育审美经验将人们对教育活动的感知置于一种美好的想象与期待之中，并自觉运用审美知觉的语言批评功能和创造功能去抵御教育异化中的经验和语言，从而捍卫一种共同的视域。[②]教育艺术适合于支撑这种共同视域，进而重新唤醒人们对"好教育""好人生"的想象与期待。

第四节　教育审美经验的艺术特性

审美经验的保存内在地具有感性形式，或者说审美体验的发生是有秩序的。马尔库塞（Marcuse）指出，"审美形式是感性形式，是由感性

---

① 王有升.教育学的想象力：教育学的基本原理引论[M].北京：人民出版社，2018：8.
② 耀斯.审美经验与文学解释学[M].顾建光，顾静宇，张乐天，译.上海：上海译文出版社，1997：138-139.

的秩序构成的"[①]。这无非是说人的审美经验具有类似逻各斯（Logos）那样赋予对象以结构和特性的能力。审美经验的在场，使得艺术对象的审美特性得以呈现。作为艺术的教育并非一般的艺术作品，教育艺术没有艺术对象，只有不断生成着的艺术创造和欣赏现象，这个特殊性使得人们更倾向于从主体意识构造的目的性与规律性中去寻求教育的艺术特性，而非去挖掘"教育艺术作品"的自在特性。

审美经验一部分是源生性的，即在广义的教育中（包括家庭教育、生活教育、社会教育）自己领悟到的情感体验，它构成了人在学校教育中"接受教育"的基础。另一部分则是在学校教育提供的有目的、有计划、有组织、有步骤的教育活动中培养起来的审美素养，代表了学校教育的文化属性。这两种审美经验在人的生存活动中相互交织、相互影响，进而内化为人稳定的人格结构，影响着人的行为活动。就源生性的审美经验而言，它不是一种为了让意识主体追求外在价值或是实现特殊目的的手段，因此并无明确的目的。而学校教育所培养的审美经验，往往包含积极的、正确的价值取向，具有明显的目的取向，甚至希望通过发挥"审美规律"来培养人高尚的、健康的审美经验。

一、无目的的合目的性

美是不依概念、无关利害的，因而对欣赏着的主体来说没有目的可言，这个规定使得审美经验与一般的生活经验拉开了距离。但同时又规定审美判断（鉴赏判断）"只以一个对象的合目的性形式为根据"，因为"审美判断完全不依赖于完善性的概念"。客观的合目的性要么是外在的，这就是有用性，要么是内在的，这就是对象的完善性。[②]这充分说明审美判断的形成所依赖的不是经验的知性部分，而是经验的感性（想象

---

① 马尔库塞.爱欲与文明：对弗洛伊德思想的哲学探讨[M].黄勇，薛民，译.上海：上海译文出版社，2005：142.

② 康德.判断力批判[M].邓晓芒，译.2版.北京：人民出版社，2002：62.

力）部分。审美经验受审美判断的"无目的的合目的性"特征影响，它不是有意识地去形成和累积审美经验的，往往是在不经意的一瞬间被惊讶、好奇、赞叹所打动，因为人们完全不知道对象的"完善性"何时会出现在人们意识之中。按现象学美学家英伽登（Ingarden）的观点来说，审美经验是被动形成的，因而是无目的的。

艺术有创作目的但无审美目的，教育艺术也是如此。教师的教育创造活动并不直接决定学生的审美体验的完善程度，反倒是学生的审美体验影响着教师的教育创造。好的教育活动，其教育目的往往不那么明显，但又不是完全没有目的，而是在学生不察觉教师的教育目的过程中实施教育活动，这种教育活动最能带给学生完美的教育情感体验。可以说，真正的教育艺术是不留痕迹的，只在学生体验完满体验的一瞬间发挥魔力。在其中真正发挥审美作用的，正是学生"源始性"的审美情感体验。

英加登对审美活动中人的审美情感体验有细致的描述："我们被一种特殊性质或一系列性质，或一种特殊的格式塔性质（例如一种色彩或色彩的和谐，一种旋律或节奏的性质，等等）所打动，它不仅吸引了我们的注意力，要我们把注意力集中在它身上，而且不让我们无动于衷。它对我们不是无关紧要的东西，而是以特殊的方式影响着我们。这种特殊的性质——吸引我们的注意并影响着我们——使我们产生特殊的情感，按照它在审美经验中的作用，我称之为这种经验的'原始情感'。"①

当然，也有人认为并不存在"审美情感"这一"过时的、形而上学的假设"，因为它无法在经验中得到验证。如果把情感视为有目的意向性经验，"审美情感"这一说法就无法成立，情感在它体验着的当下是没有目的可言的，所谓的情感目的是主体反思后所追加的。在教育主体被吸引的一瞬间并没有意识到有教育目的的存在，而是全身心投入一种新奇、惊讶或感动的体验之中。但就教育活动的"教育性"来说，学生受

① 英加登.对文学的艺术作品的认识[M].陈艳谷，晓未，译.北京：中国文联出版公司，1988：197.

到了教师所创造的"一系列特殊性质"的影响，教育目的在符合人的"原始情感"中实现了，一种新的、合乎教育内在规定性的审美经验也就产生了。审美经验的生成过程可以被视作教育过程，因为"教育即生成"。

教育原本没有目的。"在原始社会，非正式的教育或许没有明确的教育目的。即使有的话，这样的教育目的大概也是同生活本身的目的相一致。"①古希腊城邦的教育目的反映在城邦生活的审美目的之中，具有美学特征。古希腊人追求人的全面发展，本身就是对生活的审美态度，而非功利态度，这点与古罗马时期追求教育在政治上的实用（雄辩术的进一步发展）、心理上的安慰（斯多葛派追求人内在的完满）有很大不同。教育过程也本没有目的。杜威曾说"教育过程本身就是它的目的，在其自身之外没有任何其他目的"②，究其原因，还在于其认为教育的目的就是作为生命主体的人的生长、进化与完善，它没有终点（end），因而不应该有终极目的（aim）。人的生命成长始终在人原始情感、源始性审美经验基础上在自我生成、自我完善着，这是学校教育作用于人成长的着力点。

作为学校教育来说，教育应该是有目的的，杜威的学校教育目的最终落脚到"民主社会"，旨在为人的社会生活找到民主的生活模式，使得人的审美经验能打破"高贵艺术"的阶层隔膜，从而真正让个体依照民主的生活模式联合起来。按照这个逻辑，教育首先是作为促进人生长的艺术，这个层面的教育没有目的；同时，教育在更大的层面上作为塑造美好社会生活形式的政治艺术，在这个层面教育有明确的目的。作为个体的生长艺术和作为国家的政治艺术如何有机融合起来，乃至让全球公民认同，则是一种更为根本的、更加复杂的、更具挑战的艺术。

审美经验的源始性与可塑性相互交织的结果造就了教育的"无目的性"与"目的性"的悖论。但从审美特性上看，教育审美经验的特殊性使

---

① 布鲁巴克.教育问题史[M].单中惠，王强，译.济南：山东教育出版社，2012：1-3.
② 杜威.杜威全集·中期著作：第9卷：1916[M].俞吾金，孔慧，译.上海：华东师范大学出版社，2012：45.

得教育艺术具备了"无目的的合目的性"的特征。如果不具备艺术的超越眼光，人们就难以理解教育缘何既无目的，又需要目的。教师作为教育活动的设计者，需要把来自国家和社会的广义的教育目的分解在教育活动进程之中，唯一需要做的是促进学生更好地进行自我表现、自我发展，使学生在教育活动中获得更多的"具有特殊性质"的生命体验的机会，这是教师作为教育者的"无目的"的教育艺术——自我生长的艺术，也是教师作为"社会代表"的"有目的"的教育艺术——塑造人的艺术。

　　教育艺术具有"无目的的合目的性"，因为艺术、审美与教育艺术在本质上都指向人在精神上的自由。艺术创造属于人的"第二自然"。真正的艺术要显得不像人为，其目的不是直接表露出来，而是好像自然那样，以无目的的合目的形式来引起人的审美感受，引发出对自由、上帝、灵魂等超经验的理性理念（道德）感受的"第二自然"。① 在教育理论中，审美经验仍囿于审美教育理论之中。教育审美经验并不仅仅只在于艺术教育中得到体验和保存，而是存在于所有的教育活动和教育过程之中。正是出于对教育审美经验的忽视，教育活动并没有引导人趋向"第二自然"，而更多的是在人的头脑制造关于知识与道德的"人为痕迹"，这种教育也就丧失了其本有的艺术性。为了恢复教育的艺术本性，必须重视教育主体的审美经验，通过"想象力与知性的自由游戏"达到"无目的的合目的性"的艺术境界。

二、无规律的合规律性

　　教育艺术的特性是不是如一般人所理解的"让教师教得轻松，让学生学得轻松"呢？显然不是，这种理解只是把教育艺术作为一种减轻教学压力的手段。因为获得审美经验不是为了娱乐，即便存在"寓教于乐"，娱乐也不是学习的目的。为什么无数教育工作者总是想方设法找

---

① 李泽厚.批判哲学的批判：康德述评[M].北京：生活·读书·新知三联书店，2007：407.

到"让教师教得轻松，让学生学得轻松"的办法，甚至想总结教育教学规律来达到以上目的呢？如果仅从方法上着手，那显然是把教育艺术当作了教学技艺。

教育艺术本无规律可循，因为人的审美经验没有规律可依。但从教育艺术对教育主体所产生的审美效果上看，从教育艺术自身的形式和表现来看，教育艺术符合审美规律。教育艺术对教育生活世界的审美把握不是主观任意的，它只是要努力把握住教育世界中的"活的形象"，体验教育生活世界中美的形式与艺术表现。教育艺术归根结底要彰显人的生命存在与生命价值，它必须赋予人的生命以鲜活的形象。"一块无生命的石头经过雕刻获得纯粹的形式，超越了其作为实体的有限性，就可以成为活的形象。而一个人尽管有生命、有形象，但如果不能超越他的实在性，不能让他的生活从知性中获得形式，不能从纯粹的生活走向美感，也就不能成为活的形象。"[1]什么样的教育才能使人的生命鲜活起来，使人获得超越了肉体生命存在的更高的形式？那肯定需要民主、和谐的交往氛围，充满情感与智慧的教学情境，充满生命活力的教学过程，而最终使教师与学生双方在生命体悟、道德情感、人格结构等方面发生积极变化。以上描述本身就是教育的审美原则，它来自教育自身的规定性。尽管教育生活世界中的艺术形式与表现具有偶然性、短暂性，但仍然有规律可循，只是这种规律并不脱离人的可直接感受性的特点。

教育审美经验是特殊性与普遍性的有机统一。卢卡奇从日常生活中人的自我意识产生出发，认为审美领域中的拟人化特性与科学领域中的非拟人化特性都具有普遍性，只是它们对世界的反映方式不同而已。

处于审美领域中的人——不论是创作者还是感受者——对种类的属性作出反应，它既关系到对象，也关系到主体，使自我意识突破了单纯的日常生活的个别狭窄领域，获得了一种普遍性。它是一种完整的人的感

---

[1] 卢世林．美与人性的教育：席勒美学思想研究 [M]．北京：人民出版社，2009：60．

性直观的普遍化，与非拟人化科学的普遍性完全不同，是以拟人化原理的意识为基础的。

审美经验（感受）的普遍性是在人的感性范围内实现的，它与科学经验（规律）的普遍性在理性范畴上的实现完全不同。但审美经验也绝不可能是直接存在的现实的简单再现，而是以一种方式提高感受的直接性，"通过各种艺术所丰富和深化了的感官、情感和思想的相互作用，丰富和神话了这些原理……审美原理、各种类型的审美反映的审美统一性是长期发展过程的最终结果"①。审美经验总是在完成一种与科学逻辑不同的普遍化，其最高阶段是人类性。人类性是它更高发展的典型，但这种典型绝不是以一种科学概念式抽象形式表现的。人类绝不能与构成它的个体相脱离，审美经验也绝不能与构成人类整体的、真实存在着的生命个体无关。真正的审美经验中是以个体和个体命运的形式来表现人类。在教育生活世界中，个体的教育生活总是与其自身以及整个人类的命运紧密相连，不管人自身能否认识到这一点。通过教育来使人褪去其原始、直接、个体化的生活经验，获得具有更高教化向度的普遍经验，这本身就是一条教育规律。好的教育总是能更好地促进人经验的累积、保存和转化，使人成为人类意义上的大写的"人"，它内在地构成教育经验的审美原则。

教育审美经验对于教育理论构建来说，它不掺杂先入为主的观念，它是澄明的、无蔽的，反而更能反映教育的本质。教育审美经验的获得来源于长期的教育实践活动累积。在经验累积过程中，人自觉地把活动的目的、过程与效果作为意识的对象，在教育活动内部建立起有意义的关联，即形成对教育的整体结构、形式与意义。审美特性在于人始终有把感性与理性、自然与经验、身体与心灵、实践与理论统一在一起的天然特性，这是人的类本质特征。杜威力图把人的个体性与社会性结合起来，以"经验"来统合人与环境的有机关系和生命的意义，这本身就是

①　卢卡奇. 审美特性 [M]. 徐恒醇，译. 北京：社会科学文献出版社，2015：147.

诉诸审美力量的作用。美感或艺术是人改造客观世界的主观产物，遵从着实践活动中的"原始逻辑"，但又无法用科学话语来清晰表达。

教育审美经验有其不可言说的逻辑，但它同样能通向教育之真理。布迪厄（Bourdieu）指出，产生"原始"和"开化"这一对立表象是由于"全部积累起来的客观化工具支持的逻辑与实践的普遍性前逻辑的逻辑"之间的关系的一种特殊情况。[①]至于这个前逻辑或原始逻辑为何存在，只能出于人的智力条件，出于人的趣味偏好，在其能用逻辑解释之前其客观作用却是不言自明的。因此，教育生活世界本身就具有原始逻辑，也是不言自明的。教育理论的产生，教育形式与结构的形成，本身就是发生于教育科学逻辑之前的。教育审美经验的逻辑，虽不同于教育理论的逻辑，但同样产生教育真理。

必须指出，对教育艺术的解释也不能迷失在"超经验的迷雾中"，教育活动不仅有原则和目的，还有客观规律，是可以用经验来解释和验证的，教育艺术必须受教育规律的限制。所以，教育艺术并不是"诗意的狂热"，它必须包含理性的成分。如何将教育科学与教育艺术有机整合，不至于使教育科学陷入机械论，流入理性的空想，也不至于使教育艺术陷入目的论，形成对"彼岸"的幻觉，也是本研究的重要任务。

通过教育审美经验，教育才可能以艺术的形式呈现自身。但教育审美经验是不是就等同于教育艺术的经验呢？显然不是。舒斯特曼曾举了一个例子，说"不管对落日的审美经验是如何有力和普遍，我们很难将它们视为艺术"[②]。由此类推，审美经验要成为艺术经验，必须把人们与自然的关系变成通过自然来反照自身的关系。这正说明艺术乃是人的艺术，而不仅仅是经验累积，重要的是通过经验来观照自身作为生命存在的意义与价值。存在的到达总是持续着的，而在存在的到达的持续中总是等

① 布迪厄.实践感[M].蒋梓骅，译.南京：译林出版社，2003：29.
② 舒斯特曼.生活即审美：审美经验和生活艺术[M].彭锋，等译.北京：北京大学出版社，2007：29.

待着人的，把这样的存在的到达时时形诸语言，这就是思的唯一语言。①
而语言只有超出了人的经验，进而与人们的生命存在产生了某种联系的
东西，人们才称之为艺术。海德格尔反复指责艺术的经验本体论也许是
艺术死亡于其中的要素，真正的艺术乃是"从本有而来"。只有超越教
育经验乃至教育审美经验本身，人们探讨教育艺术经验的审美特性才是
有意义的，进而对人们认识教育的存在本质、教育对人之存在的价值与
意义，才变得有意义。

　　虽然人的教育审美经验来源于教育实践活动，但教育审美经验所引
发的情感体验、审美期待与教育想象已超出了教育经验本身。所以，教
育为艺术的根本在于本真性教育的超越性。明显地以一种求真的科学态
度，或以一种求善的道德态度，或以一种日常的实用态度对待艺术品，
由此产生的经验当然不能算作审美经验。②教育艺术经验包括教育实践活
动中的创造经验与艺术体验，它们是具体的、生动的、值得珍视的，蕴
含着丰富的教育价值。但不能就此止步于经验，而是要让教育审美经验
彰显教育主体的生命存在，实现主体积极、自由、创造的生命价值。

　　教育审美经验是与存在相遇的根本经验，超越了经验主义式的个人
体验与感悟。一方面，"赋予审美经验以本体论的意义，就是承认情感先
验的宇宙论方面和存在方面都是以存在为基础的"③，教育艺术要升华教育
主体的审美经验，使人通过教育找到生命的存在价值与意义；另一方面，
教育审美经验不能被看作一个一成不变的、狭隘地等同于美的艺术的纯

---

① 海德格尔.演讲与论文集 [M].孙周兴，译.北京：生活·读书·新知三联书店，
2005：405.

② 王汶成.论"艺术审美经验"的涵义 [J].烟台大学学报（哲学社会科学版），2006
（3）：291-297.

③ 杜夫海纳.审美经验现象学：下 [M].韩树站，译.北京：文化艺术出版社，1992：
581.

粹自律接受的概念①，教育艺术的实现必定是一个流动的、交互的、生成的教育过程，生命存在的价值与意义是不断自我发现、自我确证。鲜活的审美经验如何既有形而上学的理论形式，又不失与感性生活的密切联系，并在教育活动中既有一定的目的性又不显得功利，既有一定的原则性又有不失灵活的创造性，这种境界只能在教育艺术中实现。

总之，教育艺术与教育主体的审美经验密切相关。教育审美经验是生活经验、教育经验的集中与强化，是教育想象力与知性的自由游戏，是教育实践生活中"做"与"受"的统一。教育审美经验在陌生与熟悉感之间不断交替，在对教育情境的理解与解释中"道说"教育艺术经验，在交往与对话中建构教育艺术世界。教育模仿、再现与游戏是教育审美经验的外化，形成了教育艺术经验的表现形式，并通过教育隐喻、象征与想象，凝结为教育艺术的语言。教育审美经验使得教育实践活动表现出艺术创造与欣赏的"无目的的合目的性"与"无规律的合规律性"的艺术特性。"无目的的合目的性"界定了美的结构，"无规律的合规律性"界定了自由的结构，它们共同的特点，则在于高扬了在自由游戏中人和自然释放出的潜能。②教育艺术的合目的性与合规律性相统一，教育实践活动得以超越现实生存的功利性目的，克服教育技艺对人的操作与摆置，生命存在的价值与意义才能成为重要的生命经验。

① 舒斯特曼.生活即审美：审美经验和生活艺术 [M].彭锋，等译.北京：北京大学出版社，2007：25.
② 谭容培，刘永胜.生命本然与审美存在之思：马尔库塞新感性实质[J].湖南师范大学社会科学学报，2008（2）：121-126.

第五章　教育艺术之审美价值

价值就是存在，是完善的存在。价值并非人或世界单方面的存在，而是人与世界之间不可分割的纽带。[①]教育艺术之审美价值研究，是对教育的艺术价值的先验还原，即对教育作为艺术有何审美价值依据，教育根据什么价值才能艺术地存在。

审美价值并不是审美主体对审美对象和现象做出主观评价而已，把价值归结为评价会导致对价值客观性的否定。人们并不能从价值评价中孵化出价值。价值评价既可能是真的（如果它符合价值），也可能是伪的（如果它不符合价值）。[②]但艺术的价值从何而来？由什么来保证价值能超出个人主观性而成为主体间能分享并承认的东西？这要从审美关系和价值关系来探讨教育艺术，这是教育主体的交互性、教育价值的多元性所决定的。

审美价值在本质上是主体所做出的价值判断。"美"这个词，在日常生活中是当作形容词来使用的，但在美学或哲学中，则成了名词。当作形容词时，如"这座雕像是美的"，实际上就是在下审美判断。而作

---

① 杜夫海纳．美学与哲学 [M]．孙非，译．北京：中国社会科学出版社，1985：24，33.

② 斯托洛维奇．审美价值的本质 [M]．凌继尧，译．北京：中国社会科学出版社，2007：33-34.

为名词时，它则意味着"美的事物的普遍共性"。①这个共性的东西，不仅表现为美的特性，如古典美学所崇尚的"高贵的单纯，静穆的伟大"，也表现为美的价值，因为审美判断包含人的价值尺度。按照盖格尔的理解，审美价值是区分美学科学与其他科学的根本特征，每一个特殊的学科都有可能存在审美的领域，而且"'审美'价值也应当毫无保留地被理解成为'艺术'价值"，"每一个可以贴上审美价值标签的事物——每一个可以被当作美的或者丑的、本原的或者琐屑的、崇高的或者普通的、雅致的或者粗俗的、高贵的或者卑贱的等等东西来评价的事物……都属于作为一种特殊科学的美学领域"②。盖格尔所列举的特殊科学的"特征"，都是人文学科才具有的特征。作为人文学科的教育学之所以具有审美特性，作为人文活动的教育活动之所以能成为艺术，都是因为教育作为特殊学科本身就存在着"美学领域"，教育本身就有审美价值，而且教育的审美价值应当毫无保留地理解为教育的艺术价值。

教育艺术与其他艺术不同之处在于教育永远没有"艺术成品"。但教师必须是发掘儿童个性、实施人格教育的艺术家，必须精于说话的艺术，富有艺术洞察力与感染力，教师就犹如艺术家创作作品那样在创造价值。③真正的教育永远在生成价值，而教育价值则赋予了教育艺术以精神意味。教育价值是人在对照自身生存意义的领会、理解的基础上自觉生成建构自身素质过程的生存领会状态，这一过程，表现为人的后天素质的不断生成。④教育价值意味着使人通过教育不断成为"人"，作为"人"的素养不断丰富，不断内化为人的生存本质，成为人格结构的一部分。教育价值对于人的生存意义和价值来说，永远具有"未完成性"、不可预见性，这是教育作为"艺术的艺术"的最好诠释——教育永远在

---

① 杜夫海纳.美学与哲学[M].孙非，译.北京：中国社会科学出版社，1985：9.
② 盖格尔.艺术的意味[M].艾彦，译.北京：华夏出版社，1999：5.
③ 邹进.现代德国文化教育学[M].太原：山西教育出版社，1992：15.
④ 薛忠祥.基于教育存在论的教育价值论研究[M].北京：科学出版社，2017：50.

创造之中，人永远在生成之中。

并不是所有具有教育价值的活动，都可以成为教育艺术，它必须具有教育的艺术形式。可以说，教育艺术是具有教育价值的艺术形式，通过艺术表现形式，教育才能成为有价值的艺术。盖格尔说："在真正的艺术表现的顶点，我们发现了一个存在于我们面前的世界；对于我们来说，这个世界根本不是实际存在的世界，但是它却拥有它自己的实在形式。"①对教育来说，它不仅要让受教育者通过学校教育进入一个已经实际存在的世界，还要真正认识我们正面对的世界，更重要的是有能力与勇气去改变这个世界。这不是一般的教育技艺能达成的，只有通过教育艺术才能更好地实现教育的深层价值。基于生命活动来展现生命表现、生命体验的形式价值属于教育艺术的表层效果，基于生命存在来领悟人的存在价值与意义，则是教育艺术的深层价值。

人们使用教育艺术这个概念，就已经表明了对某种已经领会但未言明的教育价值的认可。教育艺术本身带有某种价值立场，它可能是政治的、道德的或有实用效果的。这种习惯用法往往是从教育者出发来考虑的，重视的是教育艺术的政治、道德或实践价值，符合了教育者的价值立场，并不一定适合受教育者的立场。如果从体验的角度来看，这仍然是不完整的教育艺术概念。这也进一步说明了教育艺术的体认需要建立在交互主体性的基础上才能得以成立。

审美对象上能够在多大程度上满足主体的审美需要、引起主体审美感受，就具有相应程度的价值。审美价值是主体间性的，是相对客观的，尽管每个人的审美态度、趣味不同，审美对象对主体的审美意识的激发状况不同，但它仍然要脱离主体的主观判断标准，上升到社会的、历史的尺度上来。因此，教育艺术的审美价值不仅要合乎教育主体的审美需要，还要合乎社会与历史的审美价值标准，这样教育艺术可以避免审美的相对主义。

---

① 盖格尔.艺术的意味[M].艾彦，译.北京：华夏出版社，1999：267.

教育艺术的理论必须由世界观来决定。① 为了回避"意识形态"这个暧昧的、有着诸多容易引起误解意思的词语，人们也可以使用"理性的信念系统""教条的信仰系统"或"世界观"的说法。在一种积极的意义上，意识形态是一种"被解释为起指示系统的价值体系"②。就这一点而言，教育艺术与审美意识形态、历史文化积淀而来的社会价值体系是互为因果的。

艺术创作也好，艺术欣赏也罢，从根本上说都是一种赋予价值的审美活动。艺术不仅赋予一个对象以生命意义，更是让欣赏者在审美现象中升华对自身生命存在的价值与意义的体悟。据说，苏格拉底年幼时观看其父亲用石头雕刻一座狮子，便也想要学雕刻技艺，其父说他不是在雕刻狮子，而是从石头中唤醒狮子的生命。③ 这个教育隐喻对苏格拉底日后形成对话教育方法具有深刻启示作用。教育艺术的审美价值及其意义生成，也体现在它能唤醒生命并赋予生命更崇高的价值，因而与庸常的仅以人的现实生存作为最高目的的教育划清了界限。艺术作为一种审美活动，不管是基于表层价值还是深层价值，都是生命活动的结果，因而它的价值具有强烈的生命特征，或者具有生命的意味。④ 接下来从教育艺术审美的表层价值与深层价值两个方面展开论述，并看看它们何以作为教育艺术的根据。

---

① 布列钦卡.教育知识的哲学 [M].杨明全，宋时春，译.上海：华东师范大学出版社，2006：211.

② 布列钦卡.教育知识的哲学 [M].杨明全，宋时春，译.上海：华东师范大学出版社，2006：16.

③ 李政涛.教育常识 [M].上海：华东师范大学出版社，2016：25.

④ 林珍香.盖格尔现象学审美经验中艺术效果与价值论的关系 [J].美术教育研究，2020（5）：30-31.

第一节 教育艺术的审美价值类型

对教育艺术的审美价值进行表层价值与深层价值二分，与对教育价值进行外在价值与内在价值二分有相似之处。审美活动所产生的表层价值只停留在人的感官与知觉层面，它是表层的艺术效果——快乐——生命事件的象征。[①]而艺术所引发的深层价值则是接近人格核心的幸福状态，要比快乐的根源深刻得多。可以肯定的是，这两种层次的价值都具有生命意义，只是程度不同而已。而教育的外在价值主要与教育之于人和社会的功用相关，强调教育对人和社会需要的满足，如谋生和享用价值、政治价值、经济价值、文化价值等，需要依赖其他对象来显现价值，也被称为工具价值、实用价值。教育的内在价值主要是肯定人本身的价值，如人类价值、人格价值、生命价值，它主要侧重教育自身的形式价值与理想价值。不需要依赖其他价值而自身就具有的价值，也被称为固有价值、终极价值、永恒价值。表层与深层之分、外在与内在之分，在方法上有本质区别，前者是基于现象学美学的区分方法，旨在"回到审美现象本身"，后者是形而上学的价值论，主张形式比内容、理念比现实更接近本质。

对艺术审美价值进行分类或分层是一件困难的事情，因为不存在艺术的审美标准和价值标准。如果人们赋予教育方法或教学技艺在造成某些艺术效果方面是成立的，而且人们也可以学习它们，一旦涉及对审美价值的创造，那么学习的可能性就终止了。根本就不存在有关具有创造艺术价值的艺术作品的法则，也根本就不可能建立起有关艺术作品和艺

[①] 盖格尔.艺术的意味[M].艾彦，译.北京：华夏出版社，1999：66.

术体验作品的一般法则。①现象学美学视域下的艺术审美价值分类已经打破了主观与客观价值之分、内在与外在价值之分，甚至也不完全承认审美需要说、审美关系说。借鉴盖格尔的审美价值分类，结合对教育价值的理解，尝试对教育艺术的审美价值进行类型上的划分。

一、表层审美价值与深层审美价值

教育艺术的表层价值与教育活动中教育主体的行为模式与心理状态相关联，主要表现为行为上的互动与情感上的愉悦，它们在知觉层面可以被直观感受，产生直接性、印象性的审美效果。从行为模式上看，处于教育情境中的教育主体是互动中的主体，他们始终处在对话层面或精神层面上的交流之中，师生双方高度发挥了各自教与学的主体性。从这样的教育情境中可以直观到生命活力的在场，教育主体互动、交往、对话的行为模式成为表演和欣赏的对象。从心理状态来看，能从教育情境中直观到教学氛围整体和谐，洋溢着愉快的心理气氛，教育主体身心舒展，体验到教与学的快乐。这种直观的愉悦氛围具有感染力，对参与者与观看者的心灵产生了积极的审美效果。但仅从行为模式和心理状态来分析教育审美现象的价值，只是停留在知觉层面，还不能构成教育作为艺术的根据，它仅仅构成了教育艺术之表象。

教育艺术的深层价值与教育主体的人格生成相关联，它超越了行为的直接性与心理层面的被动性。教育艺术的深层价值不在于体验，而是从体验中体悟自身的生命存在的价值与意义，因而人收获的是幸福而不是简单的快乐。在这种教育情境之下，教育主体投入一个意义充实、价值完满的世界。教育活动的内容、手段与方法不再是外在于主体生命的物因素，他们投入教育活动中的智力、情感与互动因素也不再需要付诸努力就能保持专注，因为教育主体与其世界已融为一体，教育活动就是

---

① 盖格尔. 艺术的意味 [M]. 艾彦，译. 北京：华夏出版社，1999：45.

其生命价值与意义生成本身。这种境界的产生，在于教育主体的审美需要、审美意识以及审美经验在教育活动中实时产生作用，借教育活动各种因素与各个环节来表现自身、体悟自身，最终使得主体能感受自身存在于一个独特的世界。

教育艺术的审美价值在于为教育主体生成了能安放其存在价值与意义的独特世界，它既包括表层的交往价值、带来快乐与愉悦的心理价值，也包括人格生成、意义体认的深层价值。只有在世界与它所理解的和理解它的主观性相结合时，世界才成为世界。通过审美意识和审美经验，人们所展开、生成、体悟、确认的世界是一个包含了主体价值的价值世界。杜夫海纳曾说"我在世界上，世界在我身上"①。在《孟子·尽心上》中，孟子也说"万物皆备于我矣，反身而诚，乐莫大焉"。"我"与教育世界一体，就是教育艺术最高的审美境界。

二、积极内容价值与审美形式价值

任何艺术作品都是由一定内容构成的。教育艺术也是如此，因为教育不仅是人与人之间交往的行动表象与心理现象，它还必须超越具体的教育内容、活动内容，呈现出可被观赏的"内容"。评价一堂课"形式新颖""趣味盎然""生动形象""节奏欢快""循循善诱""氛围愉悦"等，不是针对教育活动内容本身展开的，而是将整个教育过程以及教育主体的反应当作一个整体来评价的。因此，"积极内容价值"并不是指教育内容是积极的、有教益的东西，而是指整个教育情境作为被欣赏的对象，它本身就是有主题、有内容的价值对象。积极内容价值是指审美对象中的生命性、精神性东西的承担者，如人体雕塑所表现的力量，教育活动所呈现出的生命活力与智慧之光，这种显示出人性的东西使得审美对象具有积极内容价值。艺术作品绝非自然风景那般自在存在，而是审

---

① 杜夫海纳.美学与哲学[M].孙非，译.北京：中国社会科学出版社，1985：32-33.

美意识依照人性理想所建构出来的。同理，一堂好课或是好的教育，正是倾注了人的智慧、情感与妙法才能生成，所倾注的是教育创造艺术的积极内容。同时，好的课堂或好的教育，也是学生智慧生成、情感体验与生命表现的教育，所生成的正是教育作为艺术审美的积极内容。当然，这些积极内容只能通过人的审美意识、审美经验才能体悟出教育的艺术价值。

审美的"形式价值"是指"有关节奏韵律模式、和谐律动形式"的价值原理，具体包括"对称与和谐、节奏与平衡、比例和多样性的统一的事实"。① 教师在其主导的教学活动循循善诱、层层推进、环环相扣、条分缕析、鞭辟入里，学生在其参与的教学活动中孜孜不倦、聚精会神、趣味盎然、神采奕奕，整个教育情境显得张弛有度、平稳和谐、寓教于乐。这种教育活动在形式上节奏韵律，在精神上和谐律动，到达了教育的艺术境界。《学记》有云："故君子之于学也，藏焉，修焉，息焉，游焉。"这道出了教育活动在形式与内容上要富于变化，多样统一，可谓我国最早的关于教育艺术审美的形式价值的描述。

盖格尔认为，"和谐律动"的形式价值具有构造秩序、累积经验、肯定自我的功能，并使得形式价值向积极内容价值转换。"存在于形式构造之中的给人印象深刻的秩序的功能……对于自我来说，它改变了那可以赋予秩序的东西，使之从一团异己的混乱的东西变成了一种可以被自我把握的东西……这种经验性的自我希望在他自己的个性之中感受自身，肯定自身……和谐律动通过这样做，就从一种单纯的形式价值转变成为积极内容的价值了"②。

教育艺术审美的形式价值的生成与教育规律、教育原则的产生不同，前者是主体给予感性一个统一的形式，后者则是教育经验的总结归纳；前者是通过经验性自我实现、自我确证，后者是把经验排除在主体之外，

---

① 盖格尔.艺术的意味[M].艾彦，译.北京：华夏出版社，1999：145.
② 盖格尔.艺术的意味[M].艾彦，译.北京：华夏出版社，1999：145-153.

让教育规律与原则成为自在的东西。教育艺术审美的形式价值归根结底是直观的产物，是完满的审美经验对知觉整体瞬间的、直觉的把握。从审美效果上，教育艺术的审美形式价值具有类似于教育规律与原则的客观效果。好的教育并不是任由教师的主观意愿随意地进行，而是吻合了能引发主体审美体验的那些积极内容价值和形式价值，表现了教育艺术的无规律的合规律性。

三、原生的模仿价值与预设的隐喻价值

艺术审美的"模仿价值"是指按照客体原来的样子再现客体，不加以任何美化、深化、风格化。[①]模仿价值在于模仿的对象本身具有原生的、自在的价值，即它不受人与对象的价值关系所决定。艺术家不能漫无边际地发挥他的想象力，而必须以一种直截了当的、生动逼真的方式再现色彩和形状、姿态和运动、生命和形式，使人们能够以纯洁的、富有强度的心境去体验它所再现的东西。[②]因此，模仿价值首先在于人在模仿对象上找到具有原生的、自在的价值。有原生价值的东西往往并不是可见的，艺术家必须以艺术的形式将其表现和再现出来。正如教育模仿自然一样，是因为人们意识到自然，尤其是人本身的自然生长具有原生价值，并通过某些教育形式、理念将人原生价值进行教育转换。因此，出于模仿的教育必须首先找到存在于受教育者身上的自然的、原生的价值，如人的需要、兴趣、尊严、情感等，然后教师如同艺术家那样在对象（人）身上再现或使对象表现出这些价值来。但教育尊重人的自然本性中的价值，是否就是不加任何美化、深化、风格化，做到"清水出芙蓉，天然去雕饰"呢？肯定不行，因为学校教育具有社会属性，人需要通过教育适应社会、融入社会，必须克服自身的自然性与直接性。如果教育给人预设了本质，那人就失去了从教育中获得自由的可能。自为的人作为教

---

① 盖格尔.艺术的意味[M].艾彦，译.北京：华夏出版社，1999：155.
② 盖格尔.艺术的意味[M].艾彦，译.北京：华夏出版社，1999：155-156.

育的对象不能由教育者来设定本质，因此教育不可能通过模仿自然、模仿人的本质来培养完美的人。只有通过引导人朝向可能的将来，让人自行褪去其自然本性，人才能摆脱自在的存在走向自为的存在，即生成其本质。

隐喻是文学与艺术作品的重要表达方式，也是教学艺术的表达方式之一。孔子、庄子、孟子经常使用隐喻来施以教化。隐喻价值是人的价值投射，反映了人的直接身体经验与所理解对象之间的价值关系，如人们经常使用"儿童是花朵""教师甘为人梯"等来隐喻儿童的价值、教师的奉献精神。与原生的模仿价值不同，教育隐喻的价值不是原生价值，而是教育主体所预设的价值。但作为教师经常使用的说理方式，如"故事隐喻""反讽隐喻"，甚至作为教育理论经常使用的推理方式，如"雕刻隐喻""生长隐喻"等，教育隐喻很好地传递出了说理者、推理者的价值预设，而且隐喻形式形象生动，容易引起想象性和情感性的共鸣，同时教育对象易于接受。一旦教育者自行设置的教育价值在受教育者身上得到充分展现，得到师生主体间的相互认同，就会产生对隐喻性教育活动的审美体验，生成教育主体的审美经验，教育的艺术意蕴就会在教育主体的心灵中产生。

不论何种审美价值类型，都是教育艺术的存在根据，因为它们都与人在教育生活世界中的生存状况密切相关。人们甚至还可以提出教育游戏的审美价值、教育戏剧的审美价值、教育想象的审美价值等其他价值类型，但无论如何分类，都会回到人的精神状况上来，因为艺术的存在方式本身反映了人的存在方式。教育作为人生命活动、生命体验以及生命表现艺术，它必须彰显人的存在价值。

第二节　教育艺术的审美价值确证

艺术不能教人们"应当"做什么。如果它能告诉人们做什么，那就沦为了道德的塑造性或叙述性分支。艺术只是有力地激荡人们、升华人们，使人们成为自己想要成为的人。①

艺术不具有实用价值，也不追求实用价值。艺术的价值只为了人的生命而存在。教育艺术亦是如此，它为了人的生命，通过人的生命，提升人的生命，可以说教育艺术的审美价值与人的生存状况休戚相关。随着人生命意识的展开、审美经验的完善、教化程度的提高，对教育的审美能力也在提升。所谓教育审美能力，是指教育主体对教育活动的鉴赏判断能力，即对教育活动的性质、价值、内容和形式等进行分析、判断和评价的能力。教育审美能力并不是教育者所专门具有的专业能力，处于特定教育情境中的受教育者也具有这种能力。审美需要和审美能力是与生俱来的，只是受教育者不能像教育者那样专业地使用它们，但并不影响受教育者对教育活动的感性判断。受教育者对教育活动有个性化的需求和理解，对教育价值的体验和感受更为直接。可以说，教育者是教育价值的主导者，受教育者则是教育价值的确证者，本真性的教育价值属于教育活动本身，教育主体共同创造、分享和认同教育价值。因此，教育审美价值是教育主体在互动中动态生成的，经过教育主体间不断创造和确认，最终达成教育艺术所朝向的各类审美价值的认同。任何不加分析地认为教育者"独占"教育价值，拥有教育价值的定义权，无疑是否认了受教育者对教育价值的审美接受的一面，是对受教育者审美需要的漠视。

---

① 萨瓦特尔.哲学的邀请：人生的追问[M].林经纬，译.北京：北京大学出版社，2007：172.

因此，完全有理由排除教育价值中的主体—客体、对象—实践的价值认识关系，无论把受教育者作为客体还是实践对象，都是强调受教育者通过教育之后所具有的"属性"、显现的"特性"，人实际上被物化了。只有以教育主体间共享的审美价值关系作为承诺，教育价值才能真正获得其内在的人性尊严。

一、教育审美关系澄明教育审美价值

实践活动不像物那样存在着自然的审美属性，即便有所谓的审美属性，那也是人投射到对象上的价值。康德美学也认为，美就其自身来看不是物的属性，人们必须把对美的对象和对于对象的美的展望区分开来。[①] 教育作为实践活动，不能把实践活动本身的价值当作物的价值属性那样来理解，因为教育实践活动的主体是人，对象也是人，不同的人对教育价值有其自己的理解和展望。教育的审美价值也不是教育本身固有的本性，而是混合了不同教育主体的审美需要、审美期待、审美经验和审美能力所产生的价值关系。这种价值关系既包含人类在长期的历史实践中对教育所赋予和积淀的文化关系，也包括教育主体在现实的教育情境中所生成的师生双向的心理价值，还包括教育主体对教育中的丑恶现象的审美反价值。

美就其根本而言，是人类价值领域的现象。[②] 美是一种主体间的价值关系，审美关系本质上是价值关系，甚至道德关系、功利实践关系也都是价值关系。价值本身不仅可能是审美的，而且是道德的（善）、实践的（利益）、经济的（经济价值）、认识的（真）等。[③] 教育作为艺术，

---

① 康德.判断力批判 [M].邓晓芒，译.2 版.北京：人民出版社，2002：80.

② 舒也，李蕊.价值论美学论纲 [J].马克思主义美学研究，2012，15（1）：96-116，317-318.

③ 斯托洛维奇.审美价值的本质 [M].凌继尧，译.北京：中国社会科学出版社，2007：11.

就是要把各种可能的价值联合起来，即把真、善、美的价值，个人与社会的价值，当前与未来的价值统一成为个体人格结构的一部分，使得他们对各种价值现象具有正确的审美反映模式，确立积极的价值关系。这样做的理由在于：人对现实世界的审美反映、与世界的审美价值关系体现了人的存在本质。

文化本身包含了人类审美感性的历史积淀成分，人类对审美价值关系普遍化的历程，就是个体命运走向人类命运的过程。教育的价值属性与其历史使命是同一的。在教育价值的历史建构过程，人们通过教育实践不断确立教育的审美价值关系。通过教育主体对教育的美感与实践感的相互交织，教育主体的审美关系确证了，教育价值也就确立了，教育作为艺术也具有了审美对象和价值依托。教育审美价值是教育价值的集中体现，审美为教育价值中的真与善给出了感性上的保证。就教育这种培养人的特殊的实践活动来说，教育审美价值关系的形成，就体现在教育主体对知识、文化以及社会价值的理解、接受与认同之中，它是教育主体在长期的文化实践中所确认并建立起来的。教育价值虽然具有文化、历史与社会的价值烙印，但最终要与教育主体审美感性形成价值关系，才能真正成为现实的、具体的教育审美价值。

在特定的教育情境之中，教育者与受教育者之间也在动态生成教育审美价值关系。由于教育者与受教育者在经验、需求、立场上存在差异，他们对教育价值的认识与理解也存在差异。教育者与受教育者生成和谐的教育审美价值关系，是教育呈现出艺术状态的关键。一方面，教育者对受教育者在知识学习、智慧生长、人格品质、社会适应性等诸方面有所期待，代表了国家和社会对年青一代在受教育方面的价值要求；另一方面，受教育者对教师的教学能力、风格、方法与手段等诸方面也有所期待，对教师的教育质量亦有价值要求。吴康宁在反思育人方式时谈到，好的教学情境应做到"三有"：第一，好的课堂教学应能使学生课前有期待，并因此而有兴奋感；第二，好的课堂教学应能使学生课中有享受，并因此而有满足感；第三，好的课堂教学应能使学生课后有回味，并因此而有留恋感。① 这个感悟正说明了脱离了受教育者的审美期待与审美体验，根本不可能有好的课堂。人没有审美期待，脱离和理想的相互关系，现实世界就没有任何审美价值。任何价值关系没有从理想的立场对现实现象的评价是不可思议的。② 因此，现实的教育实践活动的审美价值，是教育主体间审美期待、审美理想的动态平衡，现实的教育价值也是教育主体通过审美感性相互作用而形成的价值关系。

　　不论是消极教育还是积极教育，通常所理解的教育价值都是站在教育者的立场，是"通过教育的价值"。但作为艺术的教育，具有审美价值的教育，则要求站在受教育者的立场做出价值取舍，即思考教育对受教育者的精神生命意味着什么。任何代替受教育者所预设的"教育价值"，都不能真实地反映教育主体的价值关系，更谈不上审美意义上的价值关系，甚至可能出现"审美反价值"现象。一旦人能对教育的丑恶现象形成自觉的反感与抵制，审美反价值就形成了，这有点类似人们欣赏悲剧或丑剧的心理反应，审美判断力与价值判断力本融为一体。

　　教育审美价值具有克服庸俗的教育价值的作用，使教育审美价值与非审美价值区分开。教育的确使人具有谋生和享用的价值，但这毕竟不是教育的根本价值。只有真正反映了教育主体间审美关系的价值，如共情、民主、自由、机智等教育主体本真性的生命存在状态的价值，才是教育的根本价值。

二、教育审美理想支撑教育审美价值

　　承认教育具有审美价值是探讨教育艺术的一个必要条件。审美价值

---

① 吴康宁.反思育人方式（4）：课堂教学不是什么：忽然想到之121[EB/OL].（2021-08-11）[2023-11-14]. https://mp.weixin.qq.com/s/2sqb5-HytGuAXAPHL9vIVQ.

② 斯托洛维奇.审美价值的本质[M].凌继尧，译.北京：中国社会科学出版社，2007：36.

从何而来？教育审美经验是否能将审美意识聚焦到那些真正有价值的内容和活动上来？审美意识是否能体验到教师的先验善意，是否能克服异己的东西进而在自我意识中产生真正有教益的东西？如果不能，还必须有审美理想作为价值承诺。审美理想从何而来？它必定是人类社会文化所积淀的东西，代表了人类价值的东西，必须通过艺术创造、表现和体验现实化，通过人的本质力量现实地呈现出来。因此，探讨教育作为艺术的根据，必须讨论人对教育的审美理想和价值期待。

审美理想是人向往和追求美的最高境界，在审美意识中居于最高层次，是一个审美核心范畴。[①]审美理想并不是凭空而来的，它在人的日常生活经验中产生，随着纯粹的审美经验的凝结，升华为审美主体对于美的向往、憧憬和追求。可以说，审美理想是对"完美"的期待，是对最高审美价值的追求。在具体的审美活动中，审美主体对客观审美对象进行情感评价、理智选择和扬弃、改造而得出的新的审美关系及其审美需要的系统的主观构想，对符合理想目标的未来生活图景的美的想象和创造性的形象描绘，最终形成主体的审美理想。[②]可以看出，审美理想意味着主体总是在想象中憧憬完善自身，赋予自身更高的使命与价值，它体现为人对更高的价值、完善的价值的欲求，甚至可以说审美理想就是一种心理动力。

审美价值关系的真实性或虚伪性取决于人的意识同这种意识所反映的对象或现象是否相符，是否真实或歪曲地反映了对象或现象。[③]审美价值关系的真实性、纯粹性，最终还是由审美主体的意识来保证，当然不排除个体的审美经验、社会的审美文化习俗、潮流对当下意识的影响。审美理想作为一种特殊的审美意识，绝不会自欺欺人地让人产生对艺术

---

① 王钦鸿.论审美理想的特征与价值 [J].齐鲁学刊，2006（5）：90-93.
② 张荷英，邓东，周建发.人生审美观概论 [M].济南：山东大学出版社，1992：74.
③ 斯托洛维奇.现实中和艺术中的审美 [M].凌继尧，金亚娜，译.北京：生活·读书·新知三联书店，1985：4.

的虚假意识，更不能令人心悦诚服地认同某种强加的艺术价值。审美理想是审美主体之间与现实生活的审美关系的结晶，是对现实能动的、想象性的审美反映。审美理想潜在地影响着人的审美意识构造，虽然带有模糊性，与构思成熟的审美意象不同，但正是这种形象蓝图，或隐或显地制约着审美意象的孕育。① 人的意识能否对现实的教育活动构成具有审美价值和意义的教育图景，能否从教育实践活动中汲取滋养人格的精神力量，能否对现实生成着的教育价值达成审美认同，关键在于教育活动在多大程度上合乎教育主体的审美理想。

教育的理想价值在于教人求真、向善、立美。但如果就此认为教育的审美价值只在审美教育领域，则狭隘地理解了教育审美价值。审美力量不仅仅显现在艺术领域，它实际上贯穿了人的整个生活场域。因为审美经验并不是只在艺术教育中得到体验和保存，而是存在于所有的教育活动和教育过程之中；审美理想也不仅仅影响审美价值判断和选择，更是为教育实现真与善的价值提供了心理保证。在意志与情感的驱动下，教育审美理想能成为实现教育价值的动力。审美理想最大限度地发挥了教育的想象力，成为教育主体间生成教育价值的重要因素。

三、教育审美价值源于教育艺术创造与欣赏的统一

教育审美价值是否就是教育艺术价值呢？显然还不是，教育作为可被欣赏的艺术，其前提是教育必须是实践创造的艺术。人需要在实践中观照自身，而且总是以审美的眼光观照自身。艺术是人的作品，是人对自然的人化，是人精神力量的投射。"一个小男孩把石头抛在河水里，以惊奇的神色去看水中所现的圆圈，觉得这是一个作品，在这作品中看出他自己活动的结果。"② 这个例子形象地展现出人对自然物人化后的"艺术

---

① 金开诚.文艺心理学术语详解辞典［M］.北京：北京大学出版社，1992：23.
② 黑格尔.美学：第1卷［M］.朱光潜，译.北京：商务印书馆出版社，1982：37-38.

成就"，并在此过程中欣赏自己、思考自己的"人化对象"，把"艺术成就"看作创造与欣赏的结合。

马克思主义的实践论美学认为，在每个领域中出现的值得称为艺术的活动，都必定具有审美意义，都能产生审美成果，创造审美价值，因为它是"按美的规律"完成的。① 斯托洛维奇指出："'艺术'概念的产生指人所创造的东西和在这种意义上有别于自然的东西……如果艺术一词表示特殊的艺术创作及其成果的话，那么并非人所创造的一切都是艺术……艺术所规定的每种创造活动必须具有以普通原则为基础解决具体任务的能力，必须以技巧和才能为前提（正是在这种意义下才谈论旋工或教师的艺术、飞行员或外科医生的艺术）。"②

教育艺术高于一般实践技艺的地方在于，教育的主体和对象都是人，而一般实践技艺的对象不具有意识，教育艺术的"作品"却具有能动的意识。在很大程度上，受教育者在教育实践活动中的现实反映——生命活动、生命表现、生命体验——影响着教育者的创造过程。那些推陈出新的教育方法、教育模式，只能依附在教师个人的风格魅力之上，方法和模式本身不创造任何教育价值，只有教育主体间的观念、行动本身才创造教育价值。也许这种创造在目的上并不预先包含任何审美意味的教育价值，如知识价值、道德价值、政治价值等。但从欣赏层面上来看，非审美价值的教育价值如果能具有形式、节奏、情感、和谐等秩序和结构，它还是可以成为审美主体心灵中的艺术价值。审美可能是非艺术的，艺术也可能是非审美的。现实的、实践的艺术是一个价值交织的世界。

非审美价值向"艺术的"转化，重点在于主体意识如何去"折射关系"，它需要人超越现实的道德关系、政治关系，即终止日常思维中的

---

① 斯托洛维奇.审美价值的本质[M].凌继尧，译.北京：中国社会科学出版社，2007：165-166.
② 斯托洛维奇.审美价值的本质[M].凌继尧，译.北京：中国社会科学出版社，2007：164.

效用意识，唤醒人的审美意识。在教学过程之中，讲一个好的道德故事，直观呈现学科知识的重难点，或是营造良好的教学氛围，还不能真正说明教育产生了审美价值。只有教育活动影响了教育主体的道德人格、生存智慧与生活方式，提高了教育主体的独立生活能力与社会文化适应能力，并从中领悟了自身作为生命个体以及人类个体的存在价值与意义，教育活动才真正具有内在价值。而这一切有赖于教育主体的审美意识发挥现实作用，他的感觉、情感、意志、理智和想象被充分调动起来，享受教育艺术对其所带来的审美价值。

审美价值并不是一种自在的、客观的存在的实在，而是一种"纯粹意识现象"。它是具有精神意味的现象，而且是一种意向性对象，即一种意向性构成或意识相关物。[①] 教育审美价值的"价值"既是教育实践创造的目的、对象，又是审美意识的现实体验。但教育审美价值绝不是教育实践活动本身所固有的属性，而是主体间的共同参与和创造；教育审美价值也不是教育目的实现之后的快感，这种观点还是对教育实践活动的物化、教育目的的肤浅化。人们应到鼓励教育实践中教师像艺术家那样具有创造快乐和愉悦的能力，但只有把这种能力运用在激发学生生命激情与智慧时，让学生领悟生命存在的价值与意义时，这种能力的运用才是富有教育审美价值的艺术。

总之，教育艺术的审美价值不是人们事先预设的，不是在某种教育规律、原则指导下创建的，而是教育实践活动中伴随人的生命活动、生命体验与生命表现所共同创造、共同体认的。因此，教育艺术必须对教育主体形成深度影响，必须把其他的审美价值（美）与非审美价值（真、善）融通起来，现实地反映生命活动、生命表现与生命体验中的属人之美与属人之善，体现教育主体生命存在的深度。

---

① 张玉能.盖格尔的现象学艺术意味论：文学艺术的各种价值意味 [J].汕头大学学报（人文社会科学版），2010, 26（1）：54-60, 95.

第三节　教育审美价值"绽出"教育艺术

教育审美价值最终根源于人的生命存在价值与意义，它是人的生命价值的绽放与展开，这正是海德格尔的此在"绽出之生存"的观念。教育主体进入作为具体的存在者本身的教育活动之中，其生命活动、表现与体验在被解蔽状态之中展开。教育艺术之存在不仅仅在于人在审美意识中构筑审美对象，在审美体验中完善教育经验，更在于人在生存活动中能领悟到"什么"，所领悟到的东西就是教育价值，或者说教育之于主体的价值。教育审美价值因此也不再是外在于人的价值对象，也非人运用工具理性的尺度所计算的功利价值。

教育艺术是教育主体间共享的教育审美价值所"绽放"出来的生存状况，自由、和谐、幸福是教育艺术的最终状态。也可以说在教育活动中，教育主体是自由的，教育氛围是和谐的，教育结果是幸福的，师生之间共同生成了教育的深层价值，所表现出的感性形式就是教育艺术。自由、和谐与幸福，这种超越了文化阶层的价值具有人类的普遍特性，并非依附在教育活动本身的对象化、客观化价值，也非产生于主体自身心理状态的情绪化、主观化价值，而是最终绽放出生命存在的价值与意义的终极价值。人通过教育返回自身、领悟自身的艺术，人对教育的艺术图景就此诞生。

一、审美自由实现人的全面发展

审美自由具有解放生命、解放人性的魅力，在本质上是反异化的，使人从现实的必需性尤其是劳动的必需性中解脱出来，获得自身自由自觉的、全面发展的内在力量。"马克思所说的'全面发展的人'，总体上是哲学意义上的人，而不是经济学意义上的人，这是我们在理解马克思关于人的全面发展学说的内涵时必须确立的一个思想前提。"①而哲学意义上的人，是物质与精神、感性与理性统一的大写的人，因此"教育培养人"不是指培养劳动力，也不是使人在劳动能力方面得到全面发展，而是作为有个性、有尊严的独立自主的个体的整全发展、和谐发展、多方面的发展和自由发展。②这种理想的人的全面发展观，饱含教育的审美理想，高扬人的主体性，是对作为受教育者的人的存在价值与意义的充分肯定。

席勒对审美自由与人的整全发展有精妙论述，可以从中看出审美自由如何呵护完整的人性。席勒认为，审美的自由力量来源于人的感性、欲望和想象等自然法则，能安抚人被现代理性灼伤的心灵，要使感性的人成为理性的人，除了首先使他成为审美的人，没有其他途径。③经由审美体验获得的情感可以不经过道德教化而达到人格的自然完善，如果道德的性格只有牺牲自然的性格才能保住自身，那就永远证明教育还是不完美的。④席勒把审美自由看作"感性冲动"与"理性冲动"的有机统一，它在"游戏冲动"里得以完美体现。只有当人是完整意义上的人时，他才游戏；而只有当人在游戏时，他才是完整的人。个体的人只有在自由的、创造性的劳动和社会活动中才是美的⑤，也只有当人在社会实践中领悟到美、体验到美时，他才是处在自由之中的。游戏冲动适度地取消了感觉和激情的那种强有力的影响，也适度地取消了理性法则的那种道德的强制，能使得人的幸福与完善成为必然。⑥席勒据此批判片面的理性冲动把人变成了国家机器的一部分，并极力主张用艺术与审美来弥补

---

① 扈中平.教育目的论[M].2版.武汉：湖北教育出版社，2004：208.
② 扈中平.教育目的论[M].2版.武汉：湖北教育出版社，2004：218.
③ 席勒.审美教育书简[M].张玉能，译.南京：译林出版社，2012：71.
④ 席勒.审美教育书简[M].张玉能，译.南京：译林出版社，2012：8.
⑤ 李泽厚.批判哲学的批判：康德述评[M].北京：生活·读书·新知三联书店，2007：435.
⑥ 席勒.审美教育书简[M].张玉能，译.南京：译林出版社，2012：44.

理性冲动带来的道德强制，避免人被束缚到理性国家这个"精巧的钟表机构"，成为整体的一个"孤零零的小碎片"。①可以说，审美自由是人性完整和人格完善的前提，只有在这个前提之下，人的全面发展才可能实现。

人的全面发展只有在非压抑的状态下才能真实显现。一般而言，非压抑的状态即人的全面自由，只有在人类文明发展到较高程度时，在最短的时间中用最少的物质精神消耗满足所有的需要时，才有可能实现。但这种文明必须由在根本上是非人的、机械的和日复一日的琐碎活动系统的必要劳动才可能维持。必要劳动中包含的时间性、艰辛性、痛苦性则是对自由体验和审美体验的减损。人的自由与全面发展如何同时实现呢？马尔库塞指出："合理地看，社会劳动系统最好被组织得节省更多的时间和空间，以便发展出在于必要的压抑性的工作世界的个体性，这是出于现代理性社会劳动必需性的'文明原则'。而作为文明的原则的游戏和显现，意味着不仅要改变劳动，而且要把它完全附属于人和自然自由地发展其潜能。"②

在教育领域，人如何既保持必要的教育（学习）时间以获得生存技能，满足生活必需，又能保持人格独立、完善，能根据自己的兴趣、需要来从事自由学习？这也就是说，如何在教育的强制性中保有个体自由发展、全面发展的可能？答案还在于人们如何看待教育、改变教育，让依附于社会经济、政治与文化的教育，转换成为满足人适应现代文明的教育，成为"人与自然自由游戏"的教育。这种转换是将教育作为一种非对象性、非功利性的审美活动的转换。将"非人的、机械的和日复一日的琐碎活动"的教育整体转化为"出于人、为了人、通过人"的教育，消解教育的功利性，彰显人的主体性，使人的独立个性、完善人格与全面发展的可能性全部向人敞开。

① 席勒.审美教育书简[M].张玉能，译.南京：译林出版社，2012：14.
② 马尔库塞.审美之维[M].李小兵，译.桂林：广西师范大学出版社，2001：59.

审美自由能真正实现人的自由之精神，人的全面发展才可能摆脱各种来自现实的强制性。"人与自然自由游戏"的教育，就是要摆脱目的、义务、压抑、忧虑的枷锁，把"受教育"的状态变成"享受教育"的状态，这样的教育才是"属己"的教育，一切外在的教育目的、要求、强制通过"自由游戏"的审美转换内化为自觉接受的东西，成为自己内心生发的东西。理想的教育需要师生双方都呈现出自由自觉的状态。人的本质力量得到实现，人的存在本质得到绽放，教育就实现了其理想性的艺术价值——促进人的全面发展。

二、和谐之美健全人的理想人格

和谐既是一种具有"公共精神"的社会价值，又是一种具有人生意蕴的个体价值，既表现为一种人际交往的客观秩序，又表现为一种个人身心协调、人与自然统一的主观情感。如果按照主观美学和客观美学二分的方法，和谐既可以是客体的"美"的本质，如黄金分割比例、对称与整体、节奏与韵律等方面的和谐有序，也可以是主体的审美感受，即美感，如"移情说"主张美是主体情感的外化与投射，"距离说"主张美是主客体间适当的（心理）距离。可以说，和谐是人在生活世界生存质量的价值尺度，它是人的身体与心灵、情感与理智、理想与现实能否统一的标志。教育中的和谐之美包括和谐之于教育的整体价值，即把教育活动作为审美对象所呈现出来的"教育美"的特性，如教学节奏和谐有序，教育内容、方法与过程的适切等；同时，教育中的和谐之美也强调教育主体的教育美感，因为这种美感是教育主体在教育情境中创造生成的，是教育主体的本质力量在教育实践中的感性显现。[①]教育具有交互主体性、教学情境性、教学内容、方法与过程的切适性，因此能否保持和谐的师生关系、和谐的教学氛围是教育审美价值能否实现、教育艺术能

---

① 何齐宗.教育美学新论[M].北京：人民教育出版社，2017：60.

否显现的重要标志。

人在教育实践活动中能"见出"和谐，归根结底是"自然向人的生成"（康德）或"自然的人化"（马克思）。根据马克思主义实践论美学的主张，不论是教育美还是教育美感，都是教育实践活动的产物。教育美主要指教育的美的形式方面，是外在自然的人化；教育美感主要指在教育活动中主体获得的审美情感，是内在自然的人化。不论是教育美还是教育美感，都具有客观的社会性，从人的创造性活动（合目的性与合规律性的统一）到人的艺术享受、自然观赏，都有美的客观存在和审美的主观愉快。① 这种客观与主观、社会与个人在实践活动中的统一，是人和谐之美的根源，也是人之所以能完善品格、健全人格的重要因素。

人们通常说的"健全人格"是指人的人格正常（符合身心发展规律）、和谐（审美意识、经验的完满）发展。理想的人格一般指人的道德品质、思维品质、实践品格、情绪情感体验等几个方面和谐统一，共同构筑人个体生命、社会生命与精神生命的基础。健全人格经常作为各级各类教育的价值追求。1915 年，蔡元培提出"教育者，养成人格之事业也"。②1936 年，潘光旦提出"助少壮求位育，促民族达成年"的口号，以人格教育塑造"真正品质健全之国民"。③ 当时的"健全人格"，主要偏向于解决国人的个性与通性的矛盾，希望通过人格教育使国人具备独立之个性、自由之精神，同时具有一定的科学知识、世界眼光与民族国家之责任。当代学校教育中的人格教育主要指塑造人积极、健康、向上的精神气质，这与人自由发展、全面发展的教育目标是一致的。总的来说，健全人格的核心就在于个性和谐、群己和谐，"健全人格"本身就是一种至臻完善的审美理想。

---

① 李泽厚 . 批判哲学的批判：康德述评 [M]. 北京：生活·读书·新知三联书店，2007：438.

② 蔡元培 . 蔡元培全集：第 2 卷 [M]. 高平叔，编 . 北京：中华书局，1984：412.

③ 潘光旦 . 华年解：助少壮求位育，促民族达成年 [J]. 华年，1932，1（1）：1-2.

"美在和谐"是中国传统美育思想，美的形成本身具有一个"情—理"结构。以社会情感为本体的审美心理结构超出了动物性的、直接以满足生理需要为根本动力的功利性目的，使得教育美具有社会伦理内涵的感性形式，如崇高、壮美等，也使得教育美感具有贴近社会生活实践的感性内容，如助人为乐、以劳为美等。人对和谐之美的体悟离不开教育实践活动，离不开广义的教育和学习活动。"人之所以为人，人之所以有不同于神性和动物性的人性（human nature），人之所以拥有动物所没有的各种能力情感，是人类自己通过历史和教育创造出来的，人造就了自己。人之所以能如此造就，是因为'学而第一'"①。正是在广义的教育与学习实践中，人拥有了能欣赏人类社会美善行为的"情—理"结构，进而形成人类所独有的美的规律和各种艺术形式，人与自然、人与人的和谐，人自身的人格健全，就理所当然成为人类的审美理想和追求。

教育中的和谐之美，或者说健全人格，并不是取消人与人之间的差异。人的学问或者说精神科学，其任务侧重于研究人与人之间的相互理解，研究人与人之间如何不同而相通，如何到达和谐相处之境地。人与人之间的差异性、学生个体之间的差异性，是教育达到和谐之境的前提。人与人之间通过相互理解而和谐相处，而和谐相处并非保持绝对一致，其中仍有差异和矛盾。因此，人与人之间的相互理解与和谐相处应包含对他人独特性的容忍和尊重。②教育主体绝非孤立的个体，教育要尊重人的主体性，就是要尊重人的个性差异，甚至需要鼓励学生彰显个性，但前提是要发挥"主体间性"，在民主、平等、对话的基础上最大限度地发挥学生的个性、主动性与创造性，这样才有健全人格的可能。

总之，教育主体的成长和发展需要符合美的尺度、美的规律，并将和谐之美外化为教育的形式与结构，内化为教育主体的精神人格。和谐既是教育活动的价值追求，也是教育主体自身人格健全的理想状态。

---

① 李泽厚.论语今读[M].合肥：安徽文艺出版社，1998：9.
② 张世英.哲学导论[M].北京：北京大学出版社，2002：253-254.

三、幸福体验提升人的生存质量

对每一个人而言，幸福都是值得追求的。追求幸福是人的本性，幸福是人生完满的审美境界。在艺术之中，不论是创作者还是欣赏者，在人的意识和经验的完满之处都能体验到快乐、愉悦甚至幸福的瞬间。幸福只能作为目的而不能成为手段，它作为人生价值来说具有终极性。幸福比一般而言的优秀、卓越更重要，因为后者是竞争性的能力、素质或价值的实现，而现实中的幸福则需要通过人的审美境界的提升才能达成。人类的在世方式是一种包含了幸福观的在世方式。[1]幸福超越了一般而言的心理状态，它是人的存在价值与意义的绽出，否则人们难以把快乐、愉悦这种情绪体验与存在意义上的幸福体验区别开，可以说幸福是更为深层的，是与生命存在质量、人的生存境况乃至人生的审美境界密切相关的概念。

教育中的幸福无法直观，只能通过人的生命活动、生命表现与生命体验获得对他者的幸福状态的判断，而自我的幸福程度与状况只能通过自我体验获得反思判断。幸福只有经由生活的现实层面才能进入生命、生存的价值层面。"幸福是拥有健全生活的经验，是全部生活行为所追求的持续性状态，而不是一个漂亮的大结局。"[2]幸福要进入人生境界的价值层面，必须不断追求生活经验的完善，不断发现生活中"尚未被意识到的东西"，不断"面向可能性"，与生活的"可能性之中的存在者"相遇，人才能领悟幸福对于生命存在的价值与意义。[3]人的幸福是教育指向的终极价值[4]，尽管幸福难以定义、难以衡量，但没有人能否认它的真实存在，

---

① 鲍曼.被围困的社会 [M].郇建立，译.南京：江苏人民出版社，2005：120.

② 赵汀阳.论可能生活：一种关于幸福和公正的理论 [M].北京：中国人民大学出版社，2004：23.

③ 布洛赫.希望的原理：第1卷 [M].梦海，译.上海：上海译文出版社，2012：119, 241.

④ 扈中平.教育人性化四讲 [M].上海：华东师范大学出版社，2020：60.

因为每个人都或多或少体验过幸福的真实瞬间，感受过幸福的精神状态。作为提升人精神品质、指向人精神活动的教育，必须使人有追求幸福的意向、获得幸福的能力，并尽可能地在教育生活中少遭受无谓的痛苦，多满足合理的兴趣与需求。诺丁斯（Noddings）指出，家长、教师有时会有意无意地把痛苦施加给孩子和学生，有时会发生逼迫孩子和学生满足家长和教师的需要却忽视受教育者的需要，这些问题的存在都会造成受教育者的幸福减损。[①]指向人格健全、全面发展、和谐自由的教育，必然也是指向人的幸福生活的。如何处理培养为了获得将来的幸福的能力，与学生当下的幸福体验之间的矛盾，需要较为高超的教育艺术。如果采用艺术性的教育方法，倡导民主、和谐的师生交往关系，关注"学校和教室里的幸福"，少以"为了将来的幸福"来逼迫学生学习，让学生不受精神折磨、身体摧残，那么学生就不会逃避教育甚至反教育。

　　教育是为了幸福的事业，一种好的教育就应该大大促进个人和集体的幸福，这是教育目的本身的应有之义。为了实现幸福的教育，必定既是有教育艺术和审美境界的教育，也必须是能给予受教育者实际满足的教育。《论语》中记载了孔子与弟子谈论各自的教育志向的情况，其弟子曾皙说："莫春者，春服既成，冠者五六人，童子六七人，浴乎沂，风乎舞雩，咏而归。"孔子大悦。这种超凡脱俗的理想，通过"风乎舞雩，咏而归"来表达教育的幸福感与人生志向，既是一种教育境界与人生境界，也彰显出了教育原始的神圣感。诺丁斯认为，那种"恢复完整意义上的、知识情感交流共在的教育教学活动"，就是在"恢复教学的神圣感。"[②]实现幸福就是领悟人生命存在的价值与意义，通过教育实现人的幸福，就是通过领悟生命存在而绽出教育艺术。可以说，教育是指向人生命成长、精神丰盈，使人终身幸福的事业。龙宝新评价诺丁斯说，有了幸福这一教育目的的指引，教育活动才能真正远离压抑、枯燥与痛苦，成为一个

---

① 诺丁斯.幸福与教育[M].龙宝新，译.北京：教育科学出版社，2009：242-244.

② 诺丁斯.幸福与教育[M].龙宝新，译.北京：教育科学出版社，2009：124.

充满愉悦、令人神往、魅力四射的人生乐园。① 这正说明好的教育在于引导人走向幸福之途，在途中人所领略的是教育之艺术，收获的则是人生之境界。

除了提升人的生命境界、增加人可能的幸福空间，好的教育还必须让受教育者的学习在实际生活、未来生活中具有效用，在满足学生合理的需求之余，能让人学会克制过度的欲望，以理解幸福与现实的复杂关系。经济学家萨缪尔森（Samuelson）曾经提出关于幸福与效用的公式：幸福＝效用／欲望。这意味着个人或集体的幸福，既要看重健康、财富、社会关系、家庭与社区生活等整体效用对欲望的满足，同时又不能让欲望无限制地增长以降低对幸福的真实体验。所以，教育实现个人或集体的幸福，既要注重实际层面的知识、技能、情感与道德教育，通过增加人的实际效用来彰显教育者的教育技艺，又要注重人精神层面的人格培养，通过领悟人生命存在的价值与意义来绽出教育主体共同创造与欣赏的教育艺术。

自由、和谐与幸福是作为自为的人才能享有的价值，它们是人生命存在与意义的终极价值，也是教育的内在价值。当教育真正践行"人是目的"，当人们以审美的眼光来审视整个教育场域，当人们的审美意识从有限的生命活动、表现与体验中显示出人的无限可能时，人们便能真正理解自由、和谐与幸福的教育价值；只有当人们真正把教育的自由、和谐与幸福作为一种审美理想，作为教育审美价值的支撑点，教育艺术创造与教育艺术欣赏才能统一为一个有机整体。总之，教育艺术之所以存在，并不仅仅依附于教育创造的艺术形式，更重要的是人生命存在的价值与意义得以绽出，这既是教育价值实现的标志，也是教育艺术自我呈现的依据。

---

① 诺丁斯.幸福与教育[M].龙宝新，译.北京：教育科学出版社，2009：序言 4.

第六章　教育艺术之审美存在

　　如果抛开有神论的存在主义，审美存在即存在的最高境界，因为能给人以精神慰藉的，是人所创造以及人所体验的东西。笛卡尔（Descartes）的"我思故我在"、帕斯卡尔（Pascal）的"人是能思想的芦苇"，都是把思想看作人的禀赋，看作人之所以成为人的东西，构成人的尊严和伟大的东西。因此说思维与存在同一。审美是否也能通达存在呢？在理性与神性之外，帕斯卡尔的"敏感性精神"、康德的"基于共通感的判断力"、杜夫海纳的"灿烂的感性"、马尔库塞的"新感性"，都论证了人的审美感性如何彰显人的存在与尊严。

　　教育艺术作为审美存在，意味着将教育实践活动所绽放的人的存在价值与意义置于教育本体的地位。教育主体的生命活动、表现与体验，都是人的审美意识所建构的审美对象；教育主体通过解释与理解、交往与对话所形成的熟悉或陌生的经验，所使用的模仿、再现与游戏以及隐喻、象征与想象，构成了对教育的审美体验与艺术经验；而支撑着审美对象与经验的东西，不是那些使人快乐、愉悦的肤浅价值，而是不论对其进行何种解释都趋向稳定、同一的东西，即具有一定深度的教育审美价值。构成教育艺术审美存在的东西，不仅存在于教育的审美价值，它同样存在于人的审美意识和审美经验之中，因为审美价值的生成必须依赖于鲜活的审美意识和经验，一同表现出教育艺术存在的时间维度、空间维度和价值维度。

　　在存在形式上，教育艺术审美存在可以分为此在的教育艺术和教育艺术存在本身。作为此在的教育艺术，表现为教育技艺的在场，主要包括教师的管理艺术、交往艺术、语言艺术、情感艺术等指向提高教育效率、保障教育效果的方式、方法。此在的教育艺术作为一种存在者指向人的现实生存层面，总是在其存在中有所领会地对教育艺术存在有所作为。而作为存在本身的教育艺术，通过审美理想、审美期待回归到生命的本然存在，超越了教育的现实性、功利性对人自由发展、全面发展的羁绊。教育艺术的绽出不依赖教育方法、手段和形式，不拘泥于教育目的、规律与原则，但它仍与教育技艺有所关联，当作为存在者的教育技艺恰到好处时，作为存在的教育艺术就处于"在之中"。

在存在特性上，教育艺术审美存在具有人文性、历史性和超越性。教育艺术指向人精神生命的绽放，它并不是仅有一些抽象的、空洞的形式，而是充满着具有人文属性的内容，如培养人的诸多德性、亲社会品格等，使得人成其为人。即便是科学与技术教育，也需要突出教育艺术的人文性，如强调学习者的生成智慧而不仅仅是获得知识和技能，使人不至于成为科学与技术的附庸，即科学与技术教育也需要具备审美伦理。教育艺术的历史性在于不同历史时期的教育，人的审美取向有着文化和观念上的差异，而且教育目的、内容与形式具有历史性的差异，但真、善、美的教育价值取向始终不变，只是对其具体内涵的理解有所不同。教育艺术具有超越性，人自身存在有限性，因此人需要通过教育超越生存的诸多限制，走向精神的无限性，实现生命存在的无限可能。

教育艺术审美存在，就是要将生命作为绝对的教育价值，把人的生命作为学校教育不可还原的"阿基米德点"。生命不仅是艺术的最终根据，也是教育的根本指向，无视需要自由生长、全面发展的生命，教育空谈人的智慧、德性等所谓更高价值是毫无意义的。生命本身就是艺术之源，是教育所指，生命存在的价值与意义就必然成为绝对的艺术价值和教育价值，教育与艺术在人的精神全面绽开之中得到了统一。艺术的严肃性、文化性与批判性具有审美教育的可能，同时教育中人的生命表现与体验，自由、和谐与幸福的教育价值实现，也使得教育获得了艺术的形式与价值。

教育艺术因审美而存在，审美因价值而存在。对价值哲学来说，生命的价值和生活的意义是第一位的[①]，教育实践活动在本质上是具有价值取向的生命活动。通过教育引导人生意义和目标，人才能更深入、全面地思考人类需求的本质。[②]只有领悟了生命存在的价值与意义，才能提升人生境界，进入教育生活的审美境界；也只有具有一定的审美境界，才能创造更好的教育实践活动，才能领悟教育艺术的属人之美与属人之善，人本真性的生命存在的价值与意义才能得以绽出。

第一节　教育艺术审美存在的维度

审美存在离不开人在审美活动中的审美意识、审美经验与审美价值。审美意识的意向性构造了人的审美对象，在审美对象的基础上产生了审美经验，在实践活动中形成了审美价值，这三个环节均指向审美存在，只是在方式、强度上有所不同。按照指向方式，可以将审美存在划分为时间、空间与价值三个维度。教育艺术通过教育实践活动中人的生命活动、表现与体验显现出来，其审美存在通过人的生命存在最终得到表达。

一、教育艺术审美存在的时间维度

对时间的哲学追问，是西方美学思想的一大传统。海德格尔认为自亚里士多德以来，西方人把时间当作一种"无终的、逝去着的、不可逆转的现在序列，这种流俗的时间描述源自沉沦着的此在的时间性"[③]。海

① 陈明.审美意识价值论[M].合肥：安徽大学出版社，2006：8.

② 弗洛姆.存在的艺术[M].汪雁，译.上海：上海译文出版社，2019：3.

③ 海德格尔.存在与时间：修订译本[M].陈嘉映，王庆节，译.3版.北京：生活·读书·新知三联书店，2006：481.

德格尔通过对器具的精神性与"在手"性的描述，得出了"未来并不比过去迟，而过去并不比现在早"的存在主义时间观，驳斥了古希腊以来"作为数字的时间""永恒的时间"这些形而上学的时间观念。其实自康德起，时间就开始被理解为"直观我们自己和我们的内部状态的形式"①，时间便作为人先验的感性直观的纯粹形式与人的内时间意识活动结合起来。在席勒的美学中，游戏冲动解决了感性冲动与理性冲动在时间意识上的对立，因为"游戏冲动所指向的目标就是，在时间中取消时间，使生成与绝对存在相协调，使变化与同一性相协调"②。如果说康德与席勒的审美时间是从主体的审美意识的当下性（愉悦、快适）、游戏性（自由）特点提出的，局限于主体审美体验的当下性，那么海德格尔、伽达默尔的审美时间则具有将来性与历史性的存在意味。

海德格尔的审美存在是在艺术作品的存在之领会中展开的，而领会之为领会属于生存着的此在。领会"生存着的此在"意味着对存在的领会总是在时间性的视域中展开。生存着的此在总是在筹划着，实现生存之种种可能。在《存在与时间》的最后，海德格尔对时间之存在进行了发问："此在整体性的生存论存在论建构根据于时间性。因此，必定是绽出的时间性本身的一种源始到时方式使对一般存在的绽出的筹划成为可能。如何对时间性的这一到时样式加以阐释？从源始时间到存在的意义有路可循吗？时间本身是否公开自己即为存在的视野？"

从这个发问中可以看到，源始性的、本己的时间朝向未来筹划，通过亲身性的实践活动使得时间作为一般存在向人绽出，它把人的过去的经验、当下的体验与未来的希望联结为一个整体。

审美存在的时间不可脱离人的历史时间。艺术作品是时间的载体，总是某一历史时间内的艺术价值体现。艺术家通过时间的流逝来观察世界、捕捉灵感和表达情感；观众需要时间去品味和体验艺术作品，通过

---

① 康德.纯粹理性批判 [M].李秋零，译.北京：中国人民大学出版社，2011：62.
② 席勒.审美教育书简 [M].张玉能，译.南京：译林出版社，2012：43.

时间的流逝来理解和感受作品所传达的情感和意义。审美存在的时间性内在于艺术作品存在的历史性，与创作和欣赏的审美实践活动同在。伽达默尔采用审美经验的与艺术作品的"效果历史"与"视域融合"来解释审美时间，"人类生命由之生存的以及以传统形式而存在于那里的过去视域，总是已经处于运动之中"①。人的艺术理解总是带有历史的视域性，历史意识与审美意识的视域融合使得艺术作品的真理性向人不断敞开，所以伽达默尔说"艺术的万神庙并非一种把自身呈现给纯粹审美意识的无时间的现时性，而是历史地实现自身的人类精神的集体业绩"②。不同历史时期的人对"艺术"的称谓、认识与今天不同；人们对教育的理解、对好教育的理解、对教育艺术的理解与今天不同。人们应把教育艺术的本质视作能够变化的、内在变革着的、可发展演化的、生成着的东西。

对于教育艺术来说，时间意味着人在本真生命的维度上不断生成意义，形成价值，获得生命持续生长的实践能力与精神力量。在存在的当下性中，人们用内在的精神性来测度时间，这是一种具身性的时间观。学校教育的时间所呈现的教育内容与活动形式的转变，教学层次、节奏的变化，学生年龄增长与年级上升等，无不影响着受教育者的心理状态和生命质量。受教育者的审美意识与时间意识相互产生作用。"存在者的时间意识引导审美活动的意向性和结构性情绪，激发对于时间存在的体验和直觉。"③只有教育审美意识把教育艺术存在的时间维度通过各种教育形式展现出来，教育艺术的时间性才是内在于教育主体的，即教育时间是以"本己性"向教育主体敞开，否则时间只是外在于人的物理时间。因此，教育时间的意义不仅仅在于"精心安排的学习、教学、考试、吃

---

① 伽达默尔.诠释学Ⅰ：真理与方法[M]洪汉鼎，译.北京：商务印书馆，2010：430.

② 伽达默尔.诠释学Ⅰ：真理与方法[M]洪汉鼎，译.北京：商务印书馆，2010：142.

③ 颜翔林.论审美时间[J].学术月刊，2010，42（6）：93-99.

饭、娱乐等都能按照钟表时间有条不紊、按部就班地进行"①，更在于超越物理时间，为教育主体的生命存在绽放出价值和意义。

教育实践活动需要在时间中展开。教育艺术的绽出、人作为生命存在的价值与意义的绽出，需要"本己性"的时间承诺教育实践活动的"向来我属"。教育主体在历史新的时间中传承文化、在当下的体验瞬间感受教育生活并筹划未来，教育时间通过人的审美意识打上生命存在的烙印。如梁晓声回忆母校那样，一起生活过的同桌、老师，那些刻骨铭心的青春回忆，都是教育审美存在的时间印迹。教育就是在时间的绵延中显示其存在、澄明其意义的。②在教育时间的绵延中，只有审美感性的力量才能将教育时间转变为教育主体本真性的时间，积淀为有生命力的回忆，并为将来的生命成长提供精神动力。

审美存在具有时间性，不是说它被时间所束缚，而是指时间为审美存在提供了时间维度。伽达默尔指出："艺术上的奇迹，成功的艺术创造所具有的那种神秘的完美，显然都是超时间的。"③席勒也说："唯有在审美的状态中，我们才感到我们好像挣脱了时间；我们的人性才纯洁而完整地表现出来，仿佛它还没有由于外在力量的影响而受到任何损害。"④教育作为艺术，需要把人的审美当下与永恒价值调和起来，真正的教育总是在时间中使人忘却时间，如同人在游戏中忘却游戏那样，使自身的主体性完全融入教育过程。

总之，教育艺术存在的时间性，指的是生命时间、自由时间、审美时间，而不是"必要学习"时间。教育艺术的时间意义不在于教育形式

---

① 桑志坚.超越与规训：学校教育时间的社会学研究 [D].南京：南京师范大学，2012.

② 张延昭.简论教育活动中的时间呈现及其变迁 [J].基础教育，2015，12（3）：46-54.

③ 伽达默尔.诠释学Ⅰ：真理与方法 [M].洪汉鼎，译.北京：商务印书馆，2010：88.

④ 席勒.审美教育书简 [M].张玉能，译.南京：译林出版社，2012：67.

上的节奏与变化，那是与人的生命存在无关的物理时间、符号时间与制度时间，它只是作为教育的可控变量而指向教育的效率，而非人的存在价值与意义。教育的"本己性"时间向人的生命成长敞开一个价值视域，人的精神生命得以在时间流中体验、保存与期盼，并为教育作为审美存在和艺术存在提供了一个展示维度。

二、教育艺术审美存在的空间维度

海德格尔曾说："作为艺术，雕塑诚然是对艺术空间的一种探索。"[①]因此，可将艺术隐喻为一种航天器，向人们自身所处的空间进行试探性的发射。[②]艺术存在需要依托一定的空间维度向人们展示、展开，对艺术的欣赏，也只能按艺术所展开的空间去领悟。教育艺术同样具有空间性，这个空间不是艺术作品所敞开的空间，而是教育作为艺术创造、艺术享受所营建的心理和情感空间，这个空间存在使得人的审美能在当下驻留。在教育空间中，正是那种亲熟、感动抑或是惊异、满足，那种人进行创造并分享的活动，才使得教育进入艺术之境，教育空间才能成为艺术空间，教育审美才能切近这一建构性的空间。

空间意味着人在世界中"去—存在"所必需的寓所，人与世界共在，人存在于空间。人通过教育实践活动所敞开之域、直观之域，就是教育空间，即教育主体所栖居的教育生活世界。空间观念是人们认识与思考周遭世界的范畴。空间理论的引入，为人们还原具象的时空情境提供了可能。[③]教育艺术总是发生在具体的时空情境中。伴随着真实的审美体验，在审美经验和审美理想的作用下，教育主体的生命投入、生命表现和生命体验随着教育空间的打开、拓展不断变化，生命的被遮蔽状态得到明

---

① 海德格尔.海德格尔选集：上[M].孙周兴，选编.上海：生活·读书·新知上海三联书店，1996：482.

② 童强.空间与艺术的空间性[J].艺苑，2006（1）：4-7.

③ 高智红.教育叙事的空间向度分析[J].教育学报，2010，6（5）：23-26，128.

敞，领悟了生命存在的价值与意义，教育艺术才得以显现。

空间问题是现象学研究的一个重要范畴，空间如何在意识中形成，如何发挥空间意象的审美价值与艺术价值，是现象学美学中重点讨论的问题。一般来说，教育空间可大致分为"生产性空间"和"建构性空间"两类，且都有话语、意义和人生的主题建构和控制场所的意味。生产性空间，主要起到教育活动的容纳和承载作用，是作为物理存在、能被主体"敞视"的空间，如教学楼宇、体育场馆、宿舍、校园环境等。而建构性空间主要侧重于教育生活世界的主体性建构，侧重于教育主体的心理与情感层面，如教学氛围、班级风气、非正式群体交流空间等。教育艺术的空间性，不在于生产性空间所要展示或塑造的人文性与教育性（如温馨教室、学校人文景观等），而在于建构性空间所能达成的教育主体的自由、和谐与幸福。无论生产性空间的设计、塑造与控制多么精妙，它并不是以教育主体的精神生命为主要目的，而是旨在为观察、理解与解释教育找到视角，最终指向解决教育问题或提高教育效率。建构性空间在于注重教育主体的交往空间、理解空间、表达空间以及符号空间。[1]教育情境中的各种事件的发生、活动的进行，教育主体在智慧、情感与道德层面的表现与体验，都是在建构性空间中完成的。物理存在的生产性空间只是教育主体教育意识的"边缘域"。这两种空间具有相互转换的可能，而且教育艺术的呈现需要合理使用空间。比如，课堂当然是一个空间，但是，这个空间所承载的却不是单纯的教学"工作"，还承载着师生共在其中的教育生活和充满着活力的师生生命运动。[2]

一般艺术作品虽然无法脱离物因素而独自存在，但它为艺术作品所呈现的"世界与大地的争执"提供了诱因。"争执"就是艺术作品的真理得以产生的空间。使得艺术能超出物因素的乃是"引起物的感性涌迫方

---

[1] 田增志．文化传承中的教育空间与教育仪式：中国庙学教育之文化阐释与概念拓展[D]．北京：中央民族大学，2010.

[2] 刘庆昌．论教学活动艺术化的实质[J]．教育学报，2010，6（4）：43-48.

式的东西"①，即感性形式，而绝非物之有用性与可靠性。教育空间的变换意味着教育情境的创设，从审美经验上带给教育主体熟悉与陌生交互的智力验感、情感体验与道德体验，进而教育主体的生命就拥有了自我生长的空间。只有将教育空间节奏、形式变换置于教育主体的掌握之中，教育空间才能嵌入人的生命发展之中，教育艺术才能作为审美存在绽放在由人所能构造、体验的空间中。

三、教育艺术审美存在的价值维度

教育艺术反映了人的本质力量、内在力量，引导人主动追求真、善、美的终极价值，引导人实现自己的自由本性与全面发展本质。没有价值作为最终支撑，教育艺术必定沦为"审美乌托邦"，所以教育艺术既是感性的审美存在，同样也是理性的价值存在。

审美对人生境界、心灵自由、人格健全与全面发展具有基础性作用，它既是教育提升人生命质量、生存境界的手段，又是教育所应当追求的内在价值。教育本质上是培养人追求真、善、美的实践活动，但与求真、向善价值相比，教育的审美价值更明显地表现为它是以人自身为最高目的、以人的全面而完整的发展为最高理想、以满足人本身的自由生命创造为最高尺度的价值，更能体现教育的本真追求。②人的审美力量能够将教育的求真与向善价值、个人与社会价值和谐统一起来，使得教育价值成为一个整体作用于人的生命成长，而非外在于人的各类知识堆砌与价值冲突。

虽然审美源于人的感性力量，但审美所带来的教育价值并不停留在人的情感体验，不仅仅在于审美感受给人带来的愉悦与快适。审美是知性与想象力的自由游戏，是理性与感性冲突的润滑剂，它使得人生境界、

---

① 海德格尔.海德格尔选集[M].孙周兴，编.上海：生活·读书·新知上海三联书店，1996：247.

② 徐波锋.教育的审美价值[D].西安：陕西师范大学，2007.

自由心灵、人格健全与全面发展能摆脱功利主义教育的桎梏而展现出来。教育艺术作为价值存在，具有强烈的超越性意味。现代教育要想使人超越对知识、技能、职业与财富等外在价值的迷恋，自觉追求生命的存在的价值，探索知识、情感、道德与社会教育所蕴含的生命意义，必须重视教育主体的审美意识、审美经验、审美能力、审美理想乃至审美境界。只有重视教育的审美价值，才能使人在对自身个体生命和人类生命体验的过程中从知识走向智慧，使教育对形而下的"器"的重视转向对学生精神与心灵培育的重视，使教育真正成为人的灵魂的教育，使学生感受到教育美好的存在。①

在教育审美意识中，教育艺术只是朦胧的价值观念存在，只能感受到生命表现和生命体验的完善。在教育审美经验中，教育艺术上升到主体与客体、主体与主体之间的现实的价值关系存在。在教育审美价值中，教育艺术的存在根基才彻底稳固下来，呈现为自由、和谐与幸福的生命存在状态。可以说，教育价值通过人的审美力量得到确证，生命存在则通过教育艺术得到澄明。但是，教育审美价值并非人们先入为主的价值，亦非流俗意义上的价值，它反对把有价值的东西作为对象化之物，把"价值"作为对主体不言自明的东西，而是把价值视为存在之真理向人的敞开。②

教育艺术之存在，体现在教育时间、空间与价值三个维度。时间维度的教育审美，使得教育体验形成完满的教育经验，不断丰富、延续教育主体的精神生命。空间维度的教育审美，不断揭示生命被遮蔽的生存状态，为教育主体的生命存在构筑坚实的价值与意义世界。教育艺术不是自在的存在，而是自为的、审美的存在，是生命价值与意义的存在。这既符合教育人文性与价值性的内在要求，也符合回到生命本身的基础存在论的要求。

① 徐波锋.教育的审美价值 [D].西安：陕西师范大学，2007.
② 海德格尔.海德格尔选集 [C].孙周兴，选编.上海：生活·读书·新知上海三联书店，1996：391-392.

第二节 教育艺术审美存在的层次

教育艺术作为审美存在，需要从生存论和存在论两个层次进行探讨才能进一步揭示其存在价值的精神性、超越性特征。生存论层次的教育艺术，其审美表现为教育技艺，存在论层次的教育艺术，其审美表现为教育艺术。

一、生存论和存在论层面的审美存在区分

一般来说，汉语界习惯将"existence"译为"生存"，将"to be"或"to on（being）"译为"存在"，这在国内哲学研究界已基本达成共识。但在教育学研究领域，这两个词却经常混用。例如，联合国教科文组织1972 出版的《学会生存》（*Learning to Be*）中的"to be"被译为"生存"；2018 年，世界哲学大会主题"Learning to Be Human"被译为"学以成人"，"to be"又具有生成论的意味，即人从不成熟到成熟的生成状态。教育理论经常提及的"存在主义"教育流派是由"existentialism"翻译而来，而"existential"这个词实际上是生存或与生存有关的。语言上的混乱使得人们不得不厘清何谓生存，何谓存在。"其实，生存与生存论必然是置身于存在及存在论的话语背景中的，而且，生存与生存论问题恰恰是通过对存在论话语系统的清理引申出来的。"[1]人们今天常常不假思索地用"existence"一词来标志"存在"，作为该词词源的"eksistasthia"（实存物）在古希腊人思想中恰恰是不在。[2]海德格尔生造了"ek-sistasthia"一词，让人们从自身否定的意义上，从否定实存物的意义上领会生存，

---

[1] 邹诗鹏. 生存论研究 [M]. 上海：上海人民出版社，2005：19-20.
[2] 海德格尔. 形而上学导论 [M]. 熊伟，王庆节，译. 北京：商务印书馆，2017：63.

即"能存在"与"去—存在"——此在的本质。此在的"本质"在于它的生存，而生存指向存在者的"现成状态"，因此海德格尔的存在论里"生存"这个词专用于此在，用来规定此在的存在，表明存在之于存在者的优先性。①

日常语言意义上的"生存"并不是"生命存在"的缩写。生存一般被理解为生活及其压迫的实在性，即人不得不面对的"烦难困苦"，不得不从事工作或劳动，甚至是不得不在学校里所从事"学习"或"受教育"。而生命存在正是要"摆脱实存性或发展可能性"②，进入"超越、向上存在"的状态，它总是在"去—存在"的路上。"存在主义"（生存主义）把人的本质界定为人之生存，"存在先于本质"的实质变成了"生存先于本质"，生存的现实性消解了对生命的本真性、价值性的追问。在存在主义那里，生存成了一个不言自明的概念。然而，就海德格尔的存在论而言，生存问题不仅需要得到敞开，更重要的是需要得到庇护，即对人之尊严、生存价值与意义进行守护，对生命存在持以敬畏之心。

生存论以人的现实生存问题为核心，它在理论上属于生存哲学或存在主义哲学（existentialism philosophy）的范畴，在哲学史上属于近现代以来的理论产物。存在论（ontology）则更为古老，它是自古希腊哲学以来就被受到重视的哲学问题，它的主要任务是追问存在本身。海德格尔认为，古希腊以来的存在论主题是对象的存在，即一定对象的对象性和冷漠无趣的理论意义上的对象，或与确定的自然科学和文化科学相关的物质的对象性存在，而且凭借这些对象领域去通达世界。③然而，无论人们对存在对象如何进行形而上学的分析或科学主义的研究，都无法保证人们获得的是对存在本身的知识或理论，其原因在于传统的存在论误

① 海德格尔.存在与时间：修订译本[M].陈嘉映，王庆节，译.3版.北京：生活·读书·新知三联书店，2006：49.

② 邹诗鹏.生存论研究[M].上海：上海人民出版社，2005：41.

③ 海德格尔.存在论：实际性的解释学[M].何卫平，译.北京：商务印书馆，2016：3.

把存在者的存在作为存在本身，因此存在的问题还需要进一步追问。现代的"存在论"问题也是具有重大缺陷的，人的现实生存问题被表象化为自然科学和文化科学所能处理的"技术图像"问题，人之存在则被遗忘了。

马克思主义认为，人们的存在就是他们的实际生活过程。"个人怎样表现自己的生活，他们自己就是怎样。因此，他们是什么样的，这同他们的生产是一致的——既和他们生产什么一致，又和他们怎样生产一致。"①马克思主义实践论把存在视作与实践生活的同一，存在仍然没有超出人的现实生活层面。人不是为生产劳动、教育活动而从事实践，而是生产劳动、教育活动为了人本身，为了人的存在价值与意义，因此存在论在精神层面超越了生存论与实践论。

二、生存论层面的教育技艺

生产活动、实践活动都具有技艺的一面，因为它们是为着人的，而且人是按照美的规律从事生产和实践的，所以"技艺"本身就是生产和实践的美称。马尔库塞认为，技术本身就是和平的手段和生活艺术的原则，所以蕴含于技术之中的理性的功能与艺术的功能会聚在一起。②生产技艺或实践技艺通过"美学的还原"即审美转化，呈现出人的精神和谐与心灵自由。这一点不仅对于生产者或实践者是这样的，对于把生产活动或实践活动作为欣赏对象的人，也是这样。这不同于蜜蜂建造具有符合自然形式与结构的蜂房，因为这是出于其动物性本能，而人自身创造的作品的艺术性是出于人的实践智慧与审美能力，因此仅把蜜蜂的"艺术作品"视作自然。

---

① 马克思，恩格斯.马克思恩格斯选集：第 1 卷 [M].中共中央马克思恩格斯列宁斯大林著作编译局，译. 北京：人民出版社，1995：67-68.

② 马尔库塞.单向度的人：发达工业社会意识形态研究 [M].刘继，译.上海：上海译文出版社，2006：217.

技艺也具有审美形式，如技术的熟巧、工艺的精妙、人与操作对象浑然一体等。在人的审美观审之下，人们不仅看到了人所生产的产品，也发现了产品从计划、生产到成品这个过程以及产品本身的自由形式，且一种解放的意识（liberated consciousness）寓于这个形式之中。于是，技术就趋于变为艺术了。而艺术也趋于形塑现实：想象力与知性、能力的高级与低级、诗性思维与科学思维之间的对立已不复存在。一种新的现实原则出现了，在其之下一种新感性和非升华（desublimated）的科学智力统一成为一种审美伦理（aesthetic ethos）。

马尔库塞的"新感性"解释了技术与艺术融合的可能，只有用艺术的眼光看待科学与技术，艺术实现人的解放与自由才能成为一种可能。

教育实践活动不仅需要技艺，而且已经形成了人所熟知的技艺。既然是技艺，它必定依附于生产者或实践者，而教师被理所当然地理解为技艺的创造者和拥有者，被称为教师的教学技艺或教育技艺，成为教师专业化程度的一种表征。一般来说，教师的教育技艺（艺术）可分为以下几种：一是教师的教育组织技艺，如教学组织与设计，班级管理的手段与方式，对学生的奖励、惩罚或批评等；二是教师的语言技艺，如教师讲解是否科学准确、生动形象、流畅幽默，语言是否有感染力、能营造良好的课堂氛围等；三是教师的交往艺术，如教师是否采用平等对话，对学生产生积极的暗示、期待等；四是教师的人格艺术，如教师的道德层次、人格魅力、形象亲和等。

教育技艺与教育艺术并非绝对区分，技艺是保障教育实践活动效率所必需的，如果只是站在教师的角度为了提高教学效率，则只能停留在技艺水平，如果是为了学生的智慧生成与精神生命着想，作为存在者的教育技艺将会升华为教育艺术。教育艺术作为审美存在，不仅仅关注生存之长远，更关注生存之当下。舒斯特曼对生活中的"短暂价值"进行了辩护："在短暂事物中，甚至有时正在它们的短暂之中，也存在价值。短暂的相遇，有时比持久的关系更甜蜜更富有成效。拒斥短暂的价值，已经是我们知识分子文化的一个相当长久的偏见，对于过去的条件——生存是如此的不安全以至于关注和价值不得不固定在最持久的东西上——来说，这也许是一个非常管用的偏见。"①

如果教育艺术把生命存在的价值和意义置于人现实生活的彼岸，那么牺牲当下的自由、和谐与幸福的教育还有何意义？存在是存在者的存在，没有现实的教育生活作为生命存在的承担者，空谈生命存在的价值与意义，本身就没有意义。因此，必须把作为存在者的教育技艺当作开启教育艺术的必要条件，让教育回归生活，回到人鲜活的生命表现和生命体验，回到人现实的需要与满足，生命存在才具有现实的价值和意义。

三、存在论层面的教育艺术

存在论所寻求的是属于对象的真理，审美存在相信存在着经由感性被直接给予的真理。在当代"去本质"的哲学思潮中，存在论美学并不执着于追求永恒的真理和价值，也不深陷价值虚无主义的生存主义泥潭，把主体当下体验和自由选择当作真理和价值。存在论美学所相信的审美存在，并不在信仰的彼岸去寻求，它同样相信"短暂的价值"，但短暂的价值必须建立在教育的信仰之上。没有信仰就不成其为教育，而只是教育的技术或劝学的态度。"对终极价值和绝对真理的虔诚是一切教育的本质，缺少对'绝对'的热情，人就不能生存，或者人就活得不像一个人，一切就变得没有意义。"②"存在先于本质"，意味着人首先要在世生存，才能生成其本质。但没有对存在价值与意义的信仰，人的本质该朝哪个方向去生成？

审美是人切近存在的方式，教育审美则是切近教育艺术存在的方式。

---

① 舒斯特曼.生活即审美：审美经验和生活艺术 [M].彭锋，等译.北京：北京大学出版社，2007：54.
② 雅斯贝尔斯.什么是教育 [M].邹进，译.北京：生活·读书·新知三联书店，1991：44.

超越此在的生存，人才能拥有其本质，超越作为存在者的教育技艺，教育才能展现其作为艺术的本质。存在论层面的教育艺术，它所思考的是人的存在本质与教育的本体问题。"如果教育仍然承认使人过上美好的值得过的生活是它所有的价值追求，教育就不得不虔诚地追问本体论问题并以之作为其价值的根本原则。"①存在论层面的教育艺术，它所要回答的是人为何生活，为何在教育中生活的问题，而非生存论所回答的如何生活、如何在教育中生活的问题，后者是教育技艺所要解决的问题。只有提升人的审美境界，让教育生活具备审美眼光，为何生活、为何过上教育生活的问题才能得到解答。

但是，如何提升审美境界、具有审美眼光，这又回到了教育本身，因为只有通过教育才能提升审美境界和能力。杜夫海纳认为，"美是被感知的存在在被感知时直接感受到的完满（即使这种感知需要长时间的学习和长时间的熟悉对象）"②。作为感知能力的审美能力，如同人的理性培养一样需要不断练习，否则审美境界无法提高。审美能力蕴含着知性，而知性又是理性运用概念和范畴进行判断、推理的思维能力，所以审美教育与理性教育能相互弥补，为人的健全人格奠定基础。

以人的现实生存为目的的教育能提升人的审美能力和审美境界吗？显然不能，因为它既忽视了人的审美感性，又背离了理性精神。现实生存的问题使得人们期望通过教育来获得与生存或生活有关的知识与技能，而知识与技能赖以存在的"理性"被忘却了。"人们把理性看成一种后天获得物而不是遗产……不是把它（理性）看作知识、原理和真理的容器，而把它视为一种能力、一种力量，这种能力和力量只有通过它的作用和

---

① 高伟.生存论教育哲学[M].北京：教育科学出版社，2006：172.
② 杜夫海纳，美学与哲学[M].孙非，译.北京：中国社会科学出版社，1985：19-20.

效力才能充分理解。"①卡西勒对启蒙以来的科学与技术教育的批评，就是看到了工具理性对理性自身的背叛，存在者对存在的遗忘。在工具理性对人存在之尊严的侵蚀下，"一切存在者都表现为劳动的材料"②。现代教育对知识与技能的执着，根源于工具理性对提升人生存能力的迷信，并不是真正把理性作为人的存在表现，这正是遗忘了人存在的教育病症。

当然，理性不是教育存在的全部，但审美境界与能力的提升，审美价值与意义的追寻仍然需要理性。从柏拉图的美是永恒不变的理念的影子，到黑格尔的"美是理念的感性显现"，人们都希望能找到美和艺术的形而上学本质。现代哲学美学一般都认为审美感性是美和艺术的基础，但"包容隐匿想象功能和自由价值的理性形式"则需要诉诸理性直观或本质直观，因为像对称、节奏、和谐等形式观念是理性运思的结果。"审美理性执着于审美活动之中的意义追问，表征着生命存在的诗性智慧。所以，无论是一般的审美活动还是艺术活动，都不同程度地衍射着审美感性和审美理性的灿烂之光。"③

因此，存在论层面的教育艺术是审美感性与审美理性的完美交融，是体验内容与所绽出的形式的统一。形式是教育实践活动外在感性赋形，内容则是教育实践活动内在的价值意味。不论是形式还是内容，存在论层面的教育艺术已经超越了指向人现实生存的东西，尤其是与把教育作为生存工具的教育划清了界限，它是人生命表现和体验的纯粹形式，人的自由游戏，是人朝向自由、和谐与幸福的根本价值。

---

① 卡西勒.启蒙哲学[M].顾伟铭，杨光仲，郑楚宣，译.济南：山东人民出版社，1988：11.

② 海德格尔.路标[M].孙周兴，译.北京：商务印书馆，2000：401.

③ 谭容培，颜翔林.差异与关联：重释审美感性与审美理性[J].湖南师范大学社会科学学报，2014，43（1）：99-105.

第三节 教育艺术审美存在的特性

存在不仅仅要回答"是"以及"如何是"，最终还是要回到"什么"的问题。教育艺术审美存在之"是"绽放于人的审美意识、审美经验、审美价值之中，但它的存在并不等于就是审美意识、审美经验和审美价值。不论是实存对象还是观念对象，它们的存在总是通过存在特性表现出来，不仅钻石和石墨如此，"上帝"和"龙"如此，教育艺术也是如此。由于艺术之存在离不开创作者与欣赏者，也就是说艺术之存在有赖于人"审美地看"的过程与反映，因此艺术的存在特性实质上是人的审美特性在艺术对象上的投射。教育艺术之存在，也就是教育作为艺术的审美特性之表现。

无可争辩的是，一个事物的现实存在大于只是想象中的存在。教育艺术虽有修辞术与诗学的特征，但它并不是纯然的想象物，而是如同艺术作品那样具有现实的存在特性。与一般艺术作品所不同的是，教育艺术的"作品"处于不断生成之中，这也意味着作为此在的存在者的教育艺术并不先行具有原初的根本特性。教育的复杂性以及人性的复杂性，使得教育艺术的存在特性颇富张力，不像科学对象那样的具有自在的、精确的存在特性，而是与人自为的、超越的生命存在特性密切相关。

一、自在性与自为性的统一

科学与艺术反映的是同一个世界，只是对世界之存在反映的方式不同。科学总是趋向于对存在本身以其尽可能摆脱主观附加物的形式进行反映的，而各种审美构成所指的存在却总是人的世界。科学所持的世界之存在的信念，是世界的实在性，实在的世界的存在特性是自在的，有待于人使用工具去测量与发现，并用科学化的概念系统表征出来，如镭及其放射性的发现。审美所构成的世界，既包括物的实体因素，又包括人的感受与理解，如陶器上的花纹、雕塑的形式与结构，它们在人的审美经验中形成了自在性与自为性的统一。艺术审美存在的自在性，使得艺术创造并不是盲目随意的。艺术的自在性要求人们在艺术创造中应"艺术自律"，即按照"美的规律进行构造"。

美的规律或艺术自律的根据，并不是指审美存在具有绝对的自在性。审美存在的自在性必须与艺术创造及审美的自为性有机结合起来才有意义。因为艺术领域的自在性，是"人自行设置入作品的真理"，是"人本质力量的对象化"，是人类"审美感性的积淀"，它始终与人的类存在本质、人类的艺术实践历史相关。艺术审美存在的显现，不是一种美从自然转移到人的机械进化论，不也是由人、由自然到道德的神秘的目的论，而是唯物主义的思维与存在统一性，即人能动地改造世界的实践论。① 通过漫长的历史实践，人的本质力量在自然和社会对象上篆刻了审美形式，人通过审美积淀形成了文化，收获了心灵自由，也生成了人的类特性。人性的普遍性并非天赐，也非古人的智慧创造，而是人类社会历史实践的产物。教育艺术的审美特性在于人性的社会历史实践的生成特性，教育艺术存在是人之生成规律、人性之生成规律的历史积淀，这个历史积淀过程同样也是美的历程。从这个意义上说，康德的"人是什么"的真正答案不在于其认识论与伦理学，而在于其美学。

审美存在的自在特性，只有作为一种"为我们"的存在才能被意识所把握。审美世界不是普遍的、机械的、照相式的反映论（不以人的意识为转移），它是人对世界具体的、能动的、人格化的反映，是从人的世界出发并以人自身作为反映的目标，这是教育艺术存在的自为性，审美总是"为我们"的。教育艺术作为审美存在，就必须与形而上学的抽象、僵化的存在观念不同。抽象的存在是"去为我性"的，旨在利用人

---

① 李泽厚.批判哲学的批判：康德述评[M].北京：生活·读书·新知三联书店，2007：413-420.

的理性找到终极自在的存在特性。审美存在必须找到自在性与为我性的有机统一，消解感性与抽象的对立。片面强调审美存在的自为性或自在性，都会造成人性的分裂。"当过分旺盛的想象力在这里使知性辛勤培植的园地变成一片荒芜的时候，抽象精神同时又在那里全力扑灭那可以温暖心灵和点燃想象的火焰。"[①]教育艺术的审美特性具有自在性但又不失感性的鲜活，否则，教育的生命活力与人性之美被理性形式牢牢束缚，人的生活世界抽象为无生命意蕴的形式，人的生活世界被理性限制，人性之美便失去了形象的鲜活。

总之，教育艺术之存在不可脱离现实的教育实践活动，不可脱离人现实的生命表现与体验。教育艺术不能只停留在诗意想象的层面，必须作为现实存在而表露其存在特性。审美反映存在并不是要让人成为单纯感官现实的接收器，而是要扬弃个体主观的单纯个体性。一方面审美完全指向人的世界，这一点与科学所指的自在是不同的，另一方面审美绝不否定自在的客观性，而是寻求与辩证唯物主义所理解的自在与"为我们"相一致。

二、有限性与超越性的统一

人的存在本质具有有限性与超越性。只有人这个物种才能在有限的生命中实现无限的可能，也只有人这个物种才需要超越生存存在的有限性、直接性，让精神生命得以延续。克服人生命存在的有限性，追寻生命存在的价值与意义，让它作为精神存在超越肉体存在的有限性，这不就是教育的本意吗？海德格尔根据人作为存在者的有限性—超越性特性，制造了"此在"（dasein）一词。此在的哲学阐释具有人学与教育的双重意蕴，是理解教育艺术审美存在特性的关键。

"此在总是从它所是的一种可能性、从它在其存在中这样那样领会到

---

① 席勒.审美教育书简[M].张玉能，译.南京：译林出版社，2012：14.

的一种可能性来规定自身为存在者。"①因此，作为存在者的人之此在具有
"未完成性"，因为人的本质处于生成之中，这一特性迫使教育从"按照
特定的目的与标准去培养人"转向"提供条件与机会去生成人"。这个
转变虽然暴露出教育存在着人的有限性与超越性之间的矛盾，但同样也
"制造"了教育实践活动向艺术转变的契机。如果说"培养人"需要像
永恒主义教育流派那样对人性不变持有坚定信念，按照完美的人的形象
去"摹写""塑造"新人，那么教育实践活动只是发挥技艺而已。但"生
成人"则需要更多的挑战，因为没有所谓"人的本质"这个模仿的对象，
因而也更加需要发挥教育的创造力与想象力。但如果否认"人的本质"，
那生命存在的价值与意义从何而来？必须从人的现实生存中、教育生活
世界中找到价值与意义的依据，从此在的生成场域中寻找确定性。

此在指的是人的生成过程，是在生命活动中的动态生成的人，是在
具体的生活世界中从常人走向本己的人。此在是在世中展开其生存的，
其生存状态就是其生命存在的承担者。人在生命成长过程中发现、确立、
表现其生命价值。但常人在与他人的共在中、在操劳的世界中容易沉沦
于庸常的平均状态、公共意见、曲意迎合、卸除责任等。因此，教育必
须肩负起使人摆脱常人命运的责任，通过健全理智与人格、培植心灵自
由、养成公共德性，使人成为人。虽然教育内在地具有超越性，但并不
是让人活在彼岸世界，教育的出发点恰恰是"常人"。教育直接指向人
的现实性与可能性，指向现实生存中的人，只有以此在之生存作为出发
点，教育实践才能有所作为，教育才能引导人从常人走向本己，教育艺
术才能随着人本己性的生命存在一道绽出价值与意义。

生命存在的有限性与超越性不脱离人所生存的世界。此在本身进行
超越的何所往称之为世界，超越即为"在世界之中存在"。世界是超越

① 海德格尔.存在与时间：修订译本 [M].陈嘉映，王庆节，译. 3 版.北京：生活·读
书·新知三联书店，2006：51.

的统一结构，并作为超越所包含的先验概念存在。①世界是与他人共在的世界。"清醒者有一个世界，而且因而有一个共同的世界，相反地，每一个沉睡者都专心于他自己的世界。"②生命存在的价值与意义不完全依存于主体本身，它必须在它所打交道的世界中去确证与实现。因此，世界概念的先验性，在于它不是由个体的生命存在所决定的，超越性就是指超越生命主体自身的历史，超越他与现实世界的实存关系。

通过海德格尔对此在概念的阐释，人们得以窥探其思想的教育伦理意蕴。此在包含了生命存在的有限性与超越性，包含了人的存在本质所寓居的世界。此在的本质规定为"去—存在"，此在的存在向来是"为我们"的存在，这为教育实践赋予了伦理向度。"此在乃是超越者"③，此在具有生成的不确定性与选择的可能性，因此教育就是人之可能性的实现，人之有限性的超越，是此在绽出的生存，这赋予教育以艺术向度。

三、科学性与人文性的统一

海德格尔谈到，对古希腊人来说，存在着的和美的说的是一回事。④但艺术之美并不是所谓的审美享受之美，而是存在者之存在的敞开。对后来的经院哲学家（托马斯·阿奎那）来说，美和真理是同一的。海德格尔虽然没有直接言明艺术是什么，但他通过对艺术作品之存在的世界与大地的揭示，阐述了艺术、真理与存在的同一问题。艺术存在之真理，能够包容科学与人文两种不同的思维方式。

海德格尔的"诗意栖居"与马尔库塞的"审美解放"虽然在出发点和论证方式上不同，但都指向人如何在科学理性的桎梏下寻求本真生活。人本能的升华，自由的实现，本真性的存在，实质上是一条通往审美的

---

① 海德格尔.路标[M].孙周兴，译.北京：商务印书馆，2017：164.
② 海德格尔.路标[M].孙周兴，译.北京：商务印书馆，2017：168.
③ 海德格尔.现象学之基本问题[M].丁耘，译.上海：上海译文出版社，2008：411.
④ 海德格尔.形而上学导论[M].熊伟，王庆节，译.北京：商务印书馆，2017：159.

道路。超越人自身存在的有限性，从生存的诸多限制中走向精神的无限性，实现生命存在的无限可能，这不仅需要教育科学的技艺，更需要教育人文的艺术，两者相得益彰，才是完整的教育艺术。

教育活动既具有科学性，又具有人文性，是科学性与人文性相互融合的一种培养人的活动。教育艺术作为审美存在，为何不是纯然的感性产物，而具有一定的科学性呢？还是在于教育实践活动遵循了"美的规律"，在于教育艺术的客观形式。尽管教育世界中的美具有偶然性、短暂性，但教育艺术创造仍然有形式与结构可循，而不仅仅归结于创造者的天才或风格。教育艺术审美也有规律可循，而不是完全凭借人的审美趣味来判断教育艺术的高低，教育审美主体必须依照客观的教育审美关系、教育审美价值才能进行有效的审美判断。教育艺术不仅有教育实践主体的"内在尺度"，而且有教育主体作为人的"物种的尺度"，而后者对教育艺术的科学性做出了更高的规定性。人按照物种的尺度和人内在固有的尺度来从事教育艺术创造和审美活动，就是在坚持真、善、美统一的原则，坚持合规律性与合目的性的原则。只有尊重教育艺术的科学性，教育活动才能成为具有普遍性的人类文化活动。

教育世界中美的规律具有客观性，并且这种规律并不脱离人的可直接感受性的特点。教育审美中教育生活世界的形式方面，并不与美的内容、人的感受性相脱离，是普遍性与特殊性的有机统一。生命存在的时间性、生成性、自为性，使得本真性的教育活动不能重复，无法复制，这也决定教育艺术的科学性并不能演绎为教育技术或技艺，也不能恪守死的教育程式或法则。教育艺术作为审美存在，就必须重视人的需要、兴趣、情绪、情感、价值、态度、性格、意志等人性因素，采用人文学科所珍视的体验、感悟、直觉、对话、思辨等人文主义方法。这样，教育才能彰显生命存在的价值和意义，教育活动才能触发人的审美意识与经验，教育才能作为艺术而审美存在。

教育艺术的科学性意味着教育学必须借鉴自然科学的研究方法和思

维方式，但又不能完全按照自然科学那样制定出一套关于教育活动的行动准则与体系，否则就意味着教育学的死亡。①教育艺术的科学性不是铁律，而是教育实践活动为了实现生存论层面的外在目的而采取的必要手段，如教育要符合人的身心发展顺序、认知与记忆规律，尊重学生兴趣、人格等，它不指向人作为生命存在的内在目的，至多只能形成教育技艺。如果教育规律、教育原则能像自然科学那样普遍有效，似乎只要教师尊重学生，就一定能取得好的教育效果，只要采用对话式教学，就一定造就民主和谐的课堂氛围，那么教育中就不会有那么多现实问题了。教育中的一些科学发现如果被教师当作至高无上的原则去遵从，这并不是在尊重科学，因为人的教育远比科学复杂得多。教育艺术的发生需要教育主体充分理解教育情境、教育文本。如果在艺术中没有理解意义、真理和理性，那么艺术就是空洞的、不完整的、不重要的。同样，如果在教育中没有理解意义、传达真理和理性，那么追求那种形式上的艺术，同样也是空洞的。

教育艺术之"艺术"究竟指的是什么呢？从教育艺术的创造层面来看，它不是作为理论分析结果的一种属性或一个侧面，也不是工具化的教学方法和技巧，只能是内在于教师的一种精神品格。对于教师来说，艺术精神品格是一种情怀，是一种境界，本质上是教育理性对人性局限的克制和修饰。在此基础上，教师可以对自己的道德、情感、思维和价值进行艺术化的表现，并在其中策略地融入教育引领的意志。②从教育艺术的欣赏层面来看，人通过教育表现出人自身的生存能力与意志、生命活力与人格，生命智慧与情趣，这本身就是教育主体的审美享受。这两个层面都是教育人文性的集中体现。如果教育没有人文性，就失去了表

---

① 扈中平.教育研究必须坚持科学人文主义的方法论 [J].教育研究，2003（3）：14-17.

② 刘庆昌.关于教学艺术的基本理论判断 [J].四川师范大学学报（社会科学版），2020，47（4）：85-93.

现与欣赏的可能，教育艺术就无从谈起。

　　教育艺术作为审美存在，就必须将其自在性与自为性、有限性与超越性、科学性与人文性这几个方面统一起来，这样才能使得教育实践活动在生存论与存在论层面以及技术、技艺与艺术层面上统一起来，才能使教育发挥其整体价值，成为促进生命整全发展、和谐发展，不断体验生命价值、人生意义，不断收获快乐、幸福的艺术。

参考文献

[1] 安桂清．整体课程论 [M].上海：华东师范大学出版社，2007.

[2] 鲍永玲．德国早期教化观念史研究 [M].上海：上海人民出版社，2018.

[3] 蔡元培．蔡元培全集：第 2 卷 [M].高平叔，编．北京：中华书局，1984.

[4] 曹卫东．交往理性与权力批判 [M].上海：上海人民出版社，2016.

[5] 陈明．审美意识价值论 [M].合肥：安徽大学出版社，2006.

[6] 戴吾三，刘兵．艺术与科学读本 [M].上海：上海交通大学出版社，2008.

[7] 单中惠．西方教育思想史 [M].北京：教育科学出版社，2007.

[8] 邓晓芒，易中天．黄与蓝的交响：中西美学比较论 [M].武汉：武汉大学出版社，2007.

[9] 邓晓芒．西方美学史讲演录 [M].长沙：湖南教育出版社，2012.

[10] 杜东枝．美·艺术·审美：实践美学原理 [M].昆明：云南大学出版社，2015.

[11] 杜东枝．审美自由论 [M].北京：中国社会科学出版社，2010.

[12] 冯友兰．中国哲学简史 [M].赵复三，译．北京：商务印书馆，2015.

[13] 冯友兰．中国哲学史新编：第 2 册 [M].2 版．北京：人民出版社，1984.

[14] 高伟. 生存论教育哲学 [M]. 北京：教育科学出版社，2006.

[15] 郭勇健. 现象学美学史 [M]. 北京：社会科学文献出版社，2018.

[16] 何齐宗. 教育美学新论 [M]. 北京：人民教育出版社，2017.

[17] 洪汉鼎. 当代西方哲学两大思潮：下册 [M]. 北京：商务印书馆，2010.

[18] 胡家祥. 审美学 [M]. 北京：北京大学出版社，2000.

[19] 扈中平，蔡春，吴全华，等. 教育人学论纲 [M]. 北京：高等教育出版社，2015.

[20] 扈中平. 教育目的论 [M]. 2 版. 武汉：湖北教育出版社，2004.

[21] 扈中平. 教育人性化四讲 [M]. 上海：华东师范大学出版社，2020.

[22] 扈中平. 现代教育理论 [M]. 北京：高等教育出版社，2000.

[23] 扈中平. 现代教育学 [M]. 3 版. 北京：高等教育出版社，2010.

[24] 华东师范大学教育系，杭州大学教育系. 西方古代教育论著选 [M]. 北京：人民教育出版社，1985.

[25] 黄旺. 时间与想象：现象学与解释学中的想象力问题 [M]. 北京：人民出版社，2020.

[26] 金生鈜. 规训与教化 [M]. 北京：教育科学出版社，2004.

[27] 康永久. 教育学原理五讲 [M]. 北京：人民教育出版社，2016.

[28] 柯汉琳. 美的形态学 [M]. 2 版. 广州：中山大学出版社，2008.

[29] 劳承万. 审美的文化选择 [M]. 上海：上海文艺出版社，1991.

[30] 李石岑. 李石岑讲演集 [M]. 桂林：广西师范大学出版社，2004.

[31] 李泽厚. 论语今读 [M]. 合肥：安徽文艺出版社，1998.

[32] 李泽厚. 美学四讲 [M]. 武汉：长江文艺出版社，2019.

[33] 李泽厚. 批判哲学的批判：康德述评 [M]. 北京：生活·读书·新知三联书店，2007.

[34] 李政涛. 教育常识 [M]. 上海：华东师范大学出版社，2016.

[35] 梁晓声. 梁晓声文集：老师 [M]. 北京：中国物资出版社，2008.

[36] 刘庆昌，杨宗礼 . 教学艺术纲要 [M]. 北京：教育科学出版社，1993.

[37] 刘庆昌 . 爱智统一：“好教育”的精神法则 [M]. 北京：中国社会科学出版社，2021.

[38] 刘庆昌 . 教育哲学新论 [M]. 北京：科学出版社，2018.

[39] 卢世林 . 美与人性的教育：席勒美学思想研究 [M]. 北京：人民出版社，2009.

[40] 陆扬 . 日常生活审美化批判 [M]. 上海：复旦大学出版社，2012.

[41] 倪梁康 . 胡塞尔现象学概念通释 [M]. 北京：生活·读书·新知三联书店，1999.

[42] 倪梁康 . 意识的向度：以胡塞尔为轴心的现象学问题研究 [M]. 北京：商务印书馆，2019.

[43] 瞿葆奎 . 教育学文集·教育与教育学 [M]. 北京：人民教育出版社，1993.

[44] 石中英 . 教育哲学 [M]. 北京：北京师范大学出版社，2007.

[45] 孙正聿 . 现代审美意识 [M]. 长春：吉林人民出版社，2012.

[46] 檀传宝 . 德育美学观 [M]. 北京：教育科学出版社，2006.

[47] 汤拥华 . 西方现象学美学局限研究 [M]. 哈尔滨：黑龙江人民出版社，2005.

[48] 唐君毅 . 生命存在与心灵境界 [M] 北京：中国社会科学出版社，2006.

[49] 唐莹 . 元教育学 [M]. 北京：人民教育出版社，2002.

[50] 王承旭，赵祥麟 . 西方现代教育论著选 [M]. 北京：人民教育出版社，2000.

[51] 王道俊，郭文安 . 教育学 [M]. 6 版 . 北京：人民教育出版社，2009.

[52] 王建华 . 教育的意蕴与教育学的想象 [M]. 福州：福建教育出版社，2015.

[53] 王坤庆 . 现代教育价值论探寻 [M]. 长沙：湖南教育出版社，1990.

[54] 王萍 . 现象学视域中的学校教育 [M]. 北京：中国社会科学出版社，

2020.

[55] 王卫华.教育现象学：观念与方法 [M].北京：中国社会科学出版社，2020.

[56] 王有升.教育学的想象力：教育学的基本原理引论 [M].北京：人民出版社，2018.

[57] 王岳川.艺术本体论 [M].北京：中国社会科学出版社，2005.

[58] 王子铭.现象学与美学反思：胡塞尔先验现象学的美学向度 [M].济南：齐鲁书社，2005.

[59] 伍蠡甫.西方文论选：上卷 [M].上海：上海译文出版社，1979.

[60] 肖绍明.批判与实践：论教育人性化 [M].北京：中国社会科学出版社，2016.

[61] 薛忠祥.教育存在论：教育科学的形而上学基础研究 [M].武汉：武汉大学出版社，2013.

[62] 杨斌.教育美学十讲 [M].上海：华东师范大学出版社，2015.

[63] 杨春时.作为第一哲学的美学：存在、现象与审美 [M].北京：人民出版社，2015.

[64] 叶澜.命脉 [M].桂林：广西师范大学出版社，2009.

[65] 叶澜，郑金洲，卜玉华.教育理论与学校实践 [M].北京：高等教育出版社，2000.

[66] 尹树广，黄惠珍.生活世界理论：现象学·日常生活批判·实践哲学 [M].哈尔滨：黑龙江人民出版社，2004.

[67] 张宝贵.西方审美经验观念史 [M].上海：上海交通大学出版社，2011.

[68] 张荷英，邓东，周建发.人生审美观概论 [M].济南：山东大学出版社，1992.

[69] 张汝伦.二十世纪德国哲学 [M].北京：人民出版社，2008.

[70] 张世英.境界与文化：成人之道 [M].北京：北京大学出版社，2007.

[71] 张世英. 天人之际：中西哲学的困惑与选择 [M]. 北京：人民出版社，2007.

[72] 张世英. 哲学导论 [M]. 北京：北京大学出版社，2002.

[73] 张贤根. 艺术现象学导论 [M]. 武汉：湖北人民出版社，2015.

[74] 张旭曙. 英伽登现象学美学初论 [M]. 合肥：黄山书社，2004.

[75] 张永. 生活美学："生命·实践"教育学审美之维 [M]. 上海：华东师范大学出版社，2015.

[76] 赵汀阳. 论可能生活：一种关于幸福和公正的理论 [M]. 北京：中国人民大学出版社，2004.

[77] 郑钢，杨新援. 教育美学论稿 [M]. 长沙：湖南教育出版社，1996.

[78] 周浩波. 教育哲学 [M]. 北京：人民教育出版社，2000.

[79] 朱光潜. 西方美学史 [M]. 北京：人民文学出版社，2002.

[80] 宗白华. 美从何处寻 [M]. 重庆：重庆大学出版社，2014.

[81] 邹进. 现代德国文化教育学 [M]. 太原：山西教育出版社，1992.

[82] 邹诗鹏. 生存论研究 [M]. 上海：上海人民出版社，2005.

[83] 斯托洛维奇. 审美价值的本质 [M]. 凌继尧，译. 北京：中国社会科学出版社，2007.

[84] 斯托洛维奇. 现实中和艺术中的审美 [M]. 凌继尧，金亚娜，译. 北京：生活·读书·新知三联书店，1985.

[85] 英加登. 对文学的艺术作品的认识 [M]. 陈艳谷，晓未，译. 北京：中国文联出版公司，1988.

[86] 扎哈维. 胡塞尔现象学 [M]. 李忠伟，译. 上海：上海译文出版社，2007.

[87] 博尔诺夫. 教育人类学 [M]. 李其龙，等译. 上海：华东师范大学出版社，1999.

[88] 布列钦卡. 教育科学的基本概念：分析、批判和建议 [M]. 胡劲松，译. 上海：华东师范大学出版社，2001.

[89] 布列钦卡.教育知识的哲学 [M].杨明全，宋时春，译.上海：华东师范大学出版社，2006.

[90] 阿多诺.美学理论 [M].王柯平，译.成都：四川人民出版社，1998.

[91] 布洛赫.希望的原理：第 1 卷 [M].梦海，译.上海：上海译文出版社，2012.

[92] 卡西尔.人论：人类文化哲学导引 [M].甘阳，译.上海：上海译文出版社，2013.

[93] 卡西尔.人文科学的逻辑：五项研究 [M].关子尹，译.上海：上海译文出版社，2013.

[94] 伽达默尔.诠释学Ⅰ：真理与方法 [M].洪汉鼎，译.北京：商务印书馆，2010.

[95] 海德格尔.存在论：实际性的解释学 [M].何卫平，译.北京：商务印书馆，2016.

[96] 海德格尔.存在与时间：修订译本 [M].陈嘉映，王庆节，译.3 版.北京：生活·读书·新知三联书店，2006.

[97] 海德格尔.林中路 [M].孙周兴，译.上海：上海译文出版社，1997.

[98] 海德格尔.路标 [M].孙周兴，译.北京：商务印书馆，2017.

[99] 海德格尔.现象学之基本问题 [M].丁耘，译.上海：上海译文出版社，2008.

[100] 海德格尔.形而上学导论 [M].熊伟，王庆节，译.北京：商务印书馆，2017.

[101] 海德格尔.演讲与论文集 [M].孙周兴，译.北京：生活·读书·新知三联书店，2005.

[102] 海德格尔.在通向语言的途中 [M].孙周兴，译.北京：商务印书馆，2015.

[103] 海德格尔.哲学论稿：从本有而来 [M].孙周兴，译.北京：商务印书馆，2012.

[104] 耀斯．审美经验与文学解释学 [M].顾建光，顾静宇，张乐天，译．上海：上海译文出版社，1997.

[105] 黑格尔．法哲学原理 [M].范扬，张企泰，译．北京：商务印书馆，1961.

[106] 黑格尔．美学：第 1 卷 [M].朱光潜，译．北京：商务印书馆，1982.

[107] 胡塞尔．逻辑研究：第 2 卷 [M].倪梁康，译．上海：上海译文出版社，1998.

[108] 胡塞尔．生活世界现象学 [M].黑尔德，编；倪梁康，张廷国，译．上海：上海译文出版社，2002.

[109] 卡西勒．启蒙哲学 [M].顾伟铭，杨光仲，郑楚宣，译．济南：山东人民出版社，1988.

[110] 康德．论教育学·系科之争 [M].杨云飞，邓晓芒，译．北京：中国轻工业出版社，2019.

[111] 康德．判断力批判 [M].邓晓芒，译．北京：人民出版社，2002.

[112] 黑尔德．现象学的方法 [M].倪梁康，译．上海：上海译文出版社，1994.

[113] 马克思，恩格斯．马克思恩格斯选集：第 1 卷 [M].中共中央马克思恩格斯列宁斯大林著作编译局，译．北京：人民出版社，1995.

[114] 舍勒．伦理学中的形式主义与质料的价值伦理学 [M].倪梁康，译．北京：商务印书馆，2011.

[115] 盖格尔．艺术的意味 [M].艾彦，译．北京：华夏出版社，1999.

[116] 尼采．悲剧的诞生 [M].周国平，译．北京：生活·读书·新知三联书店，1986.

[117] 尼采．教育家叔本华 [M].韦启昌，译．上海：上海人民出版社，2016.

[118] 尼采．论我们教育机构的未来 [M].周国平，译．南京：译林出版社，2012.

[119] 耶格尔．早期基督教与希腊教化 [M].吴晓群，译．上海：上海三联出版社，2016.

[120] 维特根斯坦. 文化与价值：维特根斯坦随笔 [M]. 许志强，译. 杭州：
浙江文艺出版社，2002.

[121] 席勒. 审美教育书简 [M]. 张玉能，译. 南京：译林出版社，2012.

[122] 雅斯贝尔斯. 什么是教育 [M]. 邹进，译. 北京：生活·读书·新知三
联书店，1991.

[123] 米亚拉雷，等. 教育科学导论 [M]. 思穗，马兰，译. 北京：教育科学
出版社，1991.

[124] 伯格森. 创造进化论 [M]. 肖聿，译. 南京：译林出版社，2014.

[125] 伯格森. 生命的意义 [M]. 刘霞，译. 北京：台海出版社，2018.

[126] 孔佩雷. 教育学史 [M]. 张瑜，王强，译. 济南：山东教育出版社，
2013.

[127] 卢梭. 论科学与艺术 [M]. 何兆武，译. 北京：商务印书馆，1963.

[128] 杜夫海纳. 美学与哲学 [M]. 孙非，译. 北京：中国社会科学出版社，
1985.

[129] 杜夫海纳. 审美经验现象学：上 [M]. 韩树站，译. 北京：文化艺术出
版，1996.

[130] 布迪厄. 实践感 [M]. 蒋梓骅，译. 南京：译林出版社，2003.

[131] 萨特. 存在主义是一种人道主义 [M]. 周煦良，汤永宽，译. 上海：上
海译文出版社，2012.

[132] 涂尔干. 道德教育 [M]. 陈光金，沈杰，朱谐汉，译. 上海：上海人民
出版社，2001.

[133] 朗西埃. 美感论：艺术审美体制的世纪场景 [M]. 赵子龙，译. 北京：
商务印书馆，2016.

[134] 朗西埃. 审美无意识 [M]. 蓝江，译. 南京：南京大学出版社，2020.

[135] 范梅南. 生活体验研究：人文科学视野中的教育学 [M]. 宋广文，等
译. 北京：教育科学出版社，2003.

[136] 夸美纽斯. 大教学论 [M]. 傅任敢，译. 北京：教育科学出版社，1999.

[137] 艾斯纳. 教育想象：学校课程评价与设计 [M]. 李雁冰，译. 北京：教育科学出版社，2008.

[138] 迪萨纳亚克. 审美的人：艺术来自何处及原因何在 [M]. 户晓辉，译. 北京：商务印书馆，2004.

[139] 弗洛姆. 存在的艺术 [M]. 汪雁，译. 上海：上海译文出版社，2019.

[140] 布鲁姆. 走向封闭的美国精神 [M]. 缪青，宋丽娜，等译. 北京：中国社会科学出版社，1994.

[141] 爱因斯坦. 走近爱因斯坦 [M]. 许良英，王瑞智，编. 沈阳：辽宁教育出版社，2005.

[142] 博伊德，金. 西方教育史 [M]. 任宝祥，吴元训，译. 北京：人民教育出版社，1985.

[143] 布鲁纳. 布鲁纳教育论著选 [M]. 邵瑞珍，张渭城，等译. 北京：人民教育出版社，1989.

[144] 狄百瑞. 东亚文明：五个阶段的对话 [M]. 何兆武，何冰，译. 南京：江苏人民出版社，2012.

[145] 杜威. 杜威全集·中期著作：第9卷：1916[M]. 俞吾金，孔慧，译. 上海：华东师范大学出版社，2012.

[146] 杜威. 艺术即经验 [M]. 高建平，译. 北京：商务印书馆，2005.

[147] 阿伦特. 人的境况 [M]. 王寅丽，译. 上海：上海人民出版社，2009.

[148] 拉格曼. 一门捉摸不定的科学：困扰不断的教育研究的历史 [M]. 花海燕，等译. 北京：教育科学出版社，2006.

[149] 舒斯特曼. 生活即审美：审美经验和生活艺术 [M]. 彭锋，等译. 北京：北京大学出版社，2007.

[150] 巴里特，比克曼，布利克，等. 教育的现象学研究手册 [M]. 刘洁，译. 北京：教育科学出版社，2010.

[151] 马尔库塞. 爱欲与文明：对弗洛伊德思想的哲学探讨 [M]. 黄勇，薛民，译. 上海：上海译文出版社，2005.

[152] 马尔库塞.单向度的人：发达工业社会意识形态研究 [M].刘继，译.上海：上海译文出版社，2006.

[153] 马尔库塞.审美之维 [M].李小兵，译.桂林：广西师范大学出版社，2001.

[154] 格林.释放想象：教育、艺术与社会变革 [M].郭芳，译.北京：北京师范大学出版社，2017.

[155] 诺丁斯.幸福与教育 [M].龙宝新，译.北京：教育科学出版社，2009.

[156] 戈夫曼.日常生活中的自我表演 [M].徐江敏，译.昆明：云南人民出版社，1988.

[157] 莱考夫，约翰逊.我们赖以生存的隐喻 [M].何文忠，译.杭州：浙江大学出版社，2015.

[158] 施皮格伯格.现象学运动 [M].王炳文，张金言，译.北京：商务印书馆，2011.

[159] 朗格.情感与形式 [M].刘大基，傅志强，周发祥，等译.北京：中国社会科学出版社，1986.

[160] 朗格.艺术问题 [M].滕守尧，朱疆源，译.北京：中国社会科学出版社，1983.

[161] 布鲁巴克.教育问题史 [M].单中惠，王强，译.济南：山东教育出版社，2012.

[162] 马奇.经验的疆界 [M].丁丹，译.北京：东方出版社，2011.

[163] 希尔贝克，伊耶.西方哲学史：从古希腊到二十世纪：下 [M].童世骏，郁振华，刘进，译.上海：上海译文出版社，2012.

[164] 卢卡奇.审美特性：上 [M].徐恒醇，译.北京：社会科学文献出版社，2015.

[165] 赫拉利.未来简史：从智人到智神 [M].林俊宏，译.北京：中信出版集团，2017.

[166] 克罗齐.美学原理 美学纲要 [M].朱光潜，等译.北京：人民文学出

版社，2008.

[167] 怀特海.宗教的形成：符号的意义及效果：修订版 [M].周邦宪，译.南京：译林出版社，2014.

[168] 鲍桑葵.美学史 [M].张今，译.2 版.桂林：广西师范大学出版社，2009.

[169] 布洛克.西方人文主义传统 [M].董乐山，译.北京：群言出版社，2012.

[170] 科林伍德.艺术原理 [M].王至元，陈华中，译.北京：中国社会科学出版社，1985.

[171] 鲍曼.被围困的社会 [M].郇建立，译.南京：江苏人民出版社，2005.

[172] 伊格尔顿.人生的意义 [M].朱新伟，译.南京：译林出版社，2012.

[173] 锡德尼.为诗辩护 [M].钱学熙，译.北京：人民文学出版社，1964.

[174] 劳伦斯.现代教育的起源和发展 [M].纪晓林，译.北京：北京语言学院出版社，1992.

[175] 程亮.教育即解释 [J].基础教育，2009，6（12）：3-9.

[176] 程亮.教育学：科学抑或艺术 [J].教育研究，2005（7）：12-19.

[177] 邓晓芒.胡塞尔现象学导引 [J].中州学刊，1996（6）：65-70.

[178] 邓晓芒.教育的艺术原理 [J].湖北大学学报（哲学社会科学版），2003（2）：101-106.

[179] 高秉江.图像、表象与范畴：论胡塞尔的直观对象 [J].哲学研究，2013（5）：82-87.

[180] 高智红.教育叙事的空间向度分析 [J].教育学报，2010，6（5）：23-26，128.

[181] 何齐宗.中国教育美学研究三十年：回顾与反思 [J].教育研究，2014，35（9）：16-23，32.

[182] 扈中平.教育研究必须坚持科学人文主义的方法论 [J].教育研究，2003（3）：14-17.

[183] 姜勇，柳佳炜，戴乃恩 . 论教育研究的现象学范式与实证主义范式的差异 [J]. 华东师范大学学报（教育科学版），2018，36（6）：61-68，156.

[184] 金生鈜 . 何为回到教育事情本身 [J]. 高等教育研究，2015，36（3）：11-17.

[185] 金生鈜 . 作为心灵教育艺术的辩证法 [J]. 教育学报，2018，14（1）：13-20.

[186] 金旭云，高山 . 论教育的艺术与技术 [J]. 山西师大学报（社会科学版），2014，41（增刊1）：141-142.

[187] 李伏清，欧阳欣欣 . 论李石岑"表现生命"的人生观 [J]. 河南师范大学学报（哲学社会科学版），2012，39（3）：18-22.

[188] 李如密，何爱霞 . 吉尔伯特·海特的教学艺术观述评 [J]. 山东教育科研，1999（合刊1）：36-38.

[189] 李如密 . 教学艺术的内涵及四个"一点"追求 [J]. 上海教育科研，2011（7）：1.

[190] 李长伟 . 何谓教育艺术：基于康德的视角 [J]. 现代大学教育，2020（2）：1-8，112.

[191] 林珍香 . 盖格尔现象学审美经验中艺术效果与价值论的关系 [J]. 美术教育研究，2020（5）：30-31.

[192] 刘庆昌 . 关于教学艺术的基本理论判断 [J]. 四川师范大学学报（社会科学版），2020，47（4）：85-93.

[193] 刘庆昌 . 教育：一种善意的干预 [J]. 当代教育与文化，2019，11（6）：10-13，117.

[194] 刘庆昌 . 论教学活动艺术化的实质 [J]. 教育学报，2010，6（4）：43-48.

[195] 刘庆昌 . 重新审视"教学艺术"问题 [J]. 课程·教材·教法，2020，40（8）：46-52，71.

[196] 刘通. 论海德格尔的教育伦理思想 [J]. 陕西师范大学学报（哲学社会科学版），2013，42（6）：144-151.

[197] 刘文霞 [J]. 论教育艺术 [J]. 前沿，1995（5）：43-48.

[198] 舒扬. 走进新基础教育：叶澜教授访谈录 [J]. 教育文汇，2005（2）：16-18.

[199] 舒也，李蕊. 价值论美学论纲 [J]. 马克思主义美学研究，2012，15（1）：97-116，317-318.

[200] 谭容培，颜翔林. 差异与关联：重释审美感性与审美理性 [J]. 湖南师范大学社会科学学报，2014，43（1）：99-105.

[201] 唐小林. 布洛说反了：论审美距离的符号学原理 [J]. 中国人民大学学报，2015，29（1）：10-18.

[202] 唐燕，高德胜. 现代劳动启蒙教育：卢梭诗学故事"爱弥儿种豆子"探幽 [J]. 现代大学教育，2020，36（6）：46-54.

[203] 涂艳国. 教育艺术及其创造 [J]. 上海教育科研.1996（9）：16-19.

[204] 王坤庆，张玉琴. 杜威审美经验论的教育价值探索 [J]. 华中师范大学学报（人文社会科学版），2020，59（1）：165-172.

[205] 王世荣. 现代性困境与教育艺术 [J]. 高校教育管理.2009，3（1）：33-38.

[206] 王汶成. 论"艺术审美经验"的涵义 [J]. 山东烟台学院学报（社会科学版），2006（3）：291-297.

[207] 王莹. 雷人教育口号解读 [J]. 现代教育科学，2015（8）：179-180.

[208] 王长纯. 当代西方教育艺术论初探 [J]. 外国教育研究，1992（4）：1-6.

[209] 肖绍明. 教育艺术的人学构境 [J]. 教育研究与实验，2018（5）：1-6.

[210] 肖伟胜. 从观看到观察：图像意识的存在论阐明 [J]. 西南大学学报（社会科学版），2013，39（3）：100-111，175.

[211] 颜翔林. 论审美时间 [J]. 学术月刊，2010，42（6）：93-99.

[212] 杨培明. 论教学场域中"人的审美存在"[J]. 当代教育与文化，

2017，9（4）：31-35.

[213] 杨小微．在对话中达于理解：关于中学对话教育的理论反思与实践重建 [J]．课程·教材·教法，2007（10）：19-24.

[214] 叶澜，李政涛．为"生命·实践教育学派"的创建而努力：叶澜教授访谈录 [J]．教育研究，2004（2）：33-37.

[215] 叶澜．让课堂焕发出生命活力：论中小学教学改革的深化 [J]．教育研究，1997（9）：3-8.

[216] 张任之．价值先天与价值存在：舍勒质料价值伦理学中的价值现象学 - 存在论 [J]．道德与文明，2012（1）：56-61.

[217] 张汝伦．超越与虚无 [J]．复旦学报（社会科学版），2019，61（2）：35-51.

[218] 张延昭．简论教育活动中的时间呈现及其变迁 [J]．基础教育，2015，12（3）：46-54.

[219] 张玉能．盖格尔的现象学艺术意味论：文学艺术的各种价值意味 [J]．汕头大学学报（人文社会科学版），2010，26（1）：54-60，95.

[220] 钟启泉．追寻课程与教学的本真意义 [J]．教育科学论坛，2008（2）：1.

[221] 李长伟．何谓教育技艺：基于柏拉图自然目的论的视角 [J]．湖南师范大学教育科学学报，2021，20（1）：67-74.

[222] 彭文晓．教育艺术论 [J]．湖北大学学报（哲学社会科学版），2011（4）：120-124.

[223] 金生鈜．作为心灵教育艺术的辩证法 [J]．教育学报，2018，14（1）：13-20.

[224] 王齐家，金丹．作为顿悟艺术的教育 [J]．科教文汇（上旬刊），2017（16）：18-19.

[225] 郑宝锦，赵强．教育：灵魂转向的艺术：柏拉图的《理想国》解读 [J]．当代教育科学，2010（21）：9-11.

[226] 龙宝新．论成就学生幸福的教育艺术 [J]．中国德育，2008（1）：30-

35.

[227] 施良方，王建军.论教学的科学与艺术之争 [J].课程·教材·教法，1996（9）：56-59.

[228] 黄卫星.对话与交往：当代美育审美价值观建构机制研究 [D].武汉：华中师范大学，2009.

[229] 李政涛.教育生活中的表演：人类行为表演性的教育学考察 [D].上海：华东师范大学，2003.

[230] 桑志坚.超越与规训：学校教育时间的社会学研究 [D].南京：南京师范大学，2012.

[231] 徐波锋.教育的审美价值 [D].西安：陕西师范大学，2007.

[232] LEWIS T E，LAVERTY M J. Art's teachings，teaching's art：philosophical，critical and educational musings[M]. New York：Springer，2015.

[233] EGÉA-KUEHNE D. Levinas and education：at the intersection of faith and reason[M].New York：Routledge，2008.

[234] KWAK D J. Education for self-transformation：essay form as an educational practice[M].New York：Springer，2011.

[235] REDFIELD M. Phantom formations：aesthetic ideology and the "bildungsroman" [M]. New York：Cornell University Press，2018.

[236] STILES L J. State of the art of teacher education[J].The journal of educational research，2015，64（9）：388-393.

[237] JARRETT J L. Teacher education as a liberal art[J]. Journal of teacher education，1979，30（6）：25-28.

[238] BRAILSFORD I. Constructing the field of education as a liberal art and as teacher preparation at five Western Australian universities：an historical analysis[J]. History of education，2013，42（1）：143-145.

[239] HENRIK H. Augustine on religious education as aesthetic experience[J].

Religious education, 2021, 116（4）: 341-354.

[240] CURRIE G, ZHU X Q. Aesthetic sense and social cognition: a story from the early stone age[J]. Synthese, 2019, 198（7）: 6553-6572.

[241] REITMAN S W. Daring to make teaching an art [J].The educational forum 2008, 50（2）: 137-148.

[242] HILL J C. The teacher as artist: a case for peripheral supervision[J]. The educational forum, 2008, 57（2）: 183-187.

[243] BARRELL B. Classroom artistry[J]. The educational forum,2008,55（4）333-342.

[244] LUPTON M. Reclaiming the art of teaching[J]. Teaching in higher education, 2013, 18（2）: 156-166.

[245] EISNER E W. From episteme to phronesis to artistry in the study and improvement of teaching[J].Teaching and teacher education , 2002, 18（4）: 375-385.

Religious education, 2021, 116 (3): 341-354.

[240] CURRIE C, ZHU Q. Aesthetic sense and social cognition: a story from the early stone age[J]. Synthese, 2019, 196 (17): 6553-6572.

[241] RITTMAN S W. Daring to make teaching an art[J]. The educational forum, 2005, 50 (2): 137-148.

[242] HILL P T. The teacher as artist: a case for peripheral supervision[J]. The educational forum, 2003, 67 (2): 182-187.

[243] BARRELL B. Classroom artistry[J]. The educational forum, 2008, 54 (3): 333-342.

[244] UPITON M. Reclaiming the art of teaching[J]. Teaching in higher education, 2013, 18 (2): 156-166.

[245] EISNER E W. From epistemic to phronesis to artistry in the study and improvement of teaching[J]. Teaching and teacher education, 2002, 18 (4): 375-385.